Trotz weltlicher und kirchlicher Verbote haben Frauen und Männer seit jeher ihre Kleider und damit ihre Rollen getauscht, und schon immer faszinierte das Spiel mit den Geschlechtsidentitäten. Gertrud Lehnert findet in Romanen und Komödien aus mehreren Jahrhunderten, in Gemälden, Biographien und Filmen vielfältige und zum Teil widersprüchliche Auffassungen vom Kleidertausch. Doch ob eine Frau aus dem 18. Jahrhundert als Soldat verkleidet in den Krieg zieht oder eine andere Frau im 20. Jahrhundert ihre lesbische Identität durch eine »männliche« Aufmachung ausdrückt – stets ist die Maskerade ein Übergang zwischen verschiedenen Geschlechtsidentitäten. Indem sie sich jeder eindeutigen Zuordnung verweigert, schafft sie Raum für einen anderen Umgang mit der Geschlechterdifferenz und schärft unseren Blick für unsere eigenen, ganz alltäglichen Geschlechtermaskeraden.

Gertrud Lehnert ist Literatur- und Kulturwissenschaftlerin und lebt als Autorin und Universitätsdozentin in Berlin. Zahlreiche Buchpublikationen, zuletzt ›Mode, Models, Superstars‹ (1996) und ›Marguerite Duras‹ (1996; zusammen mit Doris Kolesch).

Gertrud Lehnert

Wenn Frauen Männerkleider tragen

Geschlecht und Maskerade in Literatur und Geschichte

Deutscher Taschenbuch Verlag

Originalausgabe
November 1997

Umschlagkonzept: Balk & Brumshagen
Umschlagbild: ›Una, Lady Toubridge‹ (1924) von Romaine Brooks
(© National Museum of American Art/Art Resource, N. Y.)
Gesetzt aus der Aldus 10/11,75'
Satz: KCS GmbH, Buchholz/Hamburg
Druck und Bindung: C. H. Beck'sche Buchdruckerei, Nördlingen
Gedruckt auf säurefreiem, chlorfrei gebleichtem Papier
Printed in Germany · ISBN 3-423-30643-2

Für Doris Kolesch

Inhaltsverzeichnis

Einleitung

Geschlecht und Maskerade

Literarische Imaginationen

Bilder vom anderen Leben

Der verkleidete Text

Einleitung

Frauen, Männer, Transvestiten? Der Geschlechterdiskurs im Alltag

Eine junge Frau, die offensichtlich bei ihrem Freund übernachtet hat, sprüht sich morgens in aller Eile mit seinem Deo ein und verläßt das Haus. Damit beginnt für sie ein äußerst merkwürdiger Tag. Alle jungen Frauen, denen sie begegnet – aber kein einziger Mann! –, verhalten sich ihr gegenüber mehr als befremdlich: Sie flirten mit ihr und machen ihr zweideutig-eindeutige Avancen. Am Ende dieses aufreibenden Tages kommt sie verwirrt und verärgert zu ihrem Freund zurück und knallt ihm das Deo auf den Tisch. Zu seinem charmant-unschuldigen Auflächeln ertönt aus dem Off eine Männerstimme: »*Axe* – strictly for men.«

Ohne es zu beabsichtigen, hat die Heldin dieses Werbespots für ein Herrendeo sich für einen Tag als Mann verkleidet – nicht mit Hilfe von Kleidung, Make-up und Frisur, wie man das aus Filmen und Büchern, Bühnenshows und von Modefotos kennt, sondern mittels eines »männlichen« Duftes. Der Geschlechtertausch wird gewöhnlich visuell inszeniert. In diesem Spot wird ihm eine neue und überraschende Variante abgewonnen, denn er kann nicht gesehen werden, sondern er muß von den Zuschauerinnen und Zuschauern vor dem Bildschirm aus der Reaktion der Figuren im Film erschlossen werden. Das Herrenparfum, das die Protagonistin verwendet, signalisiert ihrer Umgebung so unmißverständlich »Mann« wie ein Herrenanzug oder ein Schnurrbart, und es überdeckt die durchaus feminine Aufmachung der jungen Frau in einem solchen Maße, daß diese auf ihre (weiblichen) Mitmenschen eine »männliche« Anziehungskraft ausübt.

Ein solcher Film ist nur möglich in einer kulturellen Situation, in der allenthalben über Geschlechtsidentität, Transvestismus, Sexualität und Transsexualität geredet und geschrieben wird. Ohne die Omnipräsenz dieser Themen wäre sein Spiel mit der geschlechterbezogenen Verkleidung nicht verständlich. Um den Geschlechtertausch inszenieren zu können, setzt der Werbespot voraus, daß das weibliche und das männliche Geschlecht grundsätzlich verschieden sind und durch ihr sexuelles Verhältnis zueinander definiert werden. Nur im Kontext einer strikten Geschlechtertrennung kann es Produkte – etwa Parfums oder Kleidung – für nur eines der beiden Geschlechter geben, die das andere nicht benutzen darf. So bedeutet »strictly for men« denn auch: »für Frauen verboten« – und das soll der Duft im Werbespot deshalb sein, weil er angeblich extrem sexualisierend auf Frauen wirkt. Eine solche Wirkung darf, so die implizite Logik des Films, nur von einem Mann ausgehen. Benutzt eine Frau das für sie verbotene Produkt, dann verhält sie sich ebenso wie zum Beispiel die Schriftstellerin George Sand im 19. Jahrhundert, die Männerkleidung anzog. Angesichts der strikten Trennung zwischen Männer- und Frauenkleidung empfand man das als höchst anstößig und in jedem Falle provokant. Inzwischen jedoch sind männliche Kleidungsstile und -elemente alltäglicher Bestandteil der Frauenmode geworden, so daß sie nur noch bedingt wie eine Verkleidung wirken können. Eine Frau, die »männlich« erscheinen will, muß deshalb zusätzlich auf andere Zeichen, die Männlichkeit signalisieren – wie etwa den Duft –, zurückgreifen.

Ein Grundprinzip der Verkleidung wird hier sichtbar: In jeder Kultur werden sozialen Gruppen und auch den Geschlechtern bestimmte Erkennungsmerkmale zugeordnet. Das mögen Kleidungsstücke sein, Frisuren, Elemente der Körpersprache, oder eben Düfte. Sobald eine Frau sich also eines oder mehrere der männlichen Zeichen aneignet, wirkt sie verkleidet, denn die Zeichen signalisieren unabhängig von der Trägerin oder dem Träger »Männlichkeit«. Sie wirken unter Umständen stärker als die weiterhin sichtbaren »weiblichen« Zeichen, so wie im Werbespot die unfreiwillige Verkleidung mit Hilfe des männlichen Duftes alle anderen weiblichen Geschlechtsmerkmale übertönt.

Mit dem Phänomen der gleichgeschlechtlichen Anziehung wird innerhalb der heterosexuellen Werbewelt von *Axe* zwar gespielt, aber sie wird als unnatürlich gebrandmarkt, wie man an dem verwirrten und verärgerten Verhalten der Heldin unschwer erkennen kann. Bei den heterosexuellen Zuschauerinnen und Zuschauern (die die Zielgruppe des Spots sind) mag die »unnatürliche«, pseudo-lesbische Reaktion der anderen Frauen auf die Heldin zwar Schmunzeln auslösen, aber nur, weil sie zu wissen glauben, daß diese Frauen nicht »wirklich« lesbisch sind, sondern einem olfaktorischen Irrtum aufsitzen. Letztlich akzentuiert dieser »Irrtum« nur das, was der Film als die einzig »richtige« (hetero-)sexuelle Orientierung propagiert, von der sich wiederum unmittelbar auf die Geschlechtszugehörigkeit schließen läßt. So wie andersgeschlechtliche Verkleidung und Homosexualität in diesem Spot gleichgesetzt und als unnatürlich markiert werden, so wird andererseits die Heterosexualität durch die implizierte Analogie zur Tierwelt naturalisiert. Männer, so wird suggeriert, wirken auf Frauen unwiderstehlich, weil sie durch ihren Duft sexuelle Bereitschaft signalisieren. Das eine Geschlecht lockt das andere durch hormonell produzierte (oder im Falle von *Axe:* künstlich hergestellte) sexuelle Duftstoffe an. Das ist Biologismus pur. Die grundsätzliche Verschiedenheit der Geschlechter und ihre heterosexuelle Bezogenheit aufeinander werden als »natürlich« dargestellt und damit zur vermeintlich unveränderlichen Norm erklärt.

Eine entgegengesetzte Position konstruiert ein in Schwarzweiß gedrehter Werbespot für das Unisexparfum *CK One* der Firma Calvin Klein. Die Kamera fährt an einer Reihe junger Frauen und Männer vorbei, die alle in Jeans und T-Shirt gekleidet und nicht betont männlich oder weiblich aufgemacht sind. Dennoch sind sie als Individuen deutlich verschieden. Diese Individualität wird noch betont, als eine der jungen Frauen, die relativ dick ist und damit in keiner Weise dem heutigen Model-Schönheitsideal entspricht, über das Parfum sagt: »It's for me, it's for you, it's for everyone.« Im Gegensatz zum *Axe*-Spot, der auf das sexuelle Verhalten der Spezies Mensch abzielt (also auf größtmögliche Verallgemeinerbarkeit), betont der Calvin-Klein-Spot gleichzeitig das Allgemeine im Sinne einer Indifferenz gegenüber der Geschlechtszugehörigkeit (»a woman or a man«) und auch das Individuelle (»it's for me, it's for you, it's for everyone«). Hier verkleidet sich niemand, denn die Geschlechtergrenzen scheinen nicht (mehr) so wichtig, und der androgyne Duft macht Verkleidung vollends überflüssig. Die Geschlechterdifferenz ist zwar Voraussetzung auch für diesen Spot, betont wird jedoch die Gleichheit in der Differenz und die Differenz in der Gleichheit.

Die beiden Werbespots markieren zwei Extreme des gegenwärtigen Diskurses über Geschlecht, Geschlechtsidentität und Geschlechtswechsel und über die damit eng verbundenen Themen Begehren und Erotik. Auf der einen Seite werden traditionelle Geschlechterbilder affirmiert, und Heterosexualität wird zur Norm erklärt. Auf der anderen Seite scheint Androgynie zum Leitbild geworden zu sein, und die freie Wählbarkeit der Geschlechtsidentität und der sexuellen Orientierung wird als selbstverständliches Grundrecht propagiert.

Kaum eine Talkshow kommt mehr ohne Transvestiten oder Transsexuelle aus, kaum ein neuer Film ohne einen netten Schwulen. Transvestitenfilme wie ›Mrs. Doubtfire‹, ›Switch‹ oder, noch einige Jahre früher, ›Tootsie‹ oder ›Victor/Victoria‹ spielen volle Kassen ein, und Transvestitenshows boomen. Bisexualität gilt als schick – jedoch nur (und hier wendet sich das Blatt), solange sie ein ungefährliches Spiel bleibt, das die Rolle der traditionellen Familie mit festgelegten Geschlechterrollen nicht wirklich in Frage stellt. Denn gegenläufig zu der scheinbar unbegrenzten Offenheit und Freiheit, die das wesentliche Charakteristikum einer positiv verstandenen Postmoderne ist, vertieft sich die Kluft zwischen den Geschlechtern nicht nur in politischer Hinsicht. Der »Backlash« macht sich längst auch im Alltagsleben bemerkbar. Girlies bevölkern die Straßen, die Discos und die Werbespots und scheinen nur darauf aus, die netten Jungs anzumachen oder von ihnen angemacht zu werden; Dating hat allerhöchste Priorität. Obgleich die Anzahl der Singles in den letzten Jahren rapide zugenommen hat und das »Spaßhaben« für die ganz Jungen Lebenszweck schlechthin zu sein scheint, werden die traditionelle Kleinfamilie und ihr Kern, das heterosexuelle Paar, in den Medien weiterhin als das dominante gesellschaftliche Leitbild gesetzt. Unverheiratete jenseits eines gewissen Alters dagegen werden als egoistische Narzißten gebrandmarkt. Das Denken in binären Oppositionen ist nur noch im theoretischen Diskurs obsolet; im Alltag bestimmt es stärker denn je Denk- und Lebensformen. Die Mode ermöglicht ein Spiel mit Identitäten, aber nur, solange dieses ungefährlich ist und die gesellschaftlichen Prämissen letztlich nicht in Frage gestellt werden.

Gender Studies und Gay and Lesbian Studies betonen das subversive Potential der Verkleidung. Diese mache die Konstruiertheit aller sozialen und sexuellen Identitäten transparent, wodurch auch die Machtstrukturen erkennbar würden, die diese Identitäten und die damit verbundenen Hierarchien produzieren. Das trifft zu – und doch ist diese Subversivität inzwischen an ihre Grenzen gekommen, wie das Beispiel des Werbespots für das Männerdeo *Axe* verdeutlicht. Denn das Thema Verkleidung ist inzwischen Teil des dominanten Diskurses geworden und kann deswegen als Gag in einem Werbespot eingesetzt werden, der die traditionelle binäre Struktur der Geschlechterbeziehungen festschreibt, statt sie aufzubrechen.

Potentiell fordert die Verkleidung als das andere Geschlecht durchaus die jeweils geltende Geschlechterordnung heraus und stellt sie in Frage. Das gilt insbesondere für diejenigen Epochen unserer Geschichte, in denen eine strikte Geschlechterhierarchie jedem Geschlecht seinen festen Platz zuweist und die Frauen den Männern unterordnet. Die Frage, wer was trägt, wird dann zur Frage nach der Macht. Das zeigen die alten Kleiderordnungen und die religiösen Verbote sehr deutlich: »Eine Frau soll nicht Männersachen tragen, und ein Mann soll nicht Frauenkleider anziehen; denn wer das tut, der ist dem Herrn, Deinem Gott, ein Greuel.«[1] Die natürliche, gottgewollte Ordnung, von der hier die Rede ist, dient als Rechtfertigung für eine soziale Hierarchie, die um jeden Preis aufrechterhalten werden soll. Was als männlich, was als weiblich gilt, ändert sich zwar im Laufe der Zeiten und ist von Kultur zu Kultur verschieden. Und auch das, was jeweils als Identität, was als Maskerade, was als »authentisch«, was als »unecht« definiert und wie es zum Ausdruck gebracht wird, ist keine feste Größe. Sobald jedoch Grenzen festgeschrieben sind, gibt es Versuche, sie zu überschreiten, und so haben sich in allen historischen Epochen Menschen als etwas verkleidet, was sie in den Augen ihrer Mitmenschen (und in ihren eigenen) nicht waren.

In diesem Zusammenhang vermag der Begriff des Liminalen, den der Ethnologe Victor Turner im Hinblick auf Rituale in fast allen Kulturen verwendet, hilfreich zu sein.[2] Rituale wie etwa Initiationsriten oder Eheschließungen bedeuten einen Übergang von einem Zustand in einen anderen: vom Kind zum Erwachsenen, vom Ledig- zum Verheiratetsein. Der Übergang vollzieht sich nach Turner grundsätzlich in drei Phasen: Nach der Trennung vom alten Zustand befindet sich das Individuum auf der Schwelle, das heißt zwischen den Zuständen, um dann schließlich – verändert – der Gesellschaft wieder angeglichen zu werden. Kulturell bedeutsam ist vor allem der Übergang selbst oder, wie Turner ihn nennt, die Liminalität. In der Liminalität spielen Menschen mit dem Bekannten, verfremden es, kombinieren seine Elemente neu, und daraus kann Veränderung entstehen. Die geschlechtsbezogene Verkleidung kann in Analogie zur liminalen Phase gesehen werden, als Bruch mit dem Vertrauten und Übergang von einem Geschlecht zu einem anderen. Zuweilen werden Verkleidungen – vor allem solche zu bestimmten Anlässen wie dem Karneval – geduldet, solange anschließend der alte Status quo wiederhergestellt werden kann.

Das gilt auch für literarische Texte vor dem 20. Jahrhundert, die über geschlechtertauschende Verkleidung reden. Sie weisen eine Tendenz auf, die Verletzung des Tabus (die weibliche Anmaßung einer Männerrolle) in eine Bestätigung des gesellschaftlichen Status quo umzuwandeln, weil sich meistens herausstellt, daß die verkleideten Frauen keineswegs die besseren Männer, sondern nur schlechte Männerimitate sind und nichts lieber wollen, als wieder ihren Platz innerhalb der alten Rollenverteilung einzunehmen. In der historischen Realität aber gehört die Verkleidung von Frauen als Männer zu denjenigen Formen der Verkleidung, die immer wieder verboten wurden. Sie wurde als gefährlich angesehen, denn sie konnte als Ausdruck des sozialen Emporstrebens tatsächlich die festgeschriebenen und als natürlich ausgegebenen Rollenverhältnisse in Frage stellen. Die aktuellste Variante eines solchen (nur noch indirekten und nicht mehr bedrohlichen) Verbots ist das scheinbar scherzhafte »Strictly for men« des *Axe*-Werbespots.

Schreibt man also eine Geschichte des Spiels mit Geschlechtsidentitäten, so kann man nicht einfach davon ausgehen, daß der geschlechterbezogene Kleidertausch entweder grundsätzlich subversiv oder grundsätzlich affirmativ sei. Es muß vielmehr immer gefragt werden, welchen Stellenwert dieses Spiel zu einem bestimmten historischen Zeitpunkt in einer bestimmten Kultur hat, und wie, wann und warum sich dieser Stellenwert ändert. Wer verkleidet sich aus welchen Gründen, handelt es sich dabei um eine historische oder eine gänzlich fiktive Figur, wer spricht darüber zu wem? Das sind leitende Fragen der folgenden Kapitel. Dabei werden neben literarischen Texten, Autobiographien, Gemälden und Filmen auch andere kulturelle Zeugnisse wie zum Beispiel die medizinischen oder psychologischen Abhandlungen der jeweiligen Epochen herangezogen. Erst wenn man verschiedene Diskurse in einen Dialog miteinander setzt, ergibt sich ein Bild von der Bedeutung, die die Verkleidung in einem bestimmten historischen Moment und in einer bestimmten Gattung hat. Dabei will ich keine zusammenhängende Geschichte schreiben, sondern Schlaglichter auf bestimmte Aspekte des Phänomens werfen. Das scheint mir dem flüchtigen Charakter der Verkleidung angemessener als der Versuch, eine kohärente Entwicklung zu konstruieren, sind es doch oft eher Sprünge und Brüche, in denen eine Kultur sich verändert.[3] Meinen Ausführungen liegt ein Verständnis von »Kultur« zugrunde, das sich nicht nur auf die statischen, monumentalen Denkmäler vergangener Größe bezieht. Unter »Kultur« verstehe ich vielmehr den Prozeß der Produktion von Bedeutung, den Gesamtkomplex des von Menschen Geschaffenen.[4] Alles menschliche Handeln ist Teil der Kultur und schafft diese zugleich: »Ich meine (...), daß der Mensch ein Wesen ist, das in selbstgesponnene Bedeutungsgewebe verstrickt ist, wobei ich Kultur als dieses Gewebe ansehe. Ihre Untersuchung ist daher keine experimentelle Wissenschaft, die nach Gesetzen sucht, sondern eine interpretierende, die nach Bedeutungen sucht.«[5]

Zu diesem Buch

Im folgenden wird es um Frauen gehen, die aus der vorgeschriebenen weiblichen Rolle ausbrechen und sich in der einen oder anderen Weise männlich »verkleiden«. Verkleidung kann heißen, daß die Frauen für ihre Umgebung wirklich als Männer gelten, es kann aber auch heißen, daß sie zwar als Männer gelten

Marlene Dietrich, 1930

möchten, es ihnen jedoch nicht überzeugend gelingt; es kann außerdem bedeuten, daß sie, ohne als Mann erscheinen zu wollen, männliche Signale einsetzen, die bei den Betrachtern Verwirrung auslösen – hier sei beispielhaft auf Marlene Dietrichs Auftritt im Smoking in Joseph von Sternbergs Film ›Marokko‹ von 1930 verwiesen.

Niemand würde wohl ernsthaft auf die Idee kommen, Marlene Dietrich wollte einen Mann verkörpern oder sie sähe aus wie einer. Doch die gewohnten Wahrnehmungsmuster werden gestört, weil die Schauspielerin die sonst getrennten Zeichensysteme für Weiblichkeit und Männlichkeit zusammenbringt, wodurch sie sich vom klassischen Frauenbild genauso distanziert wie vom Männerbild und geschlechtlich uneindeutig wird – um so mehr, als sie dann auch noch provokant eine Frau küßt. Hier wird deutlich, daß Maskerade sich im Übergang beziehungsweise als Übergang entfaltet: Ein stabiler Zustand wird erschüttert, ohne daß sogleich eine neuer stabiler Zustand an seine Stelle träte. Aufgrund dieser Fragmentarisierung von Zeichensystemen, die wir als ganz und vollständig zu denken gewohnt sind (hier Männlichkeit – da Weiblichkeit), aufgrund vor allem der Ambivalenz ihrer Erscheinungsweise wird die Verkleidung gewissermaßen zum Perpetuum mobile, das eine nie zur Ruhe kommende Rezeptionsbewegung auslöst. Die Betrachterin kommt nie bei einer definitiven und alles andere ausschließenden Bestimmung an, sondern wird immer wieder verwiesen auf das andere, das auch noch in der Verkleidung steckt. Das Liminale ist der Ort, an dem neue Bedeutungen entstehen können.

Ich werde das Phänomen der Verkleidung von Frauen als Männer in vier Themenkomplexen beleuchten; die gewählten Beispiele wollen nicht vollständig sein, sondern sind exemplarisch gemeint.[6] In ›Geschlecht und Maskerade‹ werden theoretische und modehistorische Aspekte der Geschlechtsidentität und der Maskerade entfaltet. In ›Literarische Imaginationen‹ kommen zunächst einige historisch belegte Fälle von travestierten Frauen zur Sprache, deren Existenz durch Autobiographien,

Zeugnisse von Zeitgenossen oder nachträgliche Biographien überliefert ist. Zentrale Fragen sind hier: Wer verkleidet sich andersgeschlechtlich, in welchem soziohistorischen Kontext und warum? Wie wird die Verkleidung dargestellt, von wem und in welchem Interesse? Die folgenden Abschnitte behandeln die Gestaltung des Motivs der verkleideten Frau in der europäischen Literatur, also in gewisser Weise »Männerphantasien«. Mit »männlich« ist hier nicht die biologische Geschlechtszugehörigkeit, sondern vielmehr eine kulturelle Subjektposition gemeint, von der aus jemand spricht, wenngleich anzumerken ist, daß es vor dem 20. Jahrhundert kaum Schriftstellerinnen gab, die sich des Verkleidungsmotivs bedienten. Eine zentrale Frage ist hier auch, welche Bilder von Weiblichkeit in der Literatur geschaffen werden und wie diese mit gesellschaftlichen Diskursen über Geschlecht und Geschlechterdifferenz (denn die verkleidete Frau verkörpert ja gewissermaßen in einer Person die Geschlechterdifferenz) zusammenhängen. Frauen erscheinen hier als Objekte männlichen Begehrens und männlichen Schreibens. Als das schlechthin Andere müssen sie erst narrativ einverleibt, buchstäblich zu Männern gemacht werden, um dann desto besser ausgegrenzt werden zu können. Die Grundstruktur solcher Texte läßt sich, wiederum mit dem Anthropologen Victor Turner, als »soziales Drama« bezeichnen.[7] Ein soziales Drama läuft in drei Phasen ab: am Anfang steht der Bruch mit dem Hergebrachten, es folgen eine Krise und darauf Bewältigungsstrategien, die in Versöhnung, das heißt, Rückkehr zum Hergebrachten, oder in dessen Veränderung münden. In den literarischen Texten über die Verkleidung findet das soziale Drama fast immer ein – in gesellschaftlich-institutioneller Hinsicht – wohlgefälliges Ende, indem der Status quo wieder erreicht und die Angst vor Veränderung damit beschwichtigt wird.

Der dritte Teil (›Bilder vom anderen Leben‹) widmet sich den homoerotischen und homosexuellen Implikationen der »Verkleidung«, die im 20. Jahrhundert zum Dreh- und Angelpunkt aller Debatten über die Problematik der geschlechtsbezogenen

Maskerade geworden sind. Hier verquicken sich Diskurse verschiedenster Art: Biographien, Romane, Filme, Bilder. Subjekte und Kontexte verändern sich. Erst in diesem Kontext entfaltet sich das Potential der Maskerade als Übergang und Aufbruch voll, und die Frage nach dem Subjekt der Maskerade sowie nach der vermeintlichen Mimesis muß noch einmal gestellt und diskutiert werden.

Der letzte Teil schließlich befaßt sich mit narrativen Strategien, die man als Verkleidung bezeichnen kann. Am Paradigma der »romantischen Liebe« werden die Fragen diskutiert: Welche (geschlechtliche) Subjektposition nimmt das sprechende Ich eines Textes ein, wie enthüllt und verhüllt der Text das, wovon er spricht, wie konstruiert er Geschlecht und Maskerade?

Auch wenn es in diesem Buch vorwiegend um Frauen geht, die die männliche Rolle übernehmen, kann immer wieder auch die umgekehrte Verkleidung in den Blick geraten. Jedoch bietet sich die Schwerpunktsetzung aus verschiedenen Gründen an. Es gibt eine eigene Tradition der verkleideten Frauen in der europäischen Literatur, der nichts Vergleichbares für als Frauen verkleidete Männer an die Seite zu stellen ist. Diese tauchen nur ausnahmsweise in literarischen Texten auf, und erst im 20. Jahrhundert entsteht die Transvestitenkultur. Sie hat aber ganz andere Ursachen und Erscheinungsformen als die weibliche Verkleidung. Teilweise ist sie aus der schwulen Subkultur erwachsen und innerhalb einer gewandelten Performance-Kultur anzusiedeln. Die Tatsache, daß in unserer Kultur Männer als das »stärkere Geschlecht« gelten, führt dazu, daß ihre Verkleidung als Frauen in aller Regel negativ bewertet wird. Sie bedeutet einen sozialen Prestigeverlust, der in Komödien fruchtbar gemacht werden kann, jedoch kaum tragisches Potential enthält – gemäß den abendländischen Tragikvorstellungen, die nicht einen sozialen Abstieg, sondern eher das Scheitern einer sozialen Anmaßung als potentiell tragikfähig verstehen. In diesem Kontext ist das Phänomen der Knabenschauspieler im elisabethanischen Theater zu sehen, deren durchaus homoerotische

Funktion ich im Zusammenhang mit Shakespeares Verwechslungsdramen diskutieren werde.

Für viele Frauen in der historischen Realität hingegen konnte es ein sozialer Gewinn sein, wenn sie männliche Privilegien für sich beanspruchten (und sie konnten auf diese Weise häufig der Prostitution entgehen).[8] Ihre unterlegene Position in der Geschlechterhierarchie veranlaßte viele von ihnen, sich als Männer verkleidet Arbeit zu suchen, zur See zu gehen oder in den Krieg zu ziehen. In der literarischen Tradition tauchen als Männer verkleidete Frauen zunächst eher in burlesken Novellen und in Komödien auf; seit 1800 jedoch ändert sich das, und die Verkleidung der Frauen gewinnt eine zunehmend problematische und potentiell tragische Dimension, ohne jedoch eine Tragödientradition im engeren Sinne zu begründen (dazu war das Thema denn wohl doch zu »anrüchig«). Ein weiterer Paradigmenwechsel ist um 1900 zu beobachten, als die Sexualforschung die Vermännlichung von Frauen und Effeminierung von Männern als Symptom sexueller Abartigkeit diagnostizierte und der Typus des »konträrsexuellen« Menschen erfunden wurde. Hier liegen einige der Wurzeln für das Spiel mit erotischen Identitäten, die in der postmodernen Theorie und den in diesem Kontext anzusiedelnden Gay and Lesbian Studies heute eine so große Rolle spielen.

Letztere haben mein Erkenntnisinteresse beim Abfassen dieses Buches wesentlich mitbestimmt. Jedoch muß einschränkend vorausgeschickt werden, daß es nicht meine Absicht ist, die einschlägigen, vor allem US-amerikanischen Theoriedebatten ausführlich darzustellen und zu diskutieren. Viele von ihnen haben sich ohnehin längst jeglicher Berührung mit konkreten Texten und anderen kulturellen Phänomenen entzogen und sind zu einem selbstverliebten metatheoretischen Diskurs für Insider geworden, dessen Erkenntnisinteresse für die konkrete kulturgeschichtliche Analyse mehr als fragwürdig ist.[9]

Methodisch orientiere ich mich nicht am Paradigma der Philosophie und an deren Identitätskonzepten, sondern an der geschlechterorientierten Kulturtheorie. Zu dieser zählen für mich neben semiotischen und historischen Ansätzen auch psychoanalytische Modelle, die ich immer wieder kritisch in meine Argumentation einbeziehen werde. Psychoanalytische Identitätskonzepte können für die Diskussionen um Geschlecht und Maskerade sehr fruchtbar gemacht werden. In den Gender und den Gay and Lesbian Studies wird daher auch schwerpunktmäßig mit ihnen gearbeitet, jedoch häufig in einer höchst abstrakten und immer wieder um die gleichen zentralen Punkte kreisenden Metatheorie Lacanscher Ausrichtung, die ich im folgenden meiden möchte. Ich orientiere mich eher an der unverkrampften Weiterentwicklung der Psychoanalyse Jessica Benjamins, deren theoriegeschulter und zugleich praxisnaher Umgang mit den »Heiligtümern« der Psychoanalyse im Vergleich zu vielen Verrenkungen mancher anderer Theoretikerinnen und Theoretiker auf dem Gebiet der Gender-Forschung durchaus erfrischend und erkenntnisfördernd ist. Grundsätzlich aber lese ich psychoanalytische Texte als kulturhistorisch und literarisch höchst interessante Zeugnisse, die ihrerseits interpretationsbedürftig sind und die gerade im Hinblick auf historische kulturelle Zeugnisse dringend einer Ergänzung durch sozial- und mentalitätsgeschichtliche Ansätze bedürfen. Und wie ein roter Faden, der nur zuweilen im Gewebe sichtbar wird, winden sich durch dieses Buch Elemente der Modesemiotik.

Geschlecht und Maskerade

Die Inszenierung des Geschlechts: Aktuelle Theorien der Geschlechtsidentität

Bevor man Verkleidung erkennen kann, muß man ein Bild von der »eigentlichen« Geschlechtsidentität des Menschen haben. Der deutsche Begriff »Geschlecht« umfaßt sowohl die psychosoziale Geschlechtsidentität (entsprechend dem englischen »gender«) als auch das biologische Geschlecht (»sex«). »Geschlecht« bedeutet in meiner Verwendung immer zuerst »Geschlechtsidentität« und erst in zweiter Linie »biologisches Geschlecht«. Letzteres verstehe ich als das der Geschlechtsidentität nur teilweise vorgängige, in unserer Wahrnehmung aber immer schon kulturell interpretierte Konstrukt. Denn während noch vor zwanzig Jahren das biologische Geschlecht als der Ursprung betrachtet wurde, der die psychosoziale Geschlechtsidentität produziert und steuert, geht die Gender-Theorie heute davon aus, daß unsere Denk- und Wahrnehmungsstrukturen und die daraus resultierende Geschlechtsidentität auch das hervorbringen, was sie scheinbar nur analysieren und was wir für ein »natürliches« Faktum zu halten geneigt sind: unser biologisches Geschlecht.

Die Psychoanalytikerin Jessica Benjamin »liefert eine materielle Basis für die feministische Anstrengung, die normativen Vorstellungen zur geschlechtlichen Identität zu destabilisieren«.[1] Sie geht von einer ursprünglichen menschlichen Bisexualität aus, deutet diese aber nicht als biologische Anlage, sondern als eine Position, in der das Kind sich mit beiden Eltern identifiziert: Es will alles haben und alles sein und kennt beziehungsweise akzeptiert noch nicht die »Exklusivität« (im etymologischen Sinne) des anatomischen Unterschieds. Anders als Freud seine Nachfolger geht Benjamin also nicht vom determinierenden biologischen Geschlechtsunterschied aus, sondern von komplexen und dynamischen psychischen (und symbolischen) Prozessen, aus denen der Geschlechtsunterschied erst resultiert beziehungsweise durch die er seinen Sinn erhält. Das bedeutet nicht, daß körperliche Realitäten geleugnet würden. Natürlich gibt es reale Körper. Aber sie besitzen ohne Kultur keine Bedeutung, denn »[d]as Wesen des Geschlechtsunterschieds ist empirisch nicht überprüfbar. Er ist nämlich von biologischen Tatsachen logisch unabhängig, weil in die Sprache der Wissenschaft – jedenfalls dann, wenn sie sich irgendeinem kulturell resonanten Konstrukt sexueller Differenz zuwendet – die Sprache des sozialen Geschlechts bereits eingelagert ist.«[2]

Die Körper sind aber auch nicht einfach Tabula rasa, auf die die Kultur ihre Bedeutungen einschreibt. Sie sind stets mehreres: fraglos erlebte Substanz, Quelle vieler individueller Erfahrungen wie Lust, Schmerz oder Tod, und zugleich sind sie und die mit ihnen verbundenen Erfahrungen immer kulturell geprägt. Geschlecht ist ein diskursives Konstrukt, und zugleich wird es subjektiv als authentisch erlebt. Das impliziert, daß Identitäten weder ein für allemal festgelegt sind, noch daß sie wie Kleidungsstücke beliebig an- und ausgezogen werden können. Wenn die Geschlechtsidentität das komplexe Resultat eines Zusammenwirkens von psychologischen, sozialen, ästhetischen, individuellen und vielen anderen Faktoren ist, kurz: von einer Vielzahl von kulturellen Regelsystemen, dann kann sie sich zwar ändern – beziehungsweise geändert werden –, dies geschieht aber nicht gänzlich willkürlich, unvorhersehbar und plötzlich, sondern in einem langen Prozeß. Die Aktivität des jeweiligen Subjekts stellt innerhalb dieses Prozesses nur ein Element unter vielen dar.

Veränderungen dieser Art sind indessen nur möglich, wenn man sich von der Vorstellung löst, bei der menschlichen Entwicklung handele es sich um den geradlinigen Weg zu komplementären heterosexuellen Beziehungen zwischen den Geschlechtern. Die Voraussetzung dafür ist ein dialektisches

Verhältnis zwischen Differenz und Gleichheit. Man müsse, so Jessica Benjamin, die »objektivierte Dichotomie der Geschlechter, der man im kulturellen Leben überall und deshalb auch in der Theorie begegnet, überschreiten; (...) eine Welt mit festgelegten, unüberwindlichen Grenzen zugunsten eines Übergangsraumes (...) verlassen, in dem die konventionellen Gegensätze zu beweglichen Wänden werden und lustvolle Spannung schaffen«.[3]

Die Gender-Theorie geht also davon aus, daß die menschliche Geschlechtsidentität kein ein für allemal erreichter stabiler Zustand ist, sondern daß es sich eher um einen widersprüchlichen, lebenslänglich dauernden Prozeß handelt, um ein Ideal, »mit dem sich das Selbst fortwährend auseinandersetzen muß«.[4] Geschlechtsidentität kann also als ein permanenter Vollzug betrachtet werden, dessen Grundlage in einer Vielzahl von gleich- und andersgeschlechtlichen Identifizierungen in der frühkindlichen Phase zu finden ist.

Wie aber erkennen wir das Geschlecht unserer Mitmenschen? Den bisherigen Ausführungen läßt sich schon entnehmen, daß es sich nicht um einen einfachen Akt des Sehens von zweifelsfrei vorhandenen Fakten handeln kann. Das Erkennen von Geschlechtsidentität ist vielmehr ein »komplizierter Attributionsprozeß«[5], in dem sowohl das kulturelle Vorwissen der Personen, die sehen, als auch die Selbstinszenierung derjenigen, die gesehen werden, eine entscheidende Rolle spielen. In manchen Kulturen, etwa bei den Navajo, gibt es drei und mehr Geschlechter.[6] In unserer Kultur hingegen lernen wir von frühester Kindheit an, daß es zwei – und nur zwei – Geschlechter gebe und daß jeder Mensch einem von beiden angehören müsse. Entsprechend dieser Grundregel nehmen wir die Menschen wahr, das heißt, wir ordnen sie automatisch entweder dem weiblichen oder dem männlichen Geschlecht zu. Diese Zuordnung erfolgt mit Hilfe kulturell erzeugter Geschlechtszeichen, denn die biologischen Geschlechtsmerkmale eines anderen Menschen sehen wir ja in der Regel nicht, sondern nur deren Substitute, also etwa Kleidungsstücke, Gesichter, Gestik und Mimik.[7]

Umgekehrt sind wir alle Darstellerinnen und Darsteller desjenigen Geschlechts, dem wir in den Augen der anderen und unseren eigenen angehören. Wir verkörpern, mit anderen Worten, in unserer scheinbar höchst individuellen Existenz kulturell tradierte *Bilder* von Weiblichkeit oder Männlichkeit; wir *sind* nicht einfach Frau oder Mann. Jede Darstellung von Geschlecht – sei es im Alltag, sei es in Kunst, Literatur oder Film – konstituiert zugleich Geschlecht.[8] So wird der Fortbestand unseres kulturellen Wissens über Geschlechtsidentität gesichert, und gleichzeitig verändern sich fortwährend unsere Vorstellungen von dem, was in einer sich ebenfalls verändernden Kultur jeweils als männlich oder weiblich gilt, denn »[a]nders als die ›Posen‹, die sich Vor-Bildern anpassen, speisen lebendige Verkörperungen ständig persönlich zugerechnete Geschlechterbilder in die Darstellungsrepertoires ein. So bedeutet, ein Geschlecht zu haben, an seiner Geltung teilzuhaben, und dies, an seiner *Produktion* teilzunehmen. Im einzelnen zählen zu den Kompetenzen einer Geschlechtszuständigkeit neben dem Darstellungs-knowing how und dem expliziten Wissen, ›was sich gehört‹, auch die Beherrschung körperlicher Funktionen und Fertigkeiten und die Fähigkeit, über Erfahrungen ›als Mann‹ oder ›als Frau‹ mitreden zu können.«[9] In diesem Kontext kann ein Mann »als legitimer Darsteller von Männer-Bildern« verstanden werden, »genauer: ein durch eine kompetente Darstellung (in den Augen eines Betrachters) legitimierter und zur Kontinuierung verpflichteter Darsteller eines Männer-Bildes«.[10]

»Männliche« Frauenmoden

Zu den wichtigsten Mitteln der Produktion von Geschlecht zählt die Kleidung. Ihre Geschichte[11] ist geprägt von einem Dualismus und einem ständigen Wechselspiel zwischen männlichen und weiblichen Moden. Mode trägt dazu bei, die Geschlechterdifferenz(en) zu schaffen, indem sie deutlich sichtbare und eindeutige Zeichen für die jeweilige Geschlechtszugehörigkeit produziert und bereitstellt. Das Resultat ist ein fiktives Geschlecht, dessen Realität paradoxerweise die biologischen Gegebenheiten überformt. Insofern läßt sich der Bezug weiblicher und männlicher Mode aufeinander sowohl als affirmative gesellschaftliche Praxis deuten wie auch als ein ironisches Spiel mit der Artifizialität jeder eindeutigen und festgelegten Geschlechterzuordnung.

Was als männliche und was als weibliche Kleidungszeichen gilt, verändert sich im Laufe der Zeit ständig. Zeichen und Bezeichnetes sind nicht fest miteinander verknüpft, so daß etwas, was früher als männlich galt, heute ein weibliches Zeichen sein kann (etwa die Farbe Pink, die heute kleinen Mädchen zugeschrieben wird, während um die Jahrhundertwende Pink wegen seiner Aggressivität als Farbe für Knaben galt).[12] Die Grenzen zwischen den geschlechtsspezifischen Moden fluktuierten unter anderem deshalb, weil es immer wieder Perioden gab, in denen die eine Seite modische Anregungen von der anderen übernahm, um sie dem eigenen Formenrepertoire einzuverleiben. Oft führte allein das Fehlen bestimmter Elemente (wie etwa Reifrock und Korsett) dazu, daß Kleidung als männlich (beziehungsweise in anderen Fällen als weiblich) empfunden wurde, aber noch häufiger geschahen regelrechte Übernahmen und Anleihen an der Mode des anderen Geschlechts.

Im England des 17. Jahrhunderts etwa ereiferte man sich in Pamphleten, auf der Bühne, in Volksliedern und anderen Ausdrucksformen heftig darüber, daß die Frauen sich vermännlicht kleideten, ja sich regelrecht ver-kleideten, und daß darüber hinaus auch ihr Verhalten und ihre Sitten sich den männlichen angepaßt hätten.[13] Die Lage war so angespannt und der Streit tobte so heftig, daß der englische König sich im Jahr 1620 veranlaßt sah, Predigten gegen die Vermännlichung der Frauen zu verordnen, die vermutlich nicht viel halfen. Die Frauen trugen weiterhin männliche Kleidungsstücke und protestierten damit gegen bestimmte Weiblichkeitsnormen. Man kann in dieser Zeit beobachten, wie die Literatur die kompensatorische Funktion übernimmt, die Ängste zu besänftigen, die durch diesen Transvestismus bei den Männern ausgelöst wurden. Denn Theaterstücke und Balladen führten immer wieder vor, wie verkleidete, sich machtvolle Männlichkeit anmaßende Frauen zur normgemäßen Weiblichkeit zurückkehren. Die Texte konstruierten eine Weiblichkeit, die mit der Realität von Frauen nur mittelbar zu tun hatte, die aber die männliche Norm bestätigte.

Im 19. Jahrhundert begannen Frauen in Europa, Reitkostüme zu tragen, die von männlichen Anzügen inspiriert waren; später kamen andere Sportkostüme hinzu. Edouard Manets Gemälde ›L'Amazone‹ von 1882 zeigt eine Dame im Reitkostüm (das auf Französisch bezeichnenderweise *amazone* heißt). Als Gustave Flauberts Madame Bovary ihre Ausritte mit Rodolphe plant, die den Beginn ihrer leidenschaftlichen Affäre markieren, gilt ihre vornehmliche Sorge dem adäquaten Kostüm. Das Reitkostüm, vor allem der dazugehörende, in sich schon hybride Männerhut mit einem langen Schleier macht die erotische Ambivalenz von Emma Bovary sinnfällig: Sie gibt sich als passive, zarte und verführte Frau (Symbol dafür ist der Schleier), aber als »Amazone« im Männerkostüm verführt sie Rodolphe nicht weniger als er sie.[14]

Die dem sportlichen Anlaß vorbehaltenen Reitkostüme entwickelten sich wenig später zu den sogenannten Schneiderkostümen, die gegen Ende des 19. Jahrhunderts als elegante Tageskleidung für Damen aufkamen und in modernisierter Form noch heute die korrekte Bekleidung für das Berufsleben sind (*dress for success*). Zu Beginn des 20. Jahrhunderts fielen die Korsetts, und wenig später entwickelte sich eine ganz neue modische Linie: die kurzen, taillenlosen Kleider der 20er Jahre. Coco Chanel, selbst eine begeisterte Reiterin, verkörperte diese neue, zugleich elegante wie funktionale Linie, die man damals, in Verbindung mit dem neuen, schlanken, brust- und taillenlosen Körperideal und den kurzgeschnittenen Haaren, als männlich und sportlich empfand.[15] Chanel unterstützte die androgyne Formgebung, indem

›L'Amazone‹ (ca. 1882) von Edouard Manet

sie die früher starren Stoffe durch Jerseys und Wolle ersetzte, also anschmiegsame Materialien, die den Trägerinnen in der Tat mehr Bewegungsfreiheit gaben. Elsa Schiaparelli führte in den 30er Jahren, als die Mode schon wieder kurvenbetonter geworden war, breite, gepolsterte Schultern in die Damenmode ein, die es zuvor nur bei Männerjacketts gegeben hatte.[16] In der Mode der 80er Jahre feierten sie ein Revival, das unmißverständlich auf die Signalwirkung der breiten Schultern setzte: Diese sollten den Trägerinnen Selbstbewußtsein und Durchsetzungsvermögen attestieren.

Hosen galten in unserer Kultur sehr lange als exklusiv männliches Kleidungsstück; sie sind bekanntlich erst seit den 20er Jahren unseres Jahrhunderts langsam zum Kleidungsstück für Frauen avanciert.[17] Die Einführung der Damenhose war von heftigen Kontroversen begleitet, die sich sogar auf die Unterwäsche bezogen. Bis ins 18. Jahrhundert hinein trug niemand Unterwäsche, doch als sie sich durchzusetzen begann, tauchte sogleich die dringende Frage auf, ob auch Frauen Unterhosen tragen dürften. Ärzte des 18. Jahrhunderts erklärten apodiktisch, es sei aus hygienischen Gründen notwendig, daß Frauen ihre Kleider und Unterkleider »unten offen« trügen, damit sie »nicht bey Lebzeiten vermodern, oder gar stinkend werden (...). Denn da die Frauenzimmer die Natur eines Schwammes besitzen, welcher eben darum viele Zwischenräumchen haben muß, um sich zusammendrücken, wieder ausdehnen zu lassen, und viele Feuchtigkeiten annehmen zu können; so haben sie freylich auf eine Kleidung bedacht seyn müssen, welche ihnen darum bequem sein sollte, weil sie niemals recht sicher sind, sondern beständig in Furcht stehen, es möchte sich bey ihnen die überflüssigen Feuchtigkeiten ergießen. Trügen sie nun wie die Mannsbilder Hosen, so würden sie nicht nur immer naß sitzen, sondern wohl gar zu ihrem eigenen Unglücke bey lebendigem Leib in eine Fäulniß gerathen.« Zwar könne man im Winter zum Schutze der Frauen zulassen, daß sie Unterhosen trügen, »aber außerdem ist es höchst strafbar, wenn sie so ungezogen sind, und so viel Kühnheit haben, ihre Männer zu entblößen, und ihnen die Hosen abzunehmen, das heißt, über sie die Herrschaft führen wollen«.[18]

Die Kleidung stellt nicht nur eine praktische Notwendigkeit dar, die dafür sorgt, daß der nackt geborene Mensch überlebt[19], sie hat auch hochsymbolischen Wert. Die angemessene Kleidung ist Garant der gesellschaftlichen Ordnung. Deshalb ist es so anrüchig, ja gefährlich, wenn Frauen Männerkleider tragen, und sei es eine Unterhose, denn sie könnte der Frau ein falsches Selbstbild vermitteln: Offensichtlich wird der Kleidung die Macht zugeschrieben, auf Menschen zu wirken und sie zu verändern; keineswegs drückt sie bloß etwas bereits Vorhandenes aus.

In vielen Karikaturen wird seit dem Mittelalter der Kampf um die Hosen entweder als Kampf von Frauen um einen Mann dargestellt oder noch häufiger als Machtkampf zwischen Mann und Frau. Dabei steht die ausgezogene Hose für den männlichen Machtverlust; die aufgespießte Hose ist ein Symbol der »Weibermacht«.[20] Die Klage über die Frauen, die sich die Herrschaft über ihre Männer anmaßten, ließ sich in allen Kulturen Europas vernehmen, und noch heute sprechen wir davon, daß jemand in einer Beziehung die Hosen anhat.[21]

Häufig übernahm die Frauenkleidung Elemente der Männerkleidung. Ob man dies allerdings wie die Kunst- und Modehistorikerin Anne Hollander[22] damit erklären kann, daß die letztere seit dem Mittelalter – also der Zeit, in der man überhaupt von Mode sprechen kann – stets moderner und innovativer gewesen sei als die weibliche und daß sie die stilistischen Standards gesetzt habe, an die sich die künstlerisch konservativere Frauenmode dann anpaßte, scheint mir zweifelhaft. Vieles spricht dafür, daß Männerkleidung für Frauen Macht und Freiheit symbolisierte oder daß eine unmotivierte Lust am Wechsel der Formen sie zur Übernahme männlicher Moden drängte, weniger deren vermeintliche formale Modernität. Valerie Steele betont zu Recht, es sei nie der Wunsch nach Bequemlichkeit oder vernünftiger Kleidung gewesen, der modische Entwicklungen hervorgebracht habe, sondern das Ausdruckspotential der Kleidung.[23]

Für Anne Hollander aber gibt es vor dem 20. Jahrhundert keine wirkliche Modernität in der weiblichen Mode. Denn erst dann, vor allem in den 20er Jahren, habe sie strukturelle männliche Elemente übernommen. Und für die Gegenwart konstatiert die Kunsthistorikerin, daß Frauen, die sich zeitlos und einfach zu kleiden wünschen, sich im Grunde in ursprünglich männliche Kleidungsstücke hüllen: Jacketts und Hosen, Pullover und Jeans. Mit anderen Worten: es gebe keine genuin weibliche Mode (mehr), Frauen hätten endlich ihr jahrhundertealtes Ziel erreicht, an der männlichen Mode teilzuhaben.

In diesem Sinne wären alle Frauen Transvestitinnen beziehungsweise könnten sie nur auf der Höhe der Zeit sein, wenn sie Männlichkeit imitieren. Anne Hollanders Definition von Modernität und Schönheit nimmt allerdings »männliche« Werte zum Maßstab und muß daher notwendig zu dem Ergebnis kommen, nur die Männermode sei modern und im eigentlichen Sinne schön. Spätestens seit den Ritterrüstungen habe sich die Männerkleidung am männlichen Körper orientiert, eine Tendenz, die im Herrenanzug des 20. Jahrhunderts weitergeführt werde. Die weibliche Mode hingegen habe jahrhundertelang die Körper verborgen beziehungsweise durch einen fiktiven Körper ersetzt. Der seit dem 18. Jahrhundert verbindliche Männeranzug sei architektonisch durchkonstruiert, während die Damenmode sich in Arabesken ergehe und lediglich die Oberfläche neu drapiere. Der Männeranzug drücke dynamische Kohärenz und Ganzheit aus; er sei formell und informell zugleich und stelle eine Hülle aus vielen beweglichen Einzelschichten dar, die dennoch eine Einheit ergäben und den Körper ahnen ließen – wobei der männliche Körper als Inbegriff des Schönen verstanden wird.

Das alles sind Wertungen, keine objektiven Beschreibungen – Wertungen, die von der Überlegenheit des Männlichen ausgehen und davon einen wertend gemeinten Modernitätsbegriff ableiten. So richtig Anne Hollanders Beobachtungen oft sind, so unverkennbar sind ihre Thesen zugleich Ausdruck der Tendenz innerhalb unserer Kultur, das Weibliche in Ableitung vom Männlichen und als dessen Ergänzung zu verstehen. Sie repetiert die abendländische Überzeugung, daß das Männliche stets der Maßstab für das Menschliche sei, von dem sich alles andere als Imitation oder Variation, also als sekundäres Phänomen, ableiten lasse. Niemand hindert uns, die Dinge umzukehren und zu fragen, ob denn tatsächlich der männliche Körper als Inbegriff der Modernität gelten muß, und ob es denn überhaupt stimmt, daß Männermode auf den männlichen Körper verweist. Ich möchte dagegen argumentieren, daß Männermode, nicht anders als Frauenmode, seit jeher einen Idealkörper konstruiert, einen fiktiven Körper, der den realen Körper entweder hervorhebt oder versteckt, aber keineswegs mit dem wirklichen Körper verwechselt werden darf. Daß die Männerkleidung früher als die der Frauen die Beine modelliert, während die Beine der Frauen über Jahrhunderte nicht zu sehen waren, hat so viel oder so wenig mit einem ausgeprägten Körperbewußtsein zu tun wie die flachgepreßten Brüste der Renaissance-Damen, die tiefen Dekolletés der Frauen im späten 19. Jahrhundert oder ihre runden Bäuche im Mittelalter. Zeugt es von Körperbewußtsein und von Anbetung des männlichen Körpers oder ist es nicht vielleicht eher ein theatralisches und ironisches Spiel mit Körperelementen und ikonographischen Anspielungen sowie die Kreation eines artifiziellen Körpers, wenn Vivienne Westwood eine Männerweste entwirft, die, über und über mit Perlen bestickt, einen Männertorso mit Christus-Wundmalen an der linken Brust und herabtropfendem rotem Perlenblut darstellt?[24]

Architektonisch konstruiert ist die Damenmode nicht weniger als die Männermode; man denke nur an die Korsetts und Reifröcke des 18. und 19. Jahrhunderts. Nur werden hier ein anderer Körper und ein anderes Selbstverständnis konstruiert als durch die Männerkleidung. Man könnte sogar argumentieren, daß gerade die ausgeprägte Konstruiertheit der Damenmode weit mehr ein Anzeichen für Modernität sei als die vermeintliche Einfachheit des Männerkostüms, denn »Moderne« ist ja keineswegs unangefochten mit Harmonie und der Vielheit in der Einheit gleichzusetzen, sondern kann durchaus auch als Harmoniebruch und das überraschende Neue verstanden werden. Dieser Begriff von Moderne entspricht auch dem von Charles Baudelaire, dem die Mode als Paradigma der Modernität galt, da sie am ehesten imstande sei, die Natur in Kunst zu überführen.[25] Auch die Postmoderne greift eher auf einen solchen Modernitätsbegriff zurück als auf den einer harmonischen Vielheit in der Einheit.

Nein, nicht alle Frauen sind Transvestitinnen oder doch nur in dem Sinne, daß jede Kleidung als Ver-Kleidung aufgefaßt werden kann, mit der wir unser Selbst konstruieren. Keine Kleidung drückt etwas fraglos Gegebenes aus, weder das Geschlecht noch den Charakter. Vielmehr schafft jede Kleidung immer neue Inkarnationen und Varianten von Weiblichkeit und Männlichkeit. Das Schlagwort von Weiblichkeit als Maskerade (das natürlich nicht nur Mode, sondern die umfassende Inszenierung von Weiblichkeit mit Hilfe von Körpersprache, Mimik, Rede- und Verhaltensweisen meint) sollte durch das von Männlichkeit als Maskerade ergänzt werden. Und daß jede Mode mit Zeichen spielt, denen zu bestimmten Zeiten bestimmte geschlechtsspezifische Bedeutungen zugeschrieben werden, kann man als Chance zur spielerischen (und meistens ungefährlichen) Grenzüberschreitung verstehen.

Vor diesem Hintergrund kann man auch die Bodybuilderinnen der Gegenwart, die immer wieder als vermännlicht bezeichnet werden, als Frauen deuten, die ihren Körper an bestimmte Grenzen treiben. Warum geht man davon aus, sie imitierten Männer? Daß ein bestimmtes Muskelprofil leichter an männlichen Körpern zu entwickeln ist als an weiblichen, begründet diese Festlegung nicht ausreichend, die letzten Endes nur wieder vom Primat des Männlichen ausgeht und dieses zum verbindlichen Maßstab erklärt. Man könnte die These entgegenhalten, daß Bodybuilder beider Geschlechter ein neues, spezifisches, geschlechtlich nicht festgelegtes Körperideal zu verwirklichen suchen, das mit dem alltäglichen Erscheinungsbild von Menschen, ganz gleich welchen Geschlechts, nicht das geringste zu tun hat. Die männlichen Bodybuilder sind so wenig »natürlich männlich« wie die Frauen »natürlich weiblich« oder »imitiert männlich« sind, sondern sie alle konstruieren ihre Körper zu »Bodies« – Bodybuilding als Maskerade.

Miss Olympia, Bodybuilding-Wettbewerb in Chicago 1996

Die grundsätzliche Konstruiertheit des menschlichen Geschlechts, von der ich ausgehe, wird durch Begriffe wie »Performativität« oder »Inszenierung«, die dem Bereich des Theaters entnommen sind, verständlich. »Verkleidung« oder »Maskerade« stellen in diesem Kontext nur eine andere Stufe der Inszenierung von Geschlecht dar. Sie findet statt in einer Art von Übergangsraum, in dem die durch die offiziellen Diskurse starr festgelegten Geschlechtergrenzen immer wieder überschritten und beweglich gemacht werden, in dem Menschen sich anders inszenieren, als die gesellschaftliche Norm es vorsieht. Die Begriffe »Verkleidung« und »Maskerade« meinen mithin das in der Regel absichtliche Erzeugen einer (Geschlechts-)Identität für die Umwelt (manchmal auch für das Individuum selbst) mit Hilfe bestimmter Zeichen, die nicht nur auf die Kleidung beschränkt sein müssen, wenngleich diese bei jeder Verkleidung meist eine besondere Rolle spielt. Ein Moment der Aktivität gehört unbedingt zur Maskerade, während »Maske« oder »Maskierung« durchaus etwas passiv Erlebtes bezeichnen können, etwas, was das betroffene Subjekt als – möglicherweise sogar aufgezwungenes – »Uneigentliches« erfährt. So kann ein Individuum etwa seinen eigenen Körper als eine Maskierung des »eigentlichen« Selbst erleben, wenn es sich weiblich fühlt, aber einen biologisch männlichen Körper besitzt. Die Maskerade kann dann als eine Möglichkeit verstanden werden, das »eigentliche« Selbst zum Ausdruck zu bringen.

Es ist offensichtlich: die implizite Unterscheidung zwischen Authentizität und Maskerade, Schein und Sein liegt vielen Verkleidungen zugrunde. Sie wird vor allem in solchen Zeiten ernst genommen, in denen Identität etwas Naturgegebenes zu sein scheint. Auch sprachlich muß demnach die Unterscheidung zwischen Schein und Sein getroffen, muß von biologischem Geschlecht und kultureller Geschlechtsidentität gesprochen werden. Diese Begriffe sind in meiner Darstellung aber nie als

»absolute«, objektive Kategorien zu verstehen, sondern immer als historische Rekonstruktion der jeweils vorherrschenden Definition von Identität oder Maskerade, Männlichkeit oder Weiblichkeit. Die Begriffe stehen daher immer in – zumindest gedachten – Anführungsstrichen.

Auf dem Hintergrund der obigen Ausführungen dürfte deutlich sein, daß ich »Maskerade« grundsätzlich nicht so verstehe, als ob es ein authentisches Selbst dahinter gäbe. Wie sollte dieses auch aufzufinden und wo sollte es zu verorten sein? Maskerade bringt etwas Neues hervor, das gerade nicht auf ein Konzept von Authentizität angewiesen ist. Zwar steht sie in Beziehung zu dem, was vorher war, und auch zu dem, was sie möglicherweise mimetisch abbildet. Ohne diese Differenzen wäre sie als Maskerade nicht erkennbar. Jedoch handelt es sich dabei nur um Bezugspunkte relativen Charakters, die »authentisch« im traditionellen Sinne längst nicht mehr sein können. Es geht vielmehr um Bilder von Weiblichkeit und Männlichkeit, mit denen die Maskerade spielt. In dem Augenblick nämlich, in dem man aufhört, die weiblichen oder männlichen »Geschlechtscharaktere« als etwas Naturgegebenes hinzunehmen, und sie statt dessen als Resultate kultureller Praktiken, als Inszenierung versteht, verlieren sie ihre Verbindlichkeit als Originale. Folglich kann jede Kopie nur die Kopie einer Kopie sein[26], und das Konzept der Authentizität verliert seinen Sinn.

In dieser Spirale ohne Anfang und Ende ist Maskerade zu verorten: nicht als statischer Zustand, nicht als Ergebnis, sondern vielmehr als eine Bewegung von etwas fort zu etwas anderem hin. Dabei kommt es nicht darauf an, ob die Bewegung je ankommt. In der Maskerade ist der Weg das Ziel. Ähnlich der Liminalität, von der Turner spricht, ist Maskerade ein Nicht-mehr und ein Noch-nicht, ein Weder-noch und ein Sowohl-als-auch. Sie hat teil an verschiedenen Positionen, ohne sie jemals zu sein, denn im endgültigen Sein würde sie ihren Sinn verlieren. So wie man vom Schauspieler im Theater weiß, daß er reale Person und Figur auf der Bühne gleichzeitig ist und beides nie ineinander aufgehen kann, so entfaltet die Maskerade ihr Potential nur in der Gleichzeitigkeit der Möglichkeiten, in jenem Riß, der sich in der Maske auftut, damit sie als Maskerade erkennbar werde. Sie entfaltet sich in der Interaktion von Handelnden und Zuschauenden; sie durchquert Positionen (etwa Männlichkeit – Weiblichkeit), ohne sich in ihnen fangen zu lassen.

Faßt man Maskerade in diesem Sinne als einen kontinuierlichen Prozeß, dann kann sie unter Umständen jenen Binarismus vermeiden, dem manche Gender-Theorien immer noch anhängen. Denn in dieser Sicht verliert das mimetische Moment, das der Verkleidung normalerweise zugeschrieben wird, seine Relevanz. Nicht mehr das, was sie kopiert, ist dann von zentralem Interesse, und auch nicht die Treue der Nachbildung, sondern vielmehr der weite Horizont von Bedeutungen, der sich in der Verkleidung eröffnet.

Das ist eine moderne beziehungsweise postmoderne Position, die man nur unter Vorbehalten auf vergangene Epochen übertragen kann. Sie kann zwar auch für deren Analyse zuweilen heuristisch wertvoll sein, muß aber als buchstäblicher Anachronismus stets mitreflektiert werden. Ich strebe also im folgenden eine Verflechtung mindestens zweier Perspektiven an. Um den Eigentümlichkeiten vergangener kultureller Zeugnisse gerecht zu werden, müssen sie aus ihren eigenen Kontexten heraus erklärt werden. Diese Perspektive kann jedoch nicht losgelöst werden vom modernen Erkenntnisinteresse, das von der oben skizzierten Vorstellung von Maskerade(n) ausgeht, um Texte und Ereignisse neu lesen zu können.

Literarische Imaginationen

Freiheitsdurstige Frauen in der Geschichte

Die Frauen, die sich in der Geschichte Europas seit dem Mittelalter tatsächlich als Männer ausgaben, gingen also eigentlich nur einen – wenn auch entscheidenden – Schritt weiter als die Menschen, die sich bewußt als Frauen oder Männer kleiden. Der wesentliche Unterschied besteht darin, daß sie selten davon ausgingen, sie könnten ihre Identität (und damit die Wahrheit) willentlich konstruieren (das ist eine sehr moderne Einstellung), sondern davon, daß es eine natürlich gegebene biologische und soziale Wahrheit gäbe, also eine Identität, die sie vorsätzlich zu verstecken und durch eine andere Wahrheit zu ersetzen suchen. Das heißt, sie gehen von der Zweiheit der Geschlechter und von einer klar erkennbaren Identität aus, sie unterscheiden genau zwischen Sein und Schein und wissen oder meinen zu wissen, daß sie auf der Seite des Scheins anzusiedeln sind.

Meistens jedoch waren die Frauen, die als Männer lebten[1], davon überzeugt, sie verfügten über Eigenschaften, die die Verkleidung ermöglichte: Sie waren kräftig und mutig, abenteuerlustig oder für bestimmte Tätigkeiten begabt, die ihnen als Frau verwehrt gewesen wären. Ob es dann Not oder Abenteuerlust war, was sie zur Verkleidung veranlaßte, scheint demgegenüber fast sekundär. Es ist allerdings kein Zufall, daß es überwiegend Frauen aus den unteren sozialen Schichten waren, die sich als Männer ausgaben. Frauen aus den gehobeneren Schichten waren in ein engeres Korsett von weiblichen Verhaltensnormen gesperrt als diejenigen, die von Kindheit auf mit harter körperlicher Arbeit und dem alltäglichen Überlebenskampf konfrontiert waren und dabei notwendigerweise Eigenschaften und Verhaltensweisen erwarben, die in feineren Kreisen wohl als männlich gelten mochten, in ihren eigenen aber nicht unbedingt als unweiblich galten.

Zu einer tatsächlichen Verkleidung – wenn etwa die Not sie dazu zwang, ihren Lebensunterhalt zu verdienen – ist es dann nur ein kleiner Schritt. Mit sogenannten weiblichen Arbeiten konnte man sich kaum über Wasser halten, denn sie waren viel zu schlecht bezahlt, und als ernstzunehmende Berufe galten sie ohnehin nicht. Warum sollte also eine kräftige Frau, die gern körperlich arbeitete, sich nicht als Handwerker verdingen? Oder als Soldat oder Seemann? Das setzte voraus, daß sie sich als Mann ausgab, denn diese Berufe waren bis ins 20. Jahrhundert Männern vorbehalten. Lucy Ann Lobdell schreibt 1855, sie habe sich als Mann verkleidet, um eine anständig bezahlte Arbeit zu finden, denn sie leiste ohnehin Männerarbeit, werde dafür als Frau aber viel schlechter entlohnt.[2]

Die Piratin Anne Bonney, Illustration von 1725

Manche Frauen entkamen in Männerkleidung und mit Männerarbeit dem Schicksal der Prostitution, andere konnten mit ihren Freundinnen zusammenleben, wieder andere konnten ihrer Abenteuerlust frönen und etwas von der Welt sehen, was einer Frau als Frau sehr viel schwerer möglich war als jedem Mann. »James Barry« (1795–1865) hätte als Frau nie Arzt werden und außerdem um die halbe Welt reisen können, denn ein Universitätsstudium für Frauen gab es damals ebensowenig wie eine Berufsausbildung. So lebte sie seit ihrem vierzehnten Lebensjahr als Mann, und zu ihren Lebzeiten erfuhr niemand, daß sie in Wahrheit eine Frau war.[3] Die Mainzerin Maria Einsmann arbeitete in den 20er Jahren als Mann, weil sie als Frau keine Arbeit fand. Sie lebte mit ihrer Freundin zusammen und gab sich als Vater von deren Kindern aus. Erst nach zwölf Jahren wurde sie enttarnt.[4] Sogar Ende des 20. Jahrhunderts gibt es noch Frauen, die als Männer verkleidet leben (nicht zu verwechseln mit Transsexuellen, die ihr Geschlecht operativ verändern lassen). Als der Jazz-Musiker Billy Tipton – verheiratet und Vater dreier Adoptivsöhne – 1989 starb, stellte sich heraus, daß er eine Frau war. Einer der Söhne erklärte, für ihn werde Tipton stets sein Vater bleiben, und die Ehefrau behauptete, die Wahrheit nicht gewußt zu haben, denn sie und ihr Mann hätten nie Sex miteinander gehabt. Die Medien erklärten die lebenslange Maskerade damit, daß Tipton in den 30er, 40er und 50er Jahren in der Männerdomäne des Jazz nur als Mann hatte erfolgreich sein können.[5]

In früheren Jahrhunderten hatten als Männer verkleidete Frauen einen schlechten Ruf. Frauen, deren Verkleidung entdeckt wurde, galten als lasterhaft; auch trugen manche Prostituierte als besonderen erotischen Anreiz Männerkleider und beeinflußten damit das Urteil der öffentlichen Meinung über andere verkleidete Frauen negativ. Darüber hinaus gab es Frauen, die als Straßenräuber oder Piraten ihr Leben fristeten, was dem Ruf der verkleideten Frauen auch nicht eben förderlich war. Andere travestierte Frauen galten im Gegenteil als besonders tugendhaft. Die heilige Pelagia etwa trug Männerkleider, um ihre Keuschheit zu wahren. Im Falle von Jeanne d'Arc wurde dieses Argument jedoch von ihren Richtern nicht mehr anerkannt; dabei hatte sie wirklich gute Gründe, im Gefängnis unter lauter Männern ihre Weiblichkeit nicht zur Schau zu stellen. In ihrem Prozeß aber ging es darum, sie aus politischen Gründen um jeden Preis zu verurteilen, und da war auch das Argument recht, daß sie sich sittenwidrig und gotteslästerlich verhalte, wenn sie sich weigere, ihre Männerkleidung abzulegen. Einer der Anklagepunkte bezieht sich ausdrücklich darauf:

> Du hast gesagt, daß Du auf Geheiß Gottes und nach Seinem Willen Mannskleider trugst und fortfährst, sie zu tragen. Und unter dem Vorwand, daß Du auf den Befehl Gottes diese Kleidung trägst, hast Du wieder ein kurzes Wams angelegt und Beinkleider, mit Schnürbändern zusammengehalten; Du trägst darüber hinaus die Haare kurz geschnitten über den Ohren, was nichts mehr an Dir läßt, das zeigt, daß Du weiblichen Geschlechts bist außer dem, was die Natur selbst Dir verliehen hat; und in diesem Aufzug hast Du häufig das Sakrament der Eucharistie empfangen. (…) Was diesen Artikel angeht, so sind die Gelehrten der Meinung, daß Du Gott lästerst und Ihn höhnst in Seinen Sakramenten, das göttliche Gesetz übertrittst, die Heilige Schrift und die kanonischen Verordnungen, daß Du falsch denkst und im Glauben irrst; Dich eitel brüstest und Dich der Abgötterei verdächtig machst und der Entweihung Deiner selbst und Deiner Kleidung, indem Du den Brauch der Heiden nachahmst.[6]

Solange Jeanne ihrem Vaterland dienlich war, störte sich anscheinend kaum jemand an ihrer männlichen Tracht. Sobald sie aber politisch unbequem wurde, warf man ihr die Anmaßung männlicher Privilegien vor und deutete diese auch noch um in Gotteslästerung.

Immer wieder fällt bei einer Betrachtung der Geschichte der Verkleidung auf, in welchem Ausmaß der Zweck die Mittel heiligt. Wenn eine Frau als Mann erfolgreich war, wenn sie also beispielsweise ein besonders guter Soldat war, dann konnte es geschehen, daß man ihre Verkleidung billigte. Thérèse Figueur (1774–1861), die in den napoleonischen Kriegen kämpfte, wurde der Verbleib in der Armee gestattet, obgleich man ihr Geschlecht kannte.[7] Die 1771 geborene Angélique Brulon, in der Armee seit ihrem 21. Lebensjahr, verbrachte gar ihren Lebensabend als Soldat unter Soldaten im Pariser Hôtel des Invalides.[8] Hatte eine Frau jedoch keine besonderen Erfolge vorzuweisen und ließ sich dazu noch einen anderen Normverstoß zuschulden kommen (wie etwa eine lesbische Beziehung), dann konnte sie mit dem Tode bestraft werden. Es gibt also keine absolut gültigen Gebote und Verbote, sondern stets entschied eine auf die konkrete Situation bezogene Kosten-Nutzen-Rechnung darüber, ob eine Verkleidung von der Umwelt akzeptiert wurde oder nicht. Und bei Bedarf konnte man sich auf die Bibel berufen. Schon im Alten Testament heißt es ja: »Eine Frau soll nicht Männersachen tragen, und ein Mann soll nicht Frauenkleider anziehen; denn wer das tut, der ist dem Herrn, deinem Gott, ein Greuel.« (5 Moses 22,5) (Der heilige Paulus untermauert dieses Gebot mit seiner Vorschrift, daß die geschlechtsspezifische Kleidung den untergeordneten Status von Frauen zum Ausdruck zu bringen habe.)

Ein typisches, wenn auch besonders spektakuläres Leben als Mann führte die Spanierin Catalina de Erauso im 16. Jahrhundert. Sie wurde im Jahr 1592 im spanischen San Sebastián geboren. Der Vater, ein armer Landedelmann, hatte schon mehrere Töchter und war verärgert über den wiederum weiblichen Nachwuchs, denn Töchter waren für ihn wertlose Esserinnen. Sie brachten nichts ein, und sie konnten nicht einmal für sich selbst aufkommen. Im Gegenteil, sie kosteten viel Geld, bevor man sie an einen Ehemann loswurde, dem man auch noch eine hohe Mitgift zahlen mußte, damit er einem die überflüssige Tochter schließlich abnahm. Und wenn man dieses Geld nicht hatte, blieb dem Mädchen nur das Kloster.

Catalina wurde denn auch im Alter von elf Jahren ins Kloster gesteckt. Aber nach wenigen Jahren floh sie von dort. Angeblich stahl sie der Äbtissin die Schlüssel und nähte sich dann aus ihrer Nonnentracht Männerkleidung. Von Stund an gab sie sich als Mann aus. Zuerst schlug sie sich als Page durch, dann wurde sie Soldat, diente 14 Jahre lang in der spanischen Armee in Südamerika und wurde dort zu einem berüchtigten Rauf- und Trunkenbold, zu einem Glücksspieler und Duellanten. In einem dieser Duelle brachte sie sogar – wenn auch unwissentlich – ihren eigenen Bruder um.

Viele Jahre später erwirkte sie vom Papst während eines Besuches in Europa die Sondererlaubnis zum Tragen von Männer-

Catalina de Erauso, Illustration von etwa 1600

kleidern. Das war notwendig, nachdem ihr wahres Geschlecht bekanntgeworden war, denn Catalina hatte sich einer strafbaren Handlung schuldig gemacht, indem sie Männerkleider anlegte und männliche Verhaltensweisen übernahm. Sie hielt es aber wieder als Frau in Europa nicht aus. 1630 schiffte sie sich als Mann nach Mexiko ein, wo sie die letzten drei Jahrzehnte ihres Lebens blieb. 1650, mit 58 Jahren, starb sie dort, nachdem sie jahrelang als Mann gelebt und ihren Lebensunterhalt als Fuhrunternehmer verdient hatte.

Catalina hat der Nachwelt nicht nur ihre Autobiographie[9] hinterlassen, sie regte auch einen spanischen Dichter des sogenannten Goldenen Zeitalters, Pérez de Montalbán, zu einem Drama und den englischen Schriftsteller Thomas de Quincey ein Jahrhundert später zu einem Essay über ihr Leben an, der auch heute noch sehr lesenswert ist. Daß sie – wie viele andere Frauen – überhaupt als Mann leben konnte, ist nicht zuletzt aus der Aufbruchsstimmung dieser Zeit zu erklären. Die Welt wurde entdeckt und von Europa erobert, für alle die Forschungsreisen und Eroberungsfeldzüge benötigte man Soldaten. Es gab noch keine entwickelte Bürokratie, keine Meldepflicht und keine Paßpflicht. So konnte jemand, der (oder die) wagemutig, aggressiv oder skrupellos genug war, sich eine neue Identität schaffen, die durch Geschlecht und Herkunft keineswegs vorgegeben war. Nicht zufällig ist dies das Jahrhundert des pikarischen Romans, der die Außenseiter und Abenteurer zu literarischen Helden macht und den Wunsch nach sozialem Aufstieg thematisiert. Soziale Macht ist in jener Gesellschaft vom Geschlecht abhängig, und dieses wird vor allem durch die Kleidung symbolisiert, die wiederum das Geschlecht und die dazugehörige gesellschaftliche Stellung verkörperte. Erst als Catalina ihre Kleidung wechselt – als sie von der Frau zum Mann wird –, kann sie über ihr eigenes Leben bestimmen und zur Teilhaberin an der Macht der Männer werden.

Wie alle anderen Frauen, die in jener Zeit als Männer lebten, bemühte sich auch Catalina, ein ganz besonders männlicher

Mann zu sein, weil sie nur so die Gefahr der Entdeckung vermeiden konnte. Als berüchtigter Raufbold, Duellant und Draufgänger lenkte sie die Aufmerksamkeit auf das, was sie darstellte – auf ihre männliche Rolle –, um von dem, was sie »war« – von ihrem »wahren weiblichen Selbst« –, abzulenken. In ihrer Autobiographie, die noch vor ihrer endgültigen Übersiedelung nach Mexiko verfaßt wurde, ist indessen von vornherein klar, daß sie kein Mann, sondern eine verkleidete Frau ist; erst das verleiht dem Text einen gewissen Reiz. Wie Catalina es aber geschafft hat, während ihres Soldatenlebens alle Männer in ihrer engeren Umgebung zu täuschen, wird niemals thematisiert und bleibt rätselhaft. Aus heutiger Sicht kann man vermuten, daß zu den Gründen dafür die damaligen hygienischen Gepflogenheiten gehörten: Man wusch sich damals nicht so häufig und so vollständig wie heutzutage; man schlief in der Kleidung. Und ohne Zweifel konnte eine Frau, die als Mann gelten wollte, allein durch ihr rauhes Verhalten die Aufmerksamkeit von dem, was nicht ins Bild von einem »echten Mann« paßte, ablenken. Die Stärke der eingesetzten Signale ist entscheidend: Die Selbstinszenierung Catalinas und die Wahrnehmungsgewohnheiten ihrer Mitmenschen spielten zusammen und erzeugten den gewünschten männlichen Eindruck. Zudem scheint Catalinas Äußeres nicht besonders »feminin« im herkömmlichen Sinne gewesen zu sein. Ein Zeitgenosse schilderte sie als grob und kräftig, mit flacher Brust, struppigem Haar und ziemlich unschönem Gesicht. (Er schilderte sie aber nach ihrer Ent-Hüllung, das heißt, er wußte, daß er eine Frau vor sich hatte. Es gibt keine Beschreibung Catalinas von jemandem, der glaubte, sie sei ein Mann. Wer weiß, ob sie als Mann für häßlich gegolten hätte?) Dennoch ist es schwer erklärlich, wie sie es über Jahre hinweg geschafft hat, in einer Welt, die keine Privatsphäre in unserem Sinne kannte, ihre Maskerade aufrechtzuerhalten und in einem permanenten Übergangsstadium zu leben.

Auch andere Frauen, die als Männer lebten und später darüber schrieben, thematisierten derartige Alltagsprobleme nicht. Das ist als Teil einer Strategie der Selbstrechtfertigung zu interpretieren. Wenn man so ungewöhnlich und angreifbar lebte, mußte man erfolgreich sein. Die Schilderung von Schwierigkeiten im Alltag, die sich aus der Verkleidung selbst ergaben, wäre – sofern sie keinen komischen Effekt gehabt hätten – kontraproduktiv gewesen, da sie die Aufmerksamkeit auf das Ungehörige der Situation gelenkt hätte – ganz abgesehen davon, daß man beispielsweise von der Menstruation weder damals noch auch später öffentlich sprach.

Einen ganz anderen Stellenwert hatten etwa die Schwierigkeiten, die in erotischer Hinsicht auftauchten, das heißt wenn sich eine andere Frau in den angeblichen jungen Mann verliebte. Dies war eine Verwicklung, die bereits durch eine lange Lustspieltradition zumindest literarisch vorgegeben war und deswegen auch in einer Autobiographie ihren Platz finden konnte. Zu den einschlägigen Strategien der Legitimierung eines so ungewöhnlichen und allen Normen widersprechenden Lebens gehört weiterhin, daß Catalina wie die meisten anderen Frauen, die sich als Männer verkleideten, immer wieder ihren moralisch einwandfreien Lebenswandel, also vor allem ihre Jungfräulichkeit, betonte. Auf diese Weise sollte von vornherein der Verdacht zerstreut werden, die Frau habe sexuelle (oder andere normwidrige) Gründe für ihre Verkleidung. Daß es sich dabei um eine reine Diskursstrategie handelt, über deren Wahrheitsgehalt sich nicht das geringste aussagen läßt, liegt auf der Hand.

Catalina hatte angeblich niemals andere als kameradschaftliche Beziehungen zu Männern, und auf Avancen, die Frauen dem vermeintlichen jungen Soldaten mehr als einmal machten, geht sie (vielleicht nicht nur) zum Schein ein, genießt die damit oft genug verbundenen materiellen Vorteile und verschwindet schließlich auf Nimmerwiedersehen, bevor es zur Eheschließung und damit zur Ent-Hüllung kommen kann. So berichtet sie es jedenfalls in ihrer nur bedingt glaubwürdigen Autobiographie, von der man im übrigen nicht einmal weiß, ob sie wirklich von Catalina selbst stammt. Der Engländer Thomas de Quincey[10] erzählt in seinem weitgehend fiktionalen Lebensbericht, den er ein Jahrhundert nach Catalinas Tod verfaßte, einen vermutlich erfundenen, aber nichtsdestoweniger charakteristischen Fall für die verzwickte Lage, in die eine verkleidete Frau leicht geraten konnte: Catalina hat einen Mann getötet, der sie im Spiel betrogen hatte. Sie wird dieses Mordes angeklagt, aber innerhalb eines völlig anderen Kontextes: Man behauptet, sie habe mit der Frau des Toten ein Verhältnis gehabt, sei vom Ehemann in flagranti ertappt worden und habe ihn dann getötet. Falsche Zeugenaussagen bekräftigen diesen Vorwurf, den Catalina leicht entkräften könnte, würde sie nur ihr wahres Geschlecht enthüllen (eine lesbische Beziehung ist im Rahmen des de Quincey-Textes undenkbar). Sie tut dies nicht, nicht zuletzt, weil ihr diese Enthüllung über kurz oder lang die Inquisition auf die Fersen schicken würde, und kommt nur aufgrund eines Zufalls schließlich doch noch frei. Sie entgeht auf diese Weise übrigens der drohenden Hochzeit mit einer weiteren Dame. »Was für ein eigenartiger Fall«, kommentiert de Quincey, »[e]ine Frau, die fälschlicherweise (weil von falschen Zeugen) einer Tat beschuldigt wird, die sie wirklich begangen hat! Und fälschlicherweise aufgrund unmöglicher Beweggründe eines wirklich begangenen Vergehens beschuldigt wird!«

Trotz derartiger Zwangslagen: Catalina verlor nichts, indem sie sich als Mann ausgab. Sie konnte durch ihre Maskerade nur gewinnen. Eine ernstzunehmende Alternative bot sich ihr nicht. Zu jener Zeit und in jener Gesellschaft war man entweder Mann oder Frau, und das mit allen gesellschaftlich vorgegebenen Konsequenzen. Wollte man als Frau persönliche oder politische Freiheit, mußte man zum Mann werden, mit allen Risiken und Gefahren, die dies einschloß. Indem sie das tat, bewies Catalina schon im 17. Jahrhundert, wie fragwürdig biologisch begründete Funktionsbestimmungen von Weiblichkeit und Männlichkeit sind. Selbstverständlich hatte sie nicht das geringste feministische Interesse, sondern sie tat das, was für sie persönlich das Richtige war. Sie lebte ein möglichst autonomes, freies Leben – und wenn es auf Kosten der allgemein anerkannten Wahrheit war, die eine definierbare Identität und ein ein für alle Mal festgelegtes Geschlecht vorsah. Tatsächlich schuf sich Catalina mit ihrem mehrfachen Wechsel zwischen den Geschlechtern, mit ihrer Maskerade, eine neue, ganz eigene Wahrheit, die nicht gleichzusetzen ist mit einer bloßen Imitation vorgegebener (männlicher) Modelle.

Funktionen der Verkleidung in der Literatur

»Glaubst du, weil ich wie ein Mann aufgeputzt bin, habe ich Wams und Hose in meiner Veranlagung?«[11] fragt, einigermaßen ungehalten, die als Mann verkleidete Rosalind ihre Kusine Celia. Die Protagonistin von Shakespeares Komödie ›Wie es euch gefällt‹ (1599) trägt »Wams und Hose«, die Männerbekleidung der Renaissance. Wams und Hose aber sind für sie nur eine äußerliche Verkleidung, die ihr eigentliches, ihr weibliches Wesen nicht verändert. Denn die Verkleidung ist nur aus Not, nicht aus Neigung entstanden und von vornherein nicht als dauerhafte Maskerade gedacht. Und selbst wenn Rosalind sich zu guter Letzt doch für längere Zeit als der Jüngling Ganymed ausgibt, so kommt sie doch nie auch nur im entferntesten auf den Gedanken, sie könnte dauerhaft eine Männerrolle annehmen oder ihre eigene Identität als Frau aufgrund der Verkleidung verändern.

Diese Position ist typisch für die als Männer verkleideten Frauen in der Literatur, zumal in der Zeit vor dem 19. Jahrhundert. Sie verkleiden sich nur dann, wenn ihnen kein anderer Ausweg aus einer Notlage bleibt, die allerdings nicht vergleichbar ist mit jenen existentiellen Notlagen, aus denen sich wirkliche Frauen zuweilen als Männer ausgaben. Die jungen Frauen in der

Literatur müssen entweder vor einer Gefahr fliehen, oder sie müssen einen verschollenen Liebhaber suchen. Sie verkleiden sich nicht aus Abenteuerlust, sondern weil Frauen aus den gehobeneren sozialen Schichten, denen die literarischen Heldinnen bis zum 18. Jahrhundert – anders als die realen verkleideten Frauen – meist angehören, sich in der Öffentlichkeit nicht frei und allein bewegen konnten. Ihre Verkleidung greift Geschlechterhierarchien nur scheinbar an, denn die jungen Frauen in der Literatur scheitern entweder als junge Männer, oder sie leiden unter der für sie »unnatürlichen« Rolle und sind in der Regel mehr als froh, wenn sie endlich »Wams und Hose« wieder mit dem »Unterrock« vertauschen können.

Seit dem Mittelalter haben Novellen, Schwänke, Märchen und Theaterstücke als Männer verkleidete Frauen zum Gegenstand. Dorotea in Cervantes' ›Don Quijote‹ verkleidet sich als Hirte, um ihren treulosen Liebhaber aufsuchen und zur Rede stellen zu können, und Psyche in Wielands ›Agathon‹ (1794) flüchtet in Sklavenkleidung von Syrakus vor den Nachstellungen des Narcissus. In Cervantes' Novelle ›Die beiden Nebenbuhlerinnen‹ sind gleich zwei verkleidete Frauen auf der Suche nach ein und demselben ungetreuen Liebhaber. Vor 1800 sind die Gestaltungen des Motivs im Hinblick auf erotische oder Identitätsverwirrung vergleichsweise undifferenziert. Meistens gilt die Verkleidung als bloßes Mittel zur Erreichung eines konkreten Ziels. In Männerkleidung können die Frauen sich unerkannt in die Welt hinauswagen und sich so ungehindert und ungefährdet fortbewegen, was ihnen in Frauenkleidung und eingezwängt in die Norm züchtigen weiblichen Verhaltens nicht möglich wäre, zumindest, wenn sie den gehobeneren sozialen Schichten angehören. Wenn die verkleidete Frau schließlich ihr Ziel erreicht hat, legt sie erleichtert die Männerkleidung ab und wird wieder zur Frau, ohne daß sich etwas an der jeweils herrschenden Geschlechterordnung geändert hätte.

Eine Variante des Motivs war in Mittelalter und Renaissance

so beliebt, daß sie mehrfach neu bearbeitet wurde: Eine Ehefrau flüchtet in männlicher Verkleidung vor den Verfolgungen ihres Mannes, der sie wegen ihrer vermeintlichen Untreue umbringen lassen will. Diese Geschichte finden wir in Variationen beispielsweise in einer altfranzösischen ›Erzählung vom König Flore und von der Schönen Johanna‹ aus dem 13. Jahrhundert, in der neunten Novelle des zweiten Tages aus Boccaccios ›Decamerone‹ (um 1350 entstanden) oder in Shakespeares Komödie ›Cymbeline‹ (1623 erstmals gedruckt).[12] Der Ehemann wird in diesen Texten von anderen Männern dazu verführt, die Treue seiner Gattin auf die Probe zu stellen; die Männer schließen Wetten über die Standhaftigkeit der Ehefrau ab. Der zur Treueprobe ausersehene potentielle Nebenbuhler muß feststellen, daß die in Versuchung geführte Ehefrau ihrem abwesenden Gatten treu ergeben ist. Um sein Gesicht gegenüber den anderen Männern nicht zu verlieren, schleicht er sich eines Nachts in ihr Schlafzimmer ein, um sie auszuspionieren. An einer intimen Stelle des Körpers der schlafenden Frau entdeckt er ein Muttermal, und dieses Wissen trägt er dem Ehemann als Beweis der Untreue vor. Jener glaubt dem anderen Mann und gibt den Befehl, seine Frau zu töten; sie aber vermag den gedungenen Mörder zur Gnade zu bewegen und flieht in Männerkleidern. In ihrer Männerrolle trifft sie einige Zeit später wieder auf ihren Mann, der sie nicht erkennt; sie unterwirft ihn gewissen Prüfungen, und wenn sie sich zu guter Letzt zu erkennen gibt, kann sie mit dem inzwischen bekehrten und geläuterten Ehemann das Wagnis der Ehe erneut eingehen, da sie nun gewissermaßen die Garantie hat, daß sie beide nach den überstandenen Prüfungen glücklich bis an ihr Lebensende leben werden.

In allen diesen Fällen verkleiden sich die Frauen nicht, weil sie die Grenzen ihrer Weiblichkeit überschreiten wollen, sondern im Gegenteil aus geradezu idealtypischer Weiblichkeit. Denn die Verkleidung dient ihnen nur dazu, ihre Keuschheit für den Ehemann bewahren und ihm treu bleiben zu können. Kaum eine von ihnen ist abenteuerlustig und nützt die neugewonnene Bewegungsfreiheit aus, im Gegenteil. Shakespeares Imogen (aus ›Cymbeline‹) beispielsweise klagt beständig über die Notwendigkeit, eine so lügenhafte Rolle spielen zu müssen, und sie ist überglücklich, als sie endlich auch äußerlich wieder zur Frau werden kann.

Auch im volkstümlichen Theater, etwa in der von Italien ausgehenden und bald in ganz Europa verbreiteten Commedia dell'arte, gehörte das Spiel mit Verwechslungen jeglicher Art zu den beliebtesten Motiven. Die Commedia dell'arte erlebte ihren Höhepunkt im 16. und 17. Jahrhundert. Sie kannte keine ausgearbeiteten Spieltexte, sondern nur Szenarien, die den Handlungsverlauf vorgaben und den Schauspielern viel Freiraum für ihre Improvisation ließen. Diese Improvisationen waren jedoch wiederum begrenzt durch den vorgegebenen Typus, den ein Schauspieler oder eine Schauspielerin gewöhnlich verkörperte. Es gab zum Beispiel den Pedanten, den alten Geizhals, die jungen Verliebten und den Harlekin; und jeder Schauspieler war wiederum aufgrund seiner individuellen Begabung auf einen Typ festgelegt. Alle Typen wurden in Masken gespielt, mit Ausnahme der jungen Verliebten. Die Commedia dell'arte ist denkbar unpsychologisch, und sie lebt von Übertreibung, Zoten, Improvisation und Akrobatik. Die Verwechslung der Geschlechterrollen war innerhalb dieses zugleich freien und standardisierten Theaters besonders zugkräftig und bestens geeignet, die beim Publikum beliebten sexuellen Späße auf die Bühne zu bringen.[13]

In der Tradition der Commedia dell'arte[14] steht noch Carlo Goldonis Komödie ›Der Diener zweier Herren‹[15], 1745 im Auftrag des berühmten Commedia dell'arte-Mimen Antonio Sacchi als Szenario verfaßt und 1753 schriftlich ausgearbeitet. Die Verkleidung Beatrices als Mann ist in dieser Komödie unterhaltsames Spiel mit Schein und Sein. (Homo-)erotische Anspielungen kommen höchstens als derbe Scherze vor; auch wird keine ernsthafte Identitätsproblematik entfaltet. Die

Komik des Stückes besteht aus der Diskrepanz zwischen Sein und Schein, die nur die Zuschauer wahrnehmen, aber nicht Beatrices Gegenspieler auf der Bühne. Eine Art von Schadenfreude steigert die Komik, weil das Publikum sich überlegen dünkt, wenn es durchschaut, wie sich die Figuren auf der Bühne von der verkleideten Frau täuschen lassen. Hauptquelle der Komik jedoch ist der Diener, die eigentliche Hauptfigur des Stückes, der zwei Herren gleichzeitig dient, ohne daß diese davon wüßten. Er muß sich zwischen den Ansprüchen seiner anspruchsvollen Herrin Beatrice und seines nicht minder anspruchsvollen Herrn Florindo fast zerreiben, bis die beiden ihm auf die Schliche kommen und sich herausstellt, daß Florindo der langgesuchte Verlobte Beatrices ist.

Goldonis Beatrice verkleidet sich als ihr verstorbener Bruder, weil sie dessen Schulden eintreiben möchte und genau weiß, daß ihr das als Frau kaum gelingen würde. Denn keiner der Schuldner ihres Bruders würde eine »schwache Frau« als geschäftsfähig anerkennen. Außerdem will sie ihren entflohenen Bräutigam suchen, und das – und nicht das handfeste materielle Interesse – muß ihr nach der Entdeckung ihres Betrugs als Rechtfertigung für eine Verkleidung dienen, die die anderen Figuren durchaus bedenklich finden. Sie bekommt zwar ihr Geld und auch ihren Bräutigam zurück, aber sie muß unmittelbar nach ihrer Entdeckung wieder Frauenkleider anlegen und erklären, sie habe sich nur aus Liebe als Mann verkleidet, damit ihr die Anmaßung der Männerrolle verziehen wird. Die Liebe entschärft die »unrechtmäßige« Aneignung der Männlichkeit durch eine schwache Frau, während das Insistieren auf materiellen Interessen sie für die Männer unerträglich machen würde. Denn nur Männer dürfen materielle Interessen öffentlich eingestehen und verhandeln, das ist ganz unzweifelhaft ihr Aufgabenbereich. Für Frauen gehört das hingegen nicht zum vorgegebenen Rollenrepertoire. So zieht sich die selbständige und selbstbewußte Beatrice nach ihrem Exkurs in die männliche Welt auf ihre »Weiblichkeit« zurück und erklärt: »Die Liebe bringt Großes zustande.« (III, 15)

Vom Geld ist keine Rede mehr, obgleich es die eigentlich treibende Kraft der Verkleidung gewesen ist.

Man kann davon ausgehen, daß Literatur kein realistisches, sondern ein Idealbild angepaßter Weiblichkeit entwirft, in dem tugendhafte und häusliche Frauen die Hauptrolle spielen. Wenn sie vom Pfad der Tugend abweichen – etwa indem sie sich als Männer verkleiden –, so geschieht das nur, damit sie anschließend auf diesen vorgeschriebenen Pfad zurückkehren können. Gesellschaftliche Macht impliziert, ja produziert – wie Michel Foucault gezeigt hat – immer auch den Widerstand; sie fördert und integriert den Protest, damit dieser sie letzten Endes stärke.[16] Die frühen literarischen Gestaltungen der Frauen in Männerkleidern sind anschauliche Belege für diese These. Den literarischen Frauen wird von ihren (männlichen) Autoren eine Handlungsweise zugestanden, die eigentlich innerhalb der herrschenden Geschlechterideologie als Anmaßung zu verstehen ist. Jedoch nutzen die erfundenen Heldinnen diesen Handlungsspielraum nicht, sondern sie stellen unausweichlich fest, daß die alte Ordnung, die sie vorübergehend verlassen haben, viel besser ist als die, in der sie sich jetzt bewegen müssen. Wenn sie dann in die alte Ordnung zurückkehren, ist diese stabiler als vorher, und das nicht zuletzt, weil sie ihre eigene Infragestellung zugelassen hat.

Jede dieser Verkleidungsgeschichten ist die literarische Inszenierung eines »sozialen Dramas« im Sinne des bereits eingangs erwähnten Victor Turner – mit einem Bruch, einer Krise, Bewältigungsstrategien und einer versöhnlichen Lösung. Selten wird in den literarischen Texten eine neue Lösung, das heißt eine neue Form der Geschlechterbeziehungen und eine Veränderung der Geschlechterhierarchie, in Erwägung gezogen. In der Regel wird zum Vertrauten zurückgekehrt, die alte Ordnung wird restituiert. Maskerade ist hier keine Bewegung, die in sich schon das Neue enthält, sondern ein unbedingt zu überwindendes Stadium. Diese Überwindung soll bestätigen, daß der Status quo der geschlechtlichen Rollenverteilung der richtige ist und daß alle

Versuche, ihn durch Verkleidung zu unterlaufen, zu veränd oder offen anzugreifen, zum Scheitern verurteilt sind.

Das ist ein offensichtlich affirmativer Umgang mit tendenziell subversiven Inhalten, der dennoch immer auch den Keim der Subversivität beibehält. Michail Bachtin hat ähnliche Strukturen hinsichtlich der Lachkultur des Mittelalters und des Karnevals beschrieben.[17] Vor diesem Hintergrund ist auffallend, daß in der Literatur vor dem 20. Jahrhundert fast nur männliche Autoren die Verkleidung von Frauen als Männer thematisierten (von autobiographischen Texten abgesehen). Das läßt die Schlußfolgerung zu, daß die verkleidete Frau eine sehr spezielle »Imagination von Weiblichkeit«[18] darstellt und als solche eine besondere Funktion innerhalb der patriarchalen Ökonomie hat. Indem die Autoren ein Bild von Weiblichkeit als imitierter und unvollkommener Männlichkeit schaffen, machen sie sinnfällig, wie sehr in ihrer Kultur und in ihren eigenen Augen das Männliche nicht nur erstrebenswert, sondern der Maßstab des Menschlichen überhaupt ist. Die verkleideten Frauen in der Literatur sind ja nur denkbar in bezug auf das von ihnen imitierte Männliche, das sie schließlich, wenn sie es schon nicht *sein* können, als Liebesobjekt *begehren*.

Es ist auffällig, daß kaum eine dieser Frauenfiguren weibliche Bezugspersonen hat. Freundinnen, Mütter, Schwestern tauchen fast nie auf – andere Frauen höchstens als betrogene Liebhaberinnen und Konkurrentinnen. Rosalind in Shakespeares Komödie ›Wie es euch gefällt‹, die im nächsten Abschnitt besprochen wird, ist eine der wenigen Ausnahmen. Das heißt, das Bild von Weiblichkeit, das in diesen Texten – Komödien, Novellen, später auch Romanen – entworfen wird, beschränkt sich auf das der Frau, die sich ausschließlich am Mann orientiert. In Freudscher Terminologie könnte man vom Penisneid sprechen, den die verkleideten Frauen zum Ausdruck bringen und der stets mit einer Verachtung aller anderen Frauen einhergeht.

Sigmund Freuds Theorie von der Weiblichkeit[19] kann als eine kulturell besonders einflußreiche Produktion von Weiblichkeitsbildern verstanden werden. Sie weist deutliche Analogien zu dem literarischen Phänomen der Frauen in Männerkleidern auf. Ich möchte sogar noch weiter gehen und vorschlagen, Freuds Theorie als eine spezifische Variante dieser Verkleidungsgeschichten zu lesen. Das Entwicklungsmodell des Begründers der Psychoanalyse besagt folgendes: Alle Kinder sind ursprünglich in ihrem Selbstbild an einem männlichen Modell orientiert, und kleine Knaben glauben, alle Menschen besäßen einen Penis. Wenn ein Knabe entdeckt, daß es sich so nicht verhält, leugnet er zunächst diesen Sachverhalt. Denn wenn Frauen keinen Penis haben, so folgert der Knabe laut Freud, daß er ihnen weggenommen worden sein muß, was weiter bedeutet, daß er ihm selbst auch fortgenommen werden kann. Dieses Erklärungsmodell löst beim Knaben Kastrationsängste aus. Im Laufe der »normalen« Entwicklung zum Mann akzeptiert er jedoch bald den anatomischen Geschlechtsunterschied, und er beginnt – in diesem System ganz logisch –, Frauen wegen ihrer Minderwertigkeit zu verachten. Die Kastrationsangst des Knaben überwindet den Ödipus-Komplex, das heißt, er sieht sich nicht mehr als Rivalen des Vaters um die Gunst der Mutter, sondern beginnt sich mit dem Vater zu identifizieren.

Wenn das kleine Mädchen hingegen entdeckt, daß ihm etwas »fehlt«, was der Knabe besitzt, ist es sofort von der Höherwertigkeit der organischen Ausstattung des Knaben überzeugt, und es beginnt ebenfalls, alle Frauen, insbesondere seine Mutter, die es körperlich so benachteiligt hat, zu verachten. Es entwickelt den Penisneid, der idealiter in den Wunsch nach einer Beziehung zu einem Mann und in einen Kinderwunsch umgewandelt wird. Das heißt, es verschiebt seinen Wunsch, männlich zu *sein* (und einen Penis zu besitzen), auf den Wunsch zu *haben* (ein männliches Wesen, das letzten Endes also immer nur einen Ersatz-Penis darstellt). Für das Mädchen beginnt mit dieser Erkenntnis des anatomischen Geschlechtsunterschieds sein Ödipuskomplex, denn es wendet sich von der Mutter ab und dem Vater als Liebesobjekt zu.

Ganz offensichtlich wohnen wir bei der Lektüre von Freuds Texten – wenn wir sie als Erzählungen und nicht als unangreifbare wissenschaftliche Theorie mit absoluter Gültigkeit lesen – der Produktion eines kulturellen Mythos durch den Psychoanalytiker bei. Die Analogien zu den verkleideten Frauen in der Literatur sind auffällig. Die Texte führen die Konstruktion von Geschlechterstereotypen, und zwar durch die männlichen Autoren, *vor*, statt nur *über* sie zu sprechen. Das ist – entgegen dem manifesten affirmativen Inhalt – das fortwirkende subversive Potential der Novellen und Komödien. Bei entsprechender Lektüre machen sie transparent, wie männliche Autoren sich das Weibliche zunächst aneignen, indem sie es als Eigenes – als Männliches – vorführen, um es anschließend als Fremdes – Weibliches – um so besser ausgrenzen zu können – so wie nach Freud alle Knaben glauben, Frauen hätten einen Penis, und erst nach der Entdeckung des weiblichen »Mangels« das Weibliche ausschließen und abwerten.

Die als Männer verkleideten Frauen sind in dieser Perspektive nichts anderes als ein Phantasma von männlicher Suprematie und weiblicher Mangelhaftigkeit. Ihr subversives Potential liegt darin, daß sie diese Ordnung der Dinge zwar textimmanent als naturgegeben ausgeben, daß aber in dem Moment, in dem man die Texte als Ausdrucksformen einer androzentrischen Kultur liest, unmittelbar anschaulich wird, wie sehr in ihnen das Weibliche nur als manipulierbares Zeichen eingesetzt wird und daß »Natur« eine männliche Setzung ist, »um den kulturellen Prozeß der Konstitution von Geschlechterrollen samt den ihnen zugewiesenen sozialen Funktionen retrospektiv zu legitimieren. Erst in der Mimesis des Männlichen, das die Frau vollführt, wird sich das Männliche seiner selbst bewußt bzw. vermag es sich auf einer neuen Spiraldrehung der Mimesis selbst mimetisch zu konstituieren.«[20]

Shakespeare: ›Wie es euch gefällt‹

Das Ende des 16. Jahrhunderts war geradezu besessen vom Thema der als Mann verkleideten Frau; die Häufigkeit und auch die Differenziertheit, mit der damals die Verkleidung literarisch thematisiert wurde, finden in anderen europäischen Literaturen der Zeit nicht ihresgleichen. Allein William Shakespeare hat in mehreren seiner Komödien das Thema aufgegriffen, so in ›Cymbeline‹, ›Der Kaufmann von Venedig‹, ›Was ihr wollt‹. Seine berühmteste Verkleidungskomödie ›Wie es euch gefällt‹ soll im folgenden exemplarisch vorgestellt werden.[21]

Ein Herzog, der sich durch die Verbannung seines Bruders widerrechtlich die Herrschaft angeeignet hat, hat seine Nichte Rosalind aus dynastischen Gründen vom Hofe verbannt. Seine Tochter Celia will ihre geliebte Kusine nicht im Stich lassen und flieht mit ihr in den Ardenner Wald. Um in ihrer höfischen Tracht nicht aufzufallen, haben sich die beiden jungen Frauen auf ihrer Flucht verkleidet: Celia als arme Frau, Rosalind als Mann. Im Ardenner Wald treffen sie auf Schäfer und Schäferinnen, auf einen weisen Narren und auf Rosalinds verbannten Vater mit seinem gesamten Hofstaat. Rosalind behält vorläufig ihre Verkleidung bei und gibt sich weder ihrem Vater noch ihrem Geliebten Orlando, der auf der Suche nach ihr ist, zu erkennen. Nach mancherlei Verwicklungen und Liebesverwirrungen löst sich alles in Wohlgefallen auf. Die soziale Ordnung wird wiederhergestellt, indem der verbannte Herzog von seinem Bruder, der sein Unrecht einsieht, erneut in seine Rechte eingesetzt wird. Rosalind legt wieder Frauenkleidung an und gibt sich zu erkennen, und alle verliebten Paare heiraten einander.

Vorher aber entfaltet sich eine Verwechslungsintrige, deren subtile Komplexität und erotische Dimensionen unter den literarischen Gestaltungen aus der Zeit ihresgleichen suchen. Der junge Orlando, der nicht weiß, wen er vor sich hat, klagt der als Ganymed verkleideten Rosalind sein Leid über den vermeintlichen Verlust seiner Geliebten Rosalind. Rosalind bleibt vorläufig in der Jünglingsrolle, weil sie Orlandos Liebe auf die Probe stellen möchte. Sie horcht ihn aus, verspottet die Art, in der er aller Welt seine Liebe kundtut (Orlando schreibt schlechte Gedichte in petrarkistischer Manier und heftet sie an die Bäume des Waldes), und sie wirft ihm – nur halb im Scherz – vor, er sehe viel zu gesund aus, um wirklich an der Liebeskrankheit zu leiden. Die Liebeskrankheit war ein mittelalterliches Konzept, das leidenschaftliche Liebe mit bestimmten körperlichen Symptomen in Verbindung brachte. Wer davon befallen war – und jeder Liebende, der auf sich hielt, war das –, magerte ab, vernachlässigte sich und war nicht mehr imstande, an etwas anderes als an die Geliebte zu denken.

Orlando magert zwar nicht ab, aber er schreibt epigonale Gedichte. Die petrarkistische Liebeslyrik hatte bestimmte Formen (das Sonett), bestimmte Bilder und Argumentationen entwickelt, um auf hochartifizielle Weise die abwesende Geliebte zu besingen und um ihre Gunst anzuflehen. Orlando greift auf diese Formen zurück, die um 1600 längst zum Klischee geworden waren, und seine Gedichte sind regelrechte Parodien auf die petrarkistische Liebeslyrik. Rosalind beziehungsweise Ganymed macht sich darüber lustig, und schließlich bietet »er« Orlando an, ihn von seiner törichten Liebe zu heilen. Orlando muß dem vermeintlichen Jüngling allerdings versprechen, ihn wie seine Geliebte Rosalind zu behandeln. Nun spielt Rosalind Ganymed, der wiederum Rosalind spielt, und in dieser verzwickten Identität neckt »Rosalind« Orlando gnadenlos, mimt die kapriziöse Frau und hält Orlando ständig in Atem – alles das vordergründig, um die Stärke von dessen Liebe auf die Probe zu stellen, denn die konventionellen Liebesbeteuerungen genügen ihr nicht.

Tatsächlich aber sind diese Maskeraden für sie auch ein Mittel, um ihre eigene Identität zu finden und ihre Liebe zu gestalten. Als vermeintlich unbeteiligter Jüngling hält Rosalind die Fäden des Spiels zwischen den Liebenden in der Hand. Die Verkleidung ermöglicht ihr den Abstand zu ihren eigenen Gefühlen:

Während *Rosalind* vollkommen eingenommen von ihrer Liebe zu Orlando ist, ist *Ganymed* nur Zuschauer, der diese Gefühle von außen beurteilen und sie steuern kann. Aber obgleich es Rosalinds freie Entscheidung ist, die Jünglingsverkleidung beizubehalten, klagt sie bisweilen darüber: Denn sie sei ja doch eine Frau und besitze eine weibliche Veranlagung: »Glaubst du, weil ich wie ein Mann aufgeputzt bin, habe ich Wams und Hose in meiner Veranlagung?« Diese Veranlagung ändert sich, wie Rosalind meint, nicht aufgrund eines bloßen Kleiderwechsels. So muß sie diese ihre »natürliche weibliche Veranlagung« beständig unterdrücken und sich zu einem anderen, ihr unnatürlichen Verhalten zwingen, solange sie als Mann auftritt. Bereits auf der Flucht fühlt sie sich aufgrund ihrer Männerrolle genötigt, sich zusammenzunehmen und der »schwachen Frau« Celia beizustehen:

> Mir wäre danach zumute, meine Männerkleider zu entehren und wie eine Frau zu weinen. Aber ich muß das schwächere Gefäß trösten, weil Wams und Hose sich dem Unterkleid gegenüber als mutig erweisen sollten; darum nur Mut, gute Aliena.[22]

Auch später hindert die Verkleidung Rosalind daran, sich als »schwache«, verliebte, »kopflose« Frau zu verhalten, und zwingt sie, sich überlegen und stark zu geben. Die männliche Maskerade hat für Rosalind weitreichende Konsequenzen, denn sie impliziert die Übernahme eines bestimmten maskulinen Verhaltens. Kleider machen Leute – aber nur bis zu einem gewissen Grad. Denn »männliche« Züge müssen in Rosalind bereits angelegt sein, sonst hätte sie die männliche Rolle gar nicht erst angenommen. Diese wird nicht näher bestimmt, nur indirekt kann man darauf schließen, daß etwa Entschlußkraft und eine gewisse Selbständigkeit als »typisch männliche« Eigenschaften gelten. Die Männerkleidung übernimmt die Funktion, »Männlichkeit« zu signalisieren, und für Shakespeares Zeitgenossen war damit ein ganzes Bündel an Eigenschaften und Verhaltensweisen evoziert. Sie »wußten« (so wie wir es heute in unserem Alltagsverständnis »wissen«), was ein Mann war.

»Männlicher« Mut und »weibliche« Schwäche sind nun Eigenschaften, die im konkreten Verhalten des Individuums sichtbar werden – und das Verhalten war in der frühen Neuzeit ein wichtiger Indikator der Identität. Tatsächlich waren die Geschlechterrollen in Mittelalter und Renaissance weitgehend durch die Standeszugehörigkeit definiert, und Menschen wurden eher nach dem beurteilt, was sie taten, als nach dem, was sie fühlten oder wollten. Die Motivation des Handelnden wurde erst im Verlauf des 18. und verstärkt im 19. Jahrhundert zu einem Kriterium bei der Einschätzung und Beurteilung von Menschen.[23] Nun versuchte man zunehmend, ins Innere, in die Seele zu blicken, um den »eigentlichen« Menschen zu begreifen. Die vorgegebenen Motive der Handelnden, so erkannte man, konnten geheuchelt sein und ganz andere Absichten verbergen. Und diese verborgenen Absichten waren es fortan, die um jeden Preis erkannt werden mußten, weil sie den Menschen weit mehr als seine Taten definierten.

Selbstverständlich war es auch in der Renaissance möglich, andere zu täuschen – gerade wegen der normativ gemeinten Zuschreibung bestimmter Bedeutungen zu bestimmten Zeichen war das in mancher Hinsicht sogar leichter als später. Solange es beispielsweise Kleiderordnungen gibt, ist jemand leicht für seine Umwelt als Arzt, Fürst oder Marktfrau erkennbar. Je fragloser indessen bestimmte Kleider als untrügliche Anzeichen für eine bestimmte Identität akzeptiert werden, desto leichter kann jemand diese Kleider einsetzen, um eine falsche Identität zu schaffen. Man war aber grundsätzlich davon überzeugt, daß früher oder später aufgrund handfester Indizien – und nicht mittels psychologischer Erkenntnis der inneren Beweggründe des Menschen – die Wahrheit ans Licht kommen würde, denn diese Wahrheit existierte, so meinte man, objektiv und konnte nicht dauerhaft verborgen werden.

Wenn Rosalind also sagt: »Mir wäre danach zumute, meine

Männerkleider zu entehren und wie eine Frau zu weinen«, dann spricht sie in einem kulturellen Kontext, in dem Kleidung auf die soziale Zugehörigkeit des Trägers oder der Trägerin verweist. Die Kleidung erfordert deswegen ein angemessenes Verhalten, weil andernfalls ihr Träger die von der Kleidung symbolisierte Rolle entehrt. Das kann die Rolle des Arztes oder des Herzogs, die des Narren oder auch die des Mannes oder die der Frau sein – wobei die Geschlechterdifferenz die grundlegende Unterscheidung zwischen Menschen darstellt, diejenige, deren ernsthafte Verletzung in jener Zeit am wenigsten geduldet wird. Die Renaissance liebte, wie Stephen Greenblatt schreibt, »nichts so sehr, wie Geschichten über die radikale Transformation einzelner Individuen – der für einen Bettler gehaltene König; der durch tragische Umstände in die Wildnis verschlagene junge Prinz; der arme Schlucker, der zum reichen Edelmann avanciert. Von dieser wirbelnden Unbestimmtheit verschont blieb offenbar allein der wichtigste, der gottgegebene Unterschied: der Unterschied der Geschlechter.«[24]

Vor diesem Hintergrund bedeutet Rosalinds Bemerkung mehr als die allgemeine Forderung nach einem der sozialen Rolle angemessenen Verhalten. Sie läßt nämlich erkennen, daß für Rosalind trotz ihrer Verkleidung die Geschlechterhierarchie grundsätzlich intakt ist. Denn es sind ja Männerkleider und damit die Männerrolle, die durch weibliche Tränen nicht entehrt werden dürfen. Es ist eine Ehre, Mann zu sein; eine Frau kann an dieser Ehre nur durch vorübergehende Mimikry teilhaben. Sie hat aber immer die Möglichkeit, die Ehre des Mannes zu beflecken.

Auf der festen Grundlage der klar festgelegten Geschlechtsidentität und Geschlechterhierarchie kann die Komödie ›Wie es euch gefällt‹ die Geschlechter und ihre Verhaltensweisen für die Zeitdauer der Theateraufführung zwar vordergründig durcheinanderbringen, eine dauerhafte Verwirrung von Männlichkeit und Weiblichkeit wird aber nicht angestrebt. Das liegt nicht zuletzt daran, daß Rosalind immer wieder betont, sie sei trotz allem in Wahrheit eine Frau. In ihren Gesprächen mit Celia wird die Geschlechterdifferenz geradezu beschworen. Und nicht zufällig endet die Komödie mit mehreren Hochzeiten. Mit diesen Eheschließungen sind die Geschlechterbeziehungen endgültig wieder in Ordnung gebracht, und das ist von unschätzbarer Bedeutung in der Renaissance-Gesellschaft. Denn letzten Endes sind es nicht absolute Geschlechtereigenarten, sondern die *Beziehungen* zwischen den Geschlechtern (als konkrete soziale Beziehungen, aber auch als abstrakte Struktur), die in jener Zeit Geschlechtsidentität definieren. Im Falle Rosalinds wird das sehr deutlich. Erst als sie bereit ist, die männliche Verkleidung abzulegen und Frau zu sein, ist sie fähig zu einer wirklichen Beziehung zu Orlando – oder umgekehrt: erst als sie sich ihrer Beziehung zu Orlando sicher ist, kann sie die männliche Verkleidung ablegen und sich ihrer Weiblichkeit sicher sein.

Zwar endet der Text mit vielen Eheschließungen, aber er ist durchzogen von homoerotischer Spannung und homoerotischem Begehren. Diese sind jedoch nur deshalb letzten Endes akzeptabel und zugleich pikant, weil sie auf der Wort- beziehungsweise Handlungsoberfläche in die normale, sanktionierte und vorgeschriebene heterosexuelle Ehe münden. Insofern sollte bei der weiteren Betrachtung des Stücks nicht vergessen werden, daß trotz des Spiels mit sexueller und erotischer Ambivalenz die Ehe die gesellschaftliche Norm der Zeit darstellt.

Der homoerotische Subtext[25] wird für heutige Leserinnen und Leser nur erkennbar, wenn man die zeitgenössische Theaterpraxis sowie die vielfältigen Diskurse über Sexualität und Geschlecht des ausgehenden 16. Jahrhunderts berücksichtigt. Rosalind bietet Orlando an, ihn von seiner Liebeskrankheit zu kurieren, indem sie, der vermeintliche junge Mann, für ihn Rosalind spielt. Damit ist eine für ein heutiges Theaterpublikum kaum noch nachvollziehbare Verkomplizierung der Verkleidung erreicht, denn Rosalind wurde von einem jungen Mann dargestellt. Die Shakespeare-Bühne kannte keine Schauspielerinnen. Frauen galten als Sitz der Sexualität; Schauspielerinnen, die sich öffentlich zur Schau stellten, als Prostituierte. Die moralische

Integrität der Bühne konnte folglich nur durch den Ausschluß der (realen) Frauen erreicht werden. So spielte im Falle Rosalinds ein junger Mann eine Frau, die sich als Mann verkleidet, der wiederum vorgibt, eine Frau zu sein ...

Allein der männliche Name, den Rosalind sich zugelegt hat: Ganymed, suggeriert eine homoerotische Bedeutung, die den zeitgenössischen Zuschauern nicht entging. Ganymed ist ein Jüngling, zu dem Jupiter in Liebe entbrennt; der Name hatte also für das Renaissance-Publikum einen deutlich homosexuellen Beiklang.[26] Ein homoerotischer Subtext ist auch in anderen inhaltlichen Momenten der Komödie angedeutet: Die Schäferin Phoebe, eine Nebenfigur, verliebt sich in Rosalind, da sie sie für den Mann Ganymed hält. Und auch Orlandos Bereitschaft, den vermeintlich gleichgeschlechtlichen Ganymed als Substitut seiner Geliebten Rosalind zu akzeptieren, kann man als Anspielung auf homoerotische Neigungen sehen.

Das Spiel mit der Homoerotik wird aber noch weiter getrieben, denn das Geschlecht des Schauspielers wird auf der Bühne selbst thematisiert. Nachdem alle Verwicklungen sich in Wohlgefallen aufgelöst haben und alle Paare vereint sind, beendet Rosalind das Stück mit den Worten:

> Wenn ich eine Frau wäre, würde ich so viele [von euch] küssen wie Bärte haben, die mir gefielen, oder Gesichter, die ich leiden könnte, oder Atem, den ich nicht verachtete. Und ich bin sicher, daß so viele, die gute Bärte haben oder gute Gesichter oder angenehmen Atem für mein freundliches Angebot mir Lebwohl sagen, wenn ich einen Knicks mache.[27]

Hier wird ein ironisches Spiel mit der Ambivalenz der Geschlechterrollen mit deutlich (homo-)erotischen Dimensionen gespielt. Die erotische Offerte im Potentialis (»wäre ich eine Frau, würde ich die Männer küssen ...«) legt offen, daß die sprechende Person zwar eine Frau darstellt, aber in Wirklichkeit keine ist. Und indem sie vor den Männern dann – nicht mehr im Potentialis – einen Knicks macht und von diesen freundlich verabschiedet wird, wird die Erotik von der scheinbaren Frau auf den tatsächlichen Knaben übertragen, beziehungsweise es wird darauf angespielt, daß die erotische Anziehung für die anwesenden erwachsenen Männer im Publikum ebensogut von einem Knaben wie von einer Frau ausgehen kann. Die Funktion dieses Epilogs ist es, die erotische Ambivalenz, die die gesamte Komödie durchzieht, noch einmal abschließend aufzunehmen und von dem Geschehen auf der Bühne hinab in den Zuschauerraum zu transportieren, das heißt, eine Interaktion zwischen den Schauspielern und den Zuschauern herzustellen.

Diese homoerotischen Implikationen von Text und Aufführung müssen in einem historischen Kontext gesehen werden, in dem es nicht unüblich war, daß Männer sexuelle Beziehungen sowohl zu Frauen als auch zu Knaben hatten (und die elisabethanischen Frauendarsteller waren sehr junge Männer). Junge Männer standen rangmäßig auf der gleichen Stufe wie Frauen; beide waren dem erwachsenen Mann unterlegen und von ihm abhängig.[28]

Das Männliche entstand der Auffassung der Zeit zufolge erst nach einer Durchquerung des Weiblichen.[29] Denn die Medizin der Renaissance, die sich auf die Antike berief, war der Auffassung, Männer und Frauen hätten grundsätzlich die gleichen Geschlechtsorgane, nur lägen sie beim Manne außen, bei der Frau innen. Beim Mann hatten sie sich zu ihrer »eigentlichen Bestimmung«, dem Penis, entwickelt, bei der Frau war diese Entwicklung aufgrund eines Mangels an Hitze nicht vollständig zu Ende gekommen. Der Penis und das Skrotum waren bei ihr einfach unterentwickelt – als Gebärmutter – im Körper geblieben. Demnach galt das Weibliche als die schlechtere Variante des Männlichen. In rein biologischer Hinsicht gab es also in der Auffassung der Zeit nur ein einziges Geschlecht, das in zwei Varianten auftrat. Und dieses Geschlecht war männlich.

> In einer Welt der Öffentlichkeit, die in überwältigendem Maß männlich war, zeigte das Ein-Geschlecht-Modell an, was ansonsten schon in der Kultur im allgemeineren unübersehbar war: Der Mann ist das Maß aller Dinge, und die Frau als eine ontologisch distinkte Kategorie ist nicht vorhanden. Nicht alle Männer sind maskulin, potent, ehrbar oder im Besitz von Macht, und einige Frauen übertreffen manche Männer in jeder einzelnen dieser Kategorien. Aber der Standard des menschlichen Körpers und seiner Repräsentation ist der männliche Körper.[30]

Da junge Männer im elisabethanischen England als vergleichsweise feminin galten, hatte die erotische Beziehung eines älteren Mannes – in der Regel aus der Aristokratie – zu einem jungen Ähnlichkeit mit der zu einer Frau. Sie konnte sich außerdem auf die antike Tradition der Mentor-Schüler-Beziehung berufen, die immer auch ein erotisches Moment besaß. Wenn man also – nota bene: mit einem modernen, damals ungebräuchlichen Begriff – von »Homoerotik« in der elisabethanischen Gesellschaft spricht, bezieht man sich nicht auf die erotische Beziehung zwischen erwachsenen Männern. Erst um 1700 begann eine Trennung zwischen eindeutig heterosexuellen Männern, die sich ausschließlich von Frauen angezogen fühlten, und eindeutig homosexuellen Männern, die nur zu anderen Männern (nun auch erwachsenen) sexuelle Beziehungen eingingen.[31] Die Norm blieb jedoch die heterosexuelle Ehe, und auch diejenigen Männer, die junge männliche Geliebte hatten, waren in der Regel verheiratet. Die Ehe hatte mit leidenschaftlicher Liebe weniger zu tun als vielmehr mit der Notwendigkeit der Fortpflanzung und der Besitzstandwahrung, und so hatten eine Affäre, ganz gleich ob mit Frauen oder Jünglingen, und die Ehe wenig gemeinsam.

Freilich sollte man die homoerotischen Zwischentöne und Anspielungen in ›Wie es euch gefällt‹ nicht als »Widerspiegelung« einer tatsächlichen gesellschaftlichen Tolerierung von Homoseualität (miß-)verstehen. Sie sind vielmehr Teil des –

keineswegs realistisch gemeinten – Spiels mit Identitäten und deren Grenzen, mit Ambivalenzen und Paradoxien, das in der Komödie entfaltet wird. So ist der Text im Kontext seines Jahrhunderts als Zeichen für die Faszination zu lesen, die von der Identität im allgemeinen und der Geschlechtsidentität im besonderen ausging und die sich in einer Vielzahl von konvergenten und divergenten Diskursen entfaltete.[32] Denn die Debatten über die Geschlechter und ihre Grenzen fanden natürlich auch außerhalb des Theaters statt. Es wurden heftige Auseinandersetzungen um die angeblich vermännlichte Frauenmode und um den Rollentausch im Alltag geführt; ein regelrechter Pamphletstreit brach aus. In einer Zeit gesellschaftlichen Umbruchs konnte die Verkleidung von Frauen als Männer, ganz gleich ob auf der Bühne oder im Alltag, potentiell Ängste vor der Unterminierung der sozialen Hierarchie auslösen.[33] Um diesen Ängsten etwas entgegenzusetzen, verordnete James I. 1620 gar Predigten gegen die – in der Sicht der Zeitgenossen – vermännlichte Kleidung der Frauen.[34]

Stephen Greenblatt hat die einleuchtende These entwickelt, daß eine Kultur sich in Austauschprozessen und Verhandlungen zwischen verschiedenen kulturellen Praktiken konstituiere – durch die »Zirkulation sozialer Energie«. Anders ausgedrückt: außerliterarische – etwa wissenschaftliche oder religiöse – Diskurse, literarische Texte und historische Dokumente, Bilder und Ereignisse bilden ein Netz von Handlungsverläufen und Entwicklungsmöglichkeiten mit vielen Knotenpunkten; ein literarischer Text ist gleichsam ein einzelner Faden in diesem komplexen Gewebe.[35] Er kann aber besonders aufschlußreich sein, da er in seinen spezifisch literarischen Zeichen über die Welt spricht, Welt »repräsentiert«.

Da also das Theater (nicht anders als die Literatur) »Schauplatz institutioneller und ideologischer Kämpfe«[36] ist, finden die virulenten Auseinandersetzungen um die Geschlechtsidentität und das angemessene Geschlechterverhalten in der elisabethanischen Gesellschaft in verdichteter und verschobener Form auch auf der Bühne statt. Gerade wegen der Verschiebung in einen anderen sozialen Bereich – den des Theaters – und in eine andere, symbolische Sprache können Tabus, die ansonsten nicht benannt werden, auf der Bühne zur Sprache kommen. Und als Tabu ist Homosexualität, nicht anders als andere Formen der sexuellen Grenzüberschreitung, allgegenwärtig (denn tabuisiert blieb die Homosexualität letzten Endes doch: Die theaterfeindlichen Puritaner hielten Knabenschauspieler gerade deshalb für unmoralisch, weil sie die Zuschauer zur Homosexualität verführen könnten). Das Zur-Sprache-Bringen von Tabus aber macht das Theater potentiell subversiv, auch wenn auf der rein inhaltlichen Ebene unter Umständen der Tabubruch bestraft oder in das angemessene Verhalten überführt wird.

Wenn der Dramatiker John Lyly in seinem Theaterstück ›Gallathea‹ (1592; entstanden vermutlich bereits in den 1580er Jahren) einen Geschlechtswandel schildert, so greift er zwar auf einen antiken Stoff zurück, nämlich auf die Iphis-Episode in Ovids ›Metamorphosen‹.[37] Wichtiger als die Tatsache der Übernahme jedoch ist, wie er den Stoff adaptiert: Zwei Mädchen leben lange Zeit als Knaben verkleidet und lieben einander so sehr, daß sie voneinander nicht lassen können. Venus verwandelt eines der beiden Mädchen in einen biologischen Knaben, damit sie heiraten können.[38]

Stephen Greenblatt berichtet von einem Fall, über den wiederum Montaigne annähernd zur selben Zeit, nämlich um 1580, in seinen Reisetagebüchern schreibt: Eine junge Frau in Frankreich war hingerichtet worden, weil sie als Mann verkleidet eine andere Frau geheiratet und mit Hilfe »unzulässiger Hilfsmittel«, das heißt eines künstlichen Penis, auch sexuell mit dieser verkehrt hatte.[39] Greenblatt nennt das eine der »schattenhaften Geschichten, die in den Stücken verborgen ihr Unwesen treiben und immer dann aufscheinen, wenn die Handlung sich auf ein potentielles Dilemma oder eine Auflösung zubewegt, die dann doch wieder verworfen wird«.[40] Mit »Schattengeschichte« meint Greenblatt Geschichten, die um eine ähnliche Thematik kreisen wie der in Frage stehende literarische Text, Geschichten, die sich möglicherweise in der Realität abgespielt haben oder die in anderen Texten überliefert sind, Geschichten, die Handlungsalternativen aufweisen, die im konkreten Text selbst nicht gewählt werden. Sie bilden einen Anspielungshorizont, durch den die realisierte literarische Gestaltung Mehrdimensionalität gewinnt. Greenblatt liest die Montaigne-Episode als Schattengeschichte zu Shakespeares Geschlechtertauschkomödie ›Was ihr wollt‹; man kann sie indessen ebenso mit ›Wie es euch gefällt‹ oder ›Gallathea‹ in Verbindung bringen beziehungsweise alle diese überlieferten oder fiktionalen Ereignisse als Schattengeschichten füreinander lesen. Als Ergänzung wäre hinzuweisen auf einen Fall, der sich in Deutschland einige Jahrzehnte später ereignete, der aber um dieselbe Thematik kreist wie Montaignes Geschichte: Eine Frau wurde 1721 zum Tode verurteilt, weil sie, als Mann verkleidet, eine andere Frau geheiratet und mit Hilfe eines umgeschnallten Lederpenis mit ihr Geschlechtsverkehr ausgeübt hatte.[41] Die Frau wurde nicht wegen ihrer männlichen Verkleidung so streng verurteilt, sondern weil sie mit der Verwendung eines falschen Penis den juristischen Tatbestand der Sodomie erfüllt hatte.

Was alle diese Überlieferungen überdeutlich machen – was in ihnen allen kodiert ist –, ist eine Faszination durch Sexualität und durch sexuelle Tabus und zugleich die Angst vor der Verletzung dieser Tabus. Die Faszination kommt in der Wahl des Themas zum Ausdruck, das Tabu macht sich geltend in dessen Behandlung. Der Geschlechtsverkehr einer Frau mit einer anderen stellte offensichtlich ein solches Tabu dar. Deshalb muß in Lylys Stück eine Frau wundersamerweise in einen Mann verwandelt werden, damit der Ungehörigkeit die Spitze genommen werde.

Man war damals der Ansicht, Frauen könnten ihr Geschlecht leichter wechseln als Männer, denn ihre Geschlechtsidentität galt als biologisch einigermaßen fragil, da sie noch nicht zum Männlichen hin vollendet war. Aus der Renaissance sind mehrere Geschichten überliefert, in denen ein Mädchen sich in einen

Jungen verwandelte. Solche »Fälle« bestätigten, was man ohnehin von der menschlichen Geschlechtsentwicklung »wußte«, nämlich daß »Männer aus den Frauen hervor- oder durch einen weiblichen Zustand hindurchgehen«.[42] Die vorgeblich relativ häufigen Geschlechtsumwandlungen von Frauen in Männer konnten also als ganz natürlicher Entwicklungsvorgang gedeutet werden, bei dem die eigentliche Männlichkeit der Person, im Grunde immer schon vorhanden, sich erst verspätet entfaltet. Somit findet keine wirkliche Geschlechtsumwandlung statt, sondern nur eine Entwicklung hin zum »eigentlichen« Geschlecht.

Irgendwann aber mußte man seine geschlechtliche Identität endgültig festlegen, und wenn es die eines Hermaphroditen war. Ein unentschiedenes Dazwischen ist in der frühen Neuzeit nicht vorstellbar – deutet sich so etwas an, vernichtet man es. Greenblatt vertritt die Ansicht, die Renaissance sei in bezug auf die Geschlechtszugehörigkeit äußerst restriktiv gewesen. Zwar habe es eine Vielzahl geschlechtsbezogener Verkleidungsgeschichten gegeben – »eine gekonnte Verkleidung vermochte noch den versiertesten Betrachter erfolgreich zu täuschen. Aber unter dem Gewand steckte immer ein Körper und dieser Körper – so durfte man erwarten – log nie.«[43] Er konnte nur – für eine gewisse Zeit – uneindeutig sein.

Die Kunstfigur Rosalind führt die zeitgenössische Überzeugung vor, daß im Menschen biologisch – das heißt von Gott gegeben – beide Geschlechter angelegt seien und daß die stärkere Ausprägung der einen Anlage die soziale Geschlechtsidentität zur Folge habe.[44] Letzten Endes gab es in der Überzeugung der Zeit, wie gesagt, nur ein Geschlecht, das sich in zwei Varianten manifestierte. In der Shakespeareschen Komödie wird das anschaulich: Wie im Knabenschauspieler Weibliches vorherrscht, das erst noch überwunden werden muß, damit er zum Manne werde, ist in der weiblichen Bühnengestalt Rosalind Männliches angelegt: Ihre »natürlichen« männlichen Fähigkeiten (Dominanz, Mut, Kraft) werden aktiviert – und nicht erst produziert –

durch die männliche Rolle, die sie spielt. Auf dem Hintergrund der in der Renaissance verbreiteten Überzeugung, daß Geschlechtsidentität das Ergebnis einer »erfolgreichen Auflösung der Reibung zwischen den beiden verschiedenen Elementen« sei, nämlich dem männlichen und dem weiblichen, oder auch das erfolgreiche Ergebnis eines Machtkampfes zwischen diesen beiden in jedem Individuum vorhandenen Elementen[45], gerät Rosalinds Verkleidung als Mann zur Metapher für die sexuelle Individuation. Nicht zuletzt deshalb wird die Maskerade innerhalb des Textes nicht als Verletzung gesellschaftlicher Regeln dargestellt.

›Wie es euch gefällt‹ wurde zu einem wichtigen Bezugstext für spätere literarische Gestaltungen des Motivs der als Mann verkleideten Frau. Virginia Woolfs Roman ›Orlando‹ (1928) gibt im Titel das Shakespeare-Stück als Bezugsrahmen vor, und in Théophile Gautiers Roman ›Mademoiselle de Maupin‹ (1835) spielt eine Laienaufführung von Shakespeares Komödie eine wesentliche Rolle in der »Entlarvung« der verkleideten Frau. Dieser romantische französische Roman sowie Marivaux' Komödie ›La fausse suivante‹/›Die falsche Zofe‹ (1724) werden im folgenden dargestellt. Beide Texte akzentuieren auffallenderweise viel deutlicher als die in den Abschnitten ›Verwirrung der Geschlechter um 1800‹ und ›Lüge und Wahrheit‹ analysierten deutschsprachigen Texte das erotische Moment der Verkleidung. Die Lust am Spiel mit erotischer Ambivalenz fehlt den eher zum Tragischen tendierenden deutschen Texten fast vollständig. Ohne altbekannten Nationalitätenklischees Nahrung geben zu wollen, ist dieser Befund doch merkwürdig genug, um ihn nicht einfach zu verschweigen.

Erotische Pikanterie: Marivaux' ›Falsche Zofe‹, Gautiers ›Mademoiselle de Maupin‹

In Marivaux' Komödie ›Die falsche Zofe‹ (1724)[46] geht es weniger um die Identitätsproblematik als vielmehr um das geistreiche Spiel mit erotischen Erwartungen und Täuschungen, und vor allem um die Verbindung von Sexualität und Besitz. Die verkleidete Frau wird im Personenverzeichnis nicht mit einem eigenen Namen versehen, sondern nur mit der Geschlechts- und Standesbezeichnung, die sie sich selbst gibt: Chevalier. Sie ist eine junge Erbin, die sich als Jüngling verkleidet, um herauszufinden, ob der ihr zugedachte Ehemann, Lelio, ihrer auch würdig ist.

Auf einem Maskenball lernt sie Lelio kennen und folgt anschließend seiner Einladung auf das Schloß seiner derzeitigen Geliebten, einer Gräfin, der er früher die Ehe versprochen hat und die er nun, da sich ihm eine reichere Partie bietet, gern loswerden möchte:

> Mit der Liebe mache ich so ziemlich, was ich will. Ich habe die Gräfin geliebt, weil sie entzückend ist; ich wollte sie heiraten, weil sie reich ist und ich nichts Besseres zu tun hatte; doch vor kurzem schlug man mir die Heirat mit einer jungen Dame in Paris vor, die ich noch nicht kenne, die aber zwölftausend Pfund Rente mit in die Ehe bringt; die Gräfin bringt nur sechs. Ich habe mir also ausgerechnet, daß sechs weniger ist als zwölf. Kann meine Liebe zu ihr es mit einer so vernünftigen Rechnung aufnehmen? Das wäre geradezu lächerlich. Sechs müssen gegen zwölf vom Platze weichen, oder etwa nicht?[47]

Der Ausführung seines Planes stehen gewisse Schwierigkeiten entgegen, da er mit der Gräfin einen Vertrag geschlossen hat, der demjenigen, der die Verlobung löst, eine hohe Geldstrafe auferlegt. Lelio, der Gräfin insgeheim längst überdrüssig und zudem in ständigen Geldnöten (denn ein junger Edelmann zu Beginn des 18. Jahrhunderts hielt es für unter seiner Würde zu arbeiten, aber unbedingt für nötig, auf großem Fuße zu leben), möchte also den vermeintlichen Chevalier dazu überreden, die Gräfin so in sich verliebt zu machen, daß sie Lelio von sich aus den Laufpaß gibt. Dann wäre er frei und hätte sein Geld immer noch. Der Chevalier geht zum Schein auf dieses Spiel ein, hat sie/er doch längst begriffen, daß Lelio keinen guten Ehemann für sie abgeben würde, und daß er einen kräftigen Denkzettel verdient – nicht anders als die Gräfin, die ihr zu wankelmütig ist. Zu guter Letzt läßt sie den ganzen Schwindel auffliegen und beschämt damit sowohl Lelio als auch die Gräfin; sie selbst entkommt der Gefahr einer Eheschließung mit einem habgierigen Mann, der sie nur wegen ihres Geldes geheiratet hätte und die Absicht bekundet hat, die Braut, wenn er ihrer nach wenigen Wochen überdrüssig geworden wäre, für den Rest ihres Lebens auf ein einsames Landgut zu verbannen. Denn als Ehemann würde er in den vollständigen Besitz ihres Vermögens gelangen, während die Ehefrau jede Verfügungsgewalt nicht nur über ihr Geld, sondern auch über ihre eigene Person verlieren würde.

Frauen hatten damals noch keine Persönlichkeitsrechte, sie waren Besitz von Männern und damit Objekte des Handels zwischen Männern. Erst wenn sie verwitwet waren, erreichten sie ein gewisses Maß an persönlicher Freiheit. »Der« Chevalier befindet sich in der beneidenswerten, aber seltenen Lage einer jungen unverheirateten Frau, die weder Ehemann noch Vater noch Brüder hat und daher über ihr künftiges Leben – das heißt über ihren künftigen Besitzer – selbst entscheiden kann: »Ich habe ein ansehnliches Vermögen, ich gebe es mit meiner Hand und meinem Herzen her; das sind große Geschenke, und ich möchte wissen, wem ich sie mache.«[48]

Der Chevalier gibt hier die Rolle des Objekts auf, um sich, wenigstens vorübergehend, in die des Subjekts zu begeben und gewissermaßen sich selbst zu verhandeln (einer bürgerlichen

Frau wäre sogar das kaum möglich gewesen). Das ist ihr nur in der Maskerade eines Mannes möglich, denn nur Männer waren voll geschäftsfähig. In dieser Rolle entpuppt sie sich als die geschickteste Handelspartnerin von allen.

Ökonomische Interessen sind die maßgebliche Triebkraft des gesamten Geschehens in der Komödie. Sie prägen auch die Sprache der Figuren, deren vermeintliche Sprache der Liebe immer zugleich eine Sprache des Handels und des materiellen Interesses ist. Während vordergründig über Liebe geredet wird, wird tatsächlich unaufhörlich um eine ausgeglichene Bilanz von Geben und Nehmen verhandelt. Und schließlich können Liebe und Besitz ohne weiteres gegeneinander aufgerechnet werden. »[...] so ging viel Liebe verloren; doch dafür haben Sie eine ansehnliche Summe gerettet«[49] lautet des Chevaliers Fazit, nachdem der mehrfache Betrug (Lelio will die Gräfin um ihr Geld und um sein Eheversprechen betrügen, er will den Chevalier um sein Lebensglück betrügen, und der Chevalier selbst betrügt alle hinsichtlich seiner Identität) aufgedeckt worden ist und die Gräfin nun zwar ohne einen einzigen Mann, aber dafür mit ihrem Geld davongekommen ist.

Und auch in einer der pikantesten Szenen der ganzen Komödie vermischen sich beide Bereiche unauflöslich. In dieser Szene ist die Gräfin den (verbalen) Verführungskünsten des Chevaliers bereits erlegen und führt einen tändelnden Liebesdialog mit »ihm«, der seitens des Chevaliers nur aus Doppeldeutigkeiten besteht: Unablässig spielt sie auf ihr wahres Geschlecht und die Unmöglichkeit einer Liebesbeziehung zwischen Frauen an. Natürlich können nur die Zuschauerinnen und Zuschauer, die um Geschlechtsidentitäten und Figurenkonstellation wissen, diese erotische Ambivalenz goutieren. Die Gräfin meint, ihre Liebe zu dem Chevalier komme daher, daß er liebenswürdiger als andere sei, und der erwidert:

> Für alle, die Ihnen nicht gleichen, bin ich das vielleicht; aber für Menschen wie Sie bin ich ein Nichts. Nein, ich werde

> ihre Liebe nie vergelten können [im Französischen steht hier: *payer*-bezahlen]; in Wahrheit bin ich ihrer nicht würdig.[50]

Was die Gräfin als Galanterie und Schmeichelei für ihr angenehmes Wesen und ihre Schönheit versteht, ist in Wahrheit bloß eine Anspielung auf ihr Geschlecht.

Noch deutlicher wird das im folgenden Dialog, in dem die Gräfin meint, es gehe um Geld, während der Chevalier vom Geschlecht spricht und die alte Vorstellung von Frauen als physisch defizienten Geschöpfen zitiert, ohne daß die Gräfin es bemerkt:

> Chevalier: Ach, wie viel Ihnen noch fehlt, um einem Menschen wie mir alle Wünsche zu erfüllen.
> Gräfin: Es wird mir nichts mehr fehlen, beruhigen Sie sich.
> Chevalier: Mir gegenüber wird Ihnen immer etwas fehlen.[51]

Die Männerkleidung wird in diesem Stück zum Zeichen für den Subjektstatus, zum Zeichen auch für die Möglichkeit, Wissen zu erlangen (denn als Frau könnte der Chevalier nie herausfinden, welche Absichten Lelio tatsächlich hegt). Der Chevalier sprengt den Männerbund, indem sie sich unbefugterweise einschleicht – denn natürlich ist sie in der patriarchalen Logik als Frau nicht gehalten, die Geheimnisse der Männer zu hüten. Aber wem kann ein Mann noch trauen, wenn er sich der geschlechtlichen Identität seines Gegenübers nicht mehr sicher sein kann und damit Verschwiegenheit nicht mehr garantiert ist? So wird durch die virtuose Verwendung der Maskerade durch den Chevalier eine grundsätzliche Verwirrung hinsichtlich der Erkennbarkeit menschlicher Identitäten und damit gesellschaftlicher Stabilitäten erzeugt. Umgekehrt wird die Gräfin lächerlich gemacht, weil sie nicht erkennt, daß ihr eine andere Frau den Hof macht. In der Logik des Stücks beweist das einmal mehr, daß sie zu sehr nach dem äußeren Schein urteilt, statt ein fundiertes und den Schein durchdringendes Urteil zu fällen – wie der Chevalier es tut, ihrerseits geschützt durch den Schein der Verkleidung. Die Maskerade kann also von vernünftigen Menschen zielgerichtet eingesetzt werden, um den unrechten Schein jener ewigen Lügner zu entlarven, die unvernünftig genug sind zu glauben, sie seien die perfekten Betrüger.

Die Erotik ist in diesem Stück ebenso Gegenstand des Handels wie das Vermögen, andererseits ist sie ein Instrument der Macht über andere. Der Chevalier setzt dieses Instrument rücksichtslos ein (auch gegenüber dem Diener, der ihr wahres Geschlecht entdeckt hat und seinen Nutzen daraus zu ziehen versucht). So werden auf der Bühne die Funktionsmechanismen einer Gesellschaft durchschaubar gemacht, die auf der Schwelle zwischen Feudalismus und (Früh-)Kapitalismus steht.

Das ökonomische Moment ist in Théophile Gautiers über einhundert Jahre später entstandenem Roman ›Mademoiselle de Maupin‹[52] (1835) unsichtbar gemacht worden. Gautier schrieb den Roman in der Hochphase des Kapitalismus, zu dessen Prinzipien es gehört, seine eigenen Mechanismen und Funktionsweisen zu verschleiern. Zwar behält auch Gautier die Rechtfertigung der Verkleidung bei: Mademoiselle de Maupin will, bevor sie sich verheiratet (was ihr aus gesellschaftlichen Gründen unvermeidlich scheint), wissen, wie die Männer wirklich sind, bevor sie sich endgültig an einen von ihnen bindet. Denn eines weiß sie genau: In Gesellschaft von Frauen zeigen die Männer sich anders, als wenn sie unter sich sind. Dieser Verdacht bestätigt sich, sobald sie als junger Chevalier unter Männern lebt, ja er verdichtet sich zu einer moralisch-ästhetischen Verurteilung: Männer sind in Madeleine de Maupins Augen häßlich, zur Liebe nicht fähig und zudem den Frauen gegenüber grundsätzlich verlogen. Dieses Verdikt führt jedoch nicht zu einer Verherrlichung der Frauen. Zwar können Frauen, so meint Madeleine de Maupin, besser lieben, und sie sind insgesamt schöner, aber auch das genügt ihr nicht. Wonach sie letztlich strebt, ist ein Ideal von Schönheit, das sich nur in der Ambivalenz finden läßt.

Diese Ambivalenz verkörpert die Hauptfigur selbst, eine wunderschöne Frau in Männerkleidung, in die sich Männer wie Frauen verlieben und die zwar Vertretern beider Geschlechter eine Liebesnacht gewährt, aber nur, um anschließend auf Nimmerwiedersehen zu verschwinden – auf der Suche nach der vollkommenen Liebe und Schönheit, die sie weder im Mann noch in der Frau allein finden kann.

Madeleine selbst wird beschrieben wie eine Statue:

> In dieser Pose glich sie vollkommen der Marmorstatue einer Göttin (...). Ohne jede Verhüllung, ihre hinabgeglittenen Kleider wie ein Sockel zu ihren Füßen, erstrahlte ihre schöne Nacktheit durchscheinend im sanften Licht einer Alabasterlampe, die d'Albert angezündet hatte.
> Der geblendete d'Albert betrachtete sie mit Entzücken.
> »Mir ist kalt«, sagte sie und schlang die Arme um sich.
> »Oh, seien Sie gnädig! Nur noch eine Minute!«
> Rosalind ließ die Arme sinken, stützte sich mit der Fingerspitze auf die Sessellehne und blieb unbewegt stehen; mit einer leichten Hüftbewegung betonte sie den Reichtum ihrer sanft geschwungenen Linien (...), der Umriß einer griechischen Statue (...), die Farben eines Tizian.[53]

Diese Schilderung stammt von Madeleines Liebhaber d'Albert, aus dessen Perspektive weite Teile des Romans geschrieben sind (es handelt sich um Briefe, die er an einen Freund schreibt und die mit Briefen Madeleine de Maupins an eine Freundin alternieren). D'Albert quält die Vorstellung, in einen Mann verliebt zu sein; zwar möchte er gern ein Bürgerschreck sein, aber ein Homosexueller denn doch nicht. So kommt er zu dem Schluß, daß, da er sich in den schönen Chevalier verliebt hat, dieser notwendig eine Frau sein müsse. Hier finden wir den bekannten Zirkelschluß wieder, der besagt, daß die erotische Attraktion zwischen zwei Menschen Aufschluß über deren Geschlechtszugehörigkeit gebe. D'Albert postuliert auch, daß Schönheit geschlechtsspezifisch sei und demzufolge auch Aufschluß über das Geschlecht einer Person ermöglicht: Die Schönheit des jungen Chevalier, so räsoniert er, könne nur die Schönheit einer Frau sein. Gewißheit erhält er jedoch erst während einer Laienaufführung von Shakespeares ›Wie es euch gefällt‹, in der Madeleine die Rosalind spielt. Als sie zum ersten Mal in Frauenkleidern die Bühne betritt, ist d'Albert endgültig vom Geschlecht seiner Geliebten überzeugt.

> Ihr Kleid war aus einem changierenden Stoff gearbeitet: azurblau im Licht, golden im Schatten; ein sehr gut sitzendes, enges Pantöffelchen bekleidete einen Fuß, der dessen nicht bedurfte, um zierlich zu wirken; und scharlachfarbene Seidenstrümpfe schmiegten sich verliebt an das wundervoll geformte, aufreizende Bein; ihre Arme, nackt bis zu den Ellbogen, wuchsen rund, gut geformt und weiß, glänzend wie poliertes Silber und von unvorstellbar anmutiger Linie aus Spitzengeriesel hervor; ihre Hände, die mit Ringen beladen waren, bewegten leicht einen großen, bunten Federfächer in einzigartigen Farbtönen, der wie ein kleiner Taschen-Regenbogen schien.[54]

Innen und Außen wechseln die Plätze: Die Kleidung wird beschrieben wie ein lebender Körper, der Körper wie Kleidung. Erzielt wird damit der Eindruck einer Oszillation zwischen Belebtem und Unbelebtem, zwischen Innen und Außen – kurz: jene Ambivalenz, die in diesem Roman zum Kennzeichen absoluter Schönheit avanciert ist und metaphorisch durchgängig als erotische Ambivalenz zur Darstellung gelangt.

Die Theaterszene wird zum Moment der Erkenntnis, was wiederum Rückschlüsse auf den Status der Wahrheit zuläßt. Sie ist keine absolute, sondern immer die inszenierte und flüchtige Wahrheit der Kunst. Die geschlechtstypische Kleidung läßt in d'Alberts Augen keinen Zweifel mehr am wahren Geschlecht Madeleines. Und doch irrt er sich, denn er begreift nicht, daß

Madeleine ungeachtet ihres biologischen Geschlechts nicht nach seinen Maßstäben weiblich ist. Die männliche Ver-Kleidung läßt derartige Irrtümer nicht zu. Statt Madeleine eindeutig männlich zu machen, vertieft sie vielmehr ihre sexuelle Ambiguität und verstärkt dadurch auch ihren erotischen Reiz, den sie sowohl auf den Mann d'Albert als auch auf die Frau Rosette ausübt, die in den vermeintlichen Chevalier nicht weniger verliebt ist als d'Albert. Madeleine selbst charakterisiert sich in Anlehnung an Platon mit dem Begriff des »dritten Geschlechts«: weder männlich noch weiblich, oder auch beides zugleich. Maskerade wird als erotische und sexuelle Uneindeutigkeit inszeniert, als ein Weder-noch beziehungsweise Sowohl-als-auch.

In ihrer Bühnenkleidung, das heißt als Rosalind, geht Madeleine schließlich zu d'Albert, um die Nacht mit ihm zu verbringen. Sie macht diese Nacht – was er nicht begreift – durch ihre Kostümierung zu einer theatralischen Inszenierung, zu einem Kunstwerk, das ephemer und vieldeutig ist. Mit einem Lebensentwurf oder der Entscheidung für einen Liebhaber hat diese Begegnung nichts zu tun. Anschließend begibt sie sich zu Rosette, mit der sie offensichtlich den Rest der Nacht verbringt. Davon zeugt nur ein zerwühltes Bett, denn beschrieben wird diese Liebesszene (anders als die heterosexuelle) nicht. Sie wird in der Phantasie des voyeuristischen männlichen Lesers evoziert, der sie sich um so lebhafter ausmalen soll. Am nächsten Morgen ist Madeleine veschwunden.

›Mademoiselle de Maupin‹ ist vor allem wegen des Vorworts berühmt geworden, in dem der junge Théophile Gautier sein Programm des »L'Art pour l'art« formulierte. Kunst soll anti-bürgerlich, anti-lebensweltlich sein; sie soll die Schönheit um ihrer selbst willen schaffen und nicht eines nützlichen Zwecks wegen. Der Roman setzt diese Forderungen mit Hilfe der als Mann verkleideten Frau in die Tat um. Die Männerkleidung ist ein Mittel, um die Ambivalenz und ungreifbare Schönheit zu erzeugen, um die es dem Autor geht; sie hat mit einem emanzipatorischen Impuls so wenig zu tun wie mit der Proklamation von Bisexualität als Lebensprogramm. Mit der Frau in Männerkleidung schafft sich der Autor seine ideale imaginäre Muse – eine Variante der Aneignung des Weiblichen als bloße Imaginationsform durch den Autor.

Verwirrung der Geschlechter um 1800: Kleist, Schiller, Wieland

»Irgendwann im 18. Jahrhundert erfand man das Geschlecht, wie wir es kennen.«[55] Bis in diese Zeit galten die beiden Geschlechter als Variationen des Gleichen. Im Verlaufe des 18. Jahrhunderts wandelte sich diese Auffassung jedoch langsam, und es entstand die Idee von der grundsätzlichen biologischen und psychologischen Verschiedenartigkeit der Geschlechter:

> So wurde das alte Modell, in dem Männer und Frauen entsprechend ihrem Ausmaß an metaphysischer Perfektion und ihrer vitalen Hitze entlang einer Achse angeordnet waren, deren Telos das Männliche war, im späten 18. Jahrhundert von einem neuen Modell eines radikalen Dimorphismus und der biologischen Verschiedenheit verdrängt. In der Auffassung von der Frau trat eine Anatomie und Physiologie der Unvergleichlichkeit an die Stelle einer Metaphysik der Hierarchie.[56]

Für diese Verschiedenheit fanden sich immer mehr wissenschaftliche »Beweise«, und aus diesen leitete man die unterschiedlichen gesellschaftlichen Funktionen der Geschlechter ab. Bei genauerem Hinsehen stellt man indessen fest, daß die wissenschaftlichen Erkenntnisse bereits von sozialen und ästhetischen Zielvorstellungen geleitet waren. Kurz: man fand, was man suchte.[57] Das im Vergleich zum männlichen Skelett breitere weibliche Becken, der kleinere Kopf, ein schmalerer Brustkasten wurden als Beweis gedeutet für die geringeren intellektuellen Fähigkeiten, die geringere Körperkraft und die reproduktive Funktion der Frauen.

> Wenn Geschlechtsunterschiede am Skelett nachgewiesen werden konnten, dann wäre die Geschlechtsidentität nicht länger eine Frage von Geschlechtsorganen, die einem ansonsten geschlechtsneutralen menschlichen Körper hinzugefügt werden, sondern Geschlechtsidentität würde jeden Muskel, jede Ader, jedes Organ durchdringen, das am Skelett befestigt ist und von ihm geformt wird.[58]

Der deutsche Begriff »Geschlechtscharakter« bezeichnet – so Karin Hausen[59] – genau diese unauflösliche Verbindung physiologischer und psychologischer Merkmale, die fortan die Unterscheidung der Geschlechter ermöglicht und Grenzüberschreitungen schwieriger und gefährlicher macht; denn »das biologische Geschlecht ersetzte das soziale als eine erstrangig grundlegende Kategorie. Es kam sogar überhaupt erst zu einem Rahmen, innerhalb dessen das Natürliche und das Soziale klar unterschieden werden konnten.«[60] In der deutschen Klassik und Romantik wurde »die Frau« zur Hüterin echter Humanität idealisiert, zur Verkörperung der dem Mann verlorengegangenen Naturnähe und folglich zu seiner notwendigen Ergänzung. Nur in der Verbindung mit einem gegengeschlechtlichen Partner war der Mensch vollständig; allein stellte er nichts als eine unvollständige Hälfte dar. Den Frauen wurde aus gutem Grund die häusliche Rolle nahegelegt, und sie wurde ihnen schmackhaft gemacht, indem man sie idealisierte.[61] (Diese Strategie funktioniert bekanntlich auch heute noch.) Das bedeutet aber nicht, daß das alte »Ein-Geschlecht-Modell« gänzlich verdrängt worden wäre. Vielmehr bestanden beide Modelle lange gleichzeitig, konkurrierten miteinander oder ergänzten einander. Das Resultat war eine erhebliche kulturelle Unruhe im Hinblick auf die Konzeptionen von Geschlecht und Geschlechtsidentität, die nicht zuletzt auch in literarischen Texten ausgetragen wurde.

Diese Unruhe, die die neue Vorstellung von Geschlecht auslöste, wird in mehreren Texten deutlich, die in der Zeit um 1800 in Deutschland entstanden. Heinrich von Kleists Tragödie ›Penthesilea‹, in geringerem Maße Schillers ›Jungfrau von Orleans‹, aber auch Goethes Mignon aus dem ›Wilhelm Meister‹ spiegeln eine Unsicherheit im Hinblick auf die menschliche (Geschlechts-) Identität wider, die Ängste auslöste und zur Auseinandersetzung aufforderte. Denn wie sollte man jene Wesen beurteilen, die zwar biologisch weibliche Geschlechtsorgane hatten, sich aber »irgendwie« männlich verhielten? Oder deren Anatomie nicht eindeutig war? Die sich, kurz gesagt, nicht ohne weiteres in die komplementären Muster einfügen ließen?

Kleists Amazone Penthesilea verwechselt »Bisse und Küsse« und zerfleischt ihren Geliebten Achill auf dem Schlachtfeld. Achill hat ihre Warnungen nicht verstanden. Er hat nicht sehen können, wie sie wirklich ist, sondern hat seine Vorstellung von einer »sittsamen Frau« auf sie projiziert. Deshalb glaubt er ihr nicht, als sie ihm – dem Feind ihres Volkes – trotz ihrer Liebe den Kampf bis auf den Tod ankündigt. Damit stürzt er sich selbst ins Verderben. Der Mann Achill kann das Bild von Weiblichkeit, an das er glaubt, nicht mit der Realität in Übereinstimmung bringen. Denn diese Realität konfrontiert ihn mit einer Amazonenkönigin, die eine leidenschaftliche Herrscherin und kein sanftes, »liebendes Weib« ist, die zu Gewaltausübung ebenso fähig und bereit ist wie er selbst und die auch durch die Liebe keineswegs gezähmt wird (wie das die Literatur des 19. Jahrhunderts so gern vorführt).

Penthesilea ist eine beunruhigende Gestalt, weil sie in kein vorhandenes Schema paßt und eine andere Weiblichkeit jenseits aller Klischees erahnen läßt. Für Kleists Zeitgenossen war sie »unweiblich«, und doch ist sie kein Mann, ja nicht einmal typisch »männlich«. Was ist sie also? Die Frage muß offenbleiben, denn ein Dazwischen – oder eine andere als die vorgeschriebene Ausprägung von Männlichkeit oder Weiblichkeit – gibt es im dominanten Geschlechterdiskurs des 18. und 19. Jahrhunderts nicht. Die Figur Penthesilea aber bricht diese Diskurse auf. Sie ist keineswegs asexuell und paßt dennoch nicht in das Bild der Prostituierten, sie ist gewalttätig und dennoch weiblich, sie ist weiblich und dennoch keine Ergänzung für den Mann – kurz: sie repräsentiert ein grundsätzlich »Anderes«, das aber ihrer Zeit so bedrohlich erscheint, daß es vernichtet werden muß. Deshalb muß die Amazonenkönigin in Kleists Tragödie sterben, und zwar nicht durch fremde Hand: Durch einen bloßen Willensakt führt sie ihren Tod herbei und bestraft sich auf diese Weise selbst dafür, daß sie Achill niedergemetzelt hat, und auch für ihren Verstoß gegen das Gesetz der Amazonen, das die Liebe zu einem Mann verbietet. Mit ihrem selbstgewählten Tod beruhigt sie die Ängste, die eine so andere, so ganz und gar in kein Schema von Weiblichkeit passende Frau im Publikum des frühen 19. Jahrhunderts hervorgerufen haben muß.[62]

Auch Schillers Jungfrau von Orleans ist gefährlich, denn auch sie stellt die Geschlechterordnung der Zeit um 1800 in Frage. Sie ist nicht sanft und friedfertig, sondern ein Soldat, der tötet – unerhört im Kontext der Frauenbilder des deutschen Idealismus. Die »natürliche Komplementarität« der Geschlechter, an die man damals glaubte, setzt deren grundsätzliche Verschiedenheit voraus.[63] Schillers Jungfrau von Orleans stört diese Komplementarität, indem sie – als männlicher Krieger – zu viele Aspekte der männlichen Rolle übernimmt. Das kann im kulturell bedingten Kontext der Geschlechterbeziehungen der Zeit nicht akzeptiert werden, und folglich muß auch sie sterben. Ihr Tod im Stück ist um so auffälliger, als Schiller seine historischen Quellen hier erheblich modifiziert hat. Die historische Jeanne wurde hingerichtet. Schillers Johanna aber erlebt kein elendes und demütigendes Ende auf dem Scheiterhaufen, sondern sie stirbt den Heldentod auf dem Schlachtfeld. Damit ist ihr Soldatentum gerechtfertigt, und zugleich wird dieser Tod in der Tragödie in einem solchen Maße glorifiziert, daß Johanna schließlich als strahlender Engel erscheint: Sie ist keineswegs mehr unweiblich oder gar männlich, sondern zu einer unkörperlichen und asexuellen Weiblichkeit geläutert. Damit wird sie für jene »Weiblichkeit«, die Schiller so gern idealisiert, »gerettet«. Denn der »Engel« wird zum dominanten Leitbild der (bürgerlichen) Frau im 19. Jahrhundert.[64]

Ein ganz anderes Bild von Weiblichkeit vermittelt eine Novelle von Christoph Martin Wieland. In der ›Novelle ohne Titel‹ (1805) ist ausschließlich von der Verwirrung der Geschlechtsidentität die Rede. Kein mir bekannter Text der Zeit schildert so direkt die Abweichung von der Geschlechternorm wie die folgende Beschreibung der Protagonistin Galora.[65]

> Sie war von einer derben Leibesbeschaffenheit, stark von Knochen und Muskeln, und mehr lang als mittlerer Größe. In ihren Augen hatte sie etwas wildes und trotziges, in ihren Gebehrden und Bewegungen etwas rasches, heftiges und grazienloses. Ihre Stimme war tief und unsanft, und ihr Busen wurde nicht zum Verräther an ihr, als sie das Alter erreichte, wo er bey ihresgleichen sich nicht immer verheimlichen lassen will. Sie liebte alle starken Leibesübungen, ritt und focht mit allen Rittern der drey Orden Spaniens in die Wette, und trieb die Jagd mit Leidenschaft. Diese Übungen machten dann auch den wesentlichsten Theil ihrer Erziehung aus; und da sie wenig Neigung zu Beschäftigungen zeigte, welche einige Anstrengung des Kopfs und eine ruhige Leibesstellung erheischen: so wurde sie von dieser Seite um so mehr vernachlässigt (…)[66]

Was ist Galora? Eine mißglückte Frau? Ein mißglückter Mann? Denn ein Zwischenstadium kann es nicht geben, wenn es keinen fließenden Übergang zwischen den Geschlechtern mehr gibt wie im Ein-Geschlecht-Modell, sondern wenn Männer und Frauen zwei verschiedenen ontologischen Gruppen angehören. Eine Frau muß demzufolge lieblich, anmutig, sanft, zierlich sein, vielleicht auch majestätisch schön und von reifer Weiblichkeit, aber ganz gewiß nicht von »derber Leibesbeschaffenheit« und ungraziös, wie Wieland Galora beschreibt. Selbst Penthesilea ist trotz ihrer Wildheit und Gewalttätigkeit von angenehmem Äußeren und kein Mannweib. Galora aber wird – als erste verkleidete literarische Heldin – mit Worten beschrieben, die einen Mann charakterisieren. Sie könnte als Mann fast für schön gelten, aber für eine Frau sind ihre »stieren Junonsaugen« und ihre »Adlernase«[67] häßlich. Schönheit und Häßlichkeit entpuppen sich als geschlechtsabhängige und somit relative Qualitäten. Nur so können sie zum Indikator des Geschlechtscharakters werden. Galoras Häßlichkeit als Frau wird innerhalb dieses Zuordnungsmodells konsequenterweise zum Indikator der Verwirrung des Geschlechtscharakters. Denn wenn man weder das eine noch das andere ist, bleibt nichts. Und dafür gibt es im Rahmen von Wielands ›Novelle ohne Titel‹ keine befriedigende Erklärung.

Galora sieht nicht nur männlich aus, sie ist auch als Knabe erzogen worden. Von ihren verarmten gräflichen Eltern wird sie als ihr (bereits verstorbener) Zwillingsbruder ausgegeben, denn nur ein männlicher Nachkomme kann das Erbe eines reichen Onkels antreten. Durch diesen Betrug wird ein junger Mann aus einer Seitenlinie der Familie geschädigt, der eigentlich der Nächste in der Erbfolge wäre. Galora hält sich aufgrund ihrer Erziehung selbst für einen Jungen. Die rechte Erziehung – so die implizite Argumentation der Novelle – hätte die Fehler der Natur, die das Mädchen mit männlichen Zügen ausstattete, korrigieren können; die falsche, einem Knaben angemessene Erziehung jedoch macht diese Fehler zu einer irreparablen Katastrophe. Die Natur allein scheint mithin – entgegen dem offiziellen Geschlechterdiskurs – kein ausreichender Garant dafür zu sein, daß eine Frau ihre Weiblichkeit entfaltet.

Rein zufällig kommt eines Tages der um sein Erbe betrogene junge Mann, Don Antonio, auf die Burg. Galora verliebt sich in ihn, und diese Liebe öffnet ihr blitzartig die Augen über ihr wahres Geschlecht. Kein Gedanke an eine homoerotische Attraktion kommt auf. Die Logik der Novelle verdeutlicht vielmehr, daß in einer komplementären Geschlechterordnung die Liebe (beziehungsweise die erotische Anziehung) das Geschlecht der betroffenen Personen erkennbar macht: Wer sich in einen Mann verliebt, ist notwendigerweise Frau. (Dieser Gedanke wird in modifizierter Form einhundert Jahre später im Diskurs der Sexualwissenschaftler über Homosexualität wieder wichtig.) Galora erfährt sich erst in dem Augenblick als »anders«, als sie mit einem »richtigen« Mann konfrontiert wird. Erst in Ableitung von dem, was dieser tatsächlich ist, bemerkt sie, was sie nicht ist. Ein natürliches Sein vor aller kulturellen Prägung und individuellen Lebensgeschichte wird hier noch als selbstverständlich vorausgesetzt. Erst die emotionale und ökonomische Beziehung zu einem Mann nötigt sie, sich geschlechtlich zu differenzieren und sich zu einem eindeutigen Geschlecht zu bekennen – eben zu dem, das in Ableitung vom männlichen überhaupt erst sichtbar wird: dem weiblichen.

Als Galora begriffen hat, daß sie kein Mann ist, legt sie zum ersten Mal in ihrem Leben Frauenkleider an, geht darin zu Don Antonio, enthüllt diesem, wer sie wirklich ist und daß sie ihn liebt. Aus Pflichtgefühl macht er ihr daraufhin einen Heiratsantrag, den sie ablehnt: Nie werde sie ihre Unweiblichkeit ablegen können (impliziert ist, daß eine unweibliche Frau nicht ehetauglich und ganz gewiß nicht liebenswert ist). Zudem wisse sie, daß er nicht sie, sondern eine andere liebe; und sein Mitleid wünsche sie nicht. Die mögliche Aktivität der verkleideten Frau wird vor unseren Augen ins Gegenteil verkehrt: Sie ist nur noch ein bedauernswertes Geschöpf. Konsequent verzichtet sie auf das erschlichene Erbe und zieht sich in ein Kloster zurück. Antonio, höchst erleichtert darüber, daß sie seinen Heiratsantrag nicht angenommen hat, tritt sein rechtmäßiges Erbe an und heiratet die schöne Donna Rosa.

Als Galora sich zum ersten Mal in Frauenkleidung im Spiegel sieht, lodert »auch auf einmahl das Gefühl – und mit diesem der Stolz ihres Geschlechts in ihr auf (…); ein Stolz, der es verschmäht, mit Gefahr abgewiesen zu werden, um Gegenliebe zu betteln«.[68] Die Liebe zeigt ihr, daß sie kein Mann ist, aber erst die Frauenkleider lassen sie auch sinnlich verstehen, daß sie eine Frau ist. Kein inneres Gefühl, keine »Stimme der Natur« macht Galora zur Frau. Erst mit der Frauenkleidung zieht sie ihre Weiblichkeit an, wird sie plötzlich »von ihr selbst fremden Gedanken und Vorsätzen getrieben«[69]. Außen und Innen werden vertauscht; die Kleidung bestimmt die Person, nicht die Person die Kleidung. Die Signalwirkung der mit dem biologischen Geschlecht korrespondierenden Kleidung ist in diesem Text so groß, daß für die Trägerin und den Betrachter kein Irrtum mehr möglich ist, das Geschlecht wird eindeutig. Metaphorisch gesprochen, macht die richtige Kleidung den Geschlechtskörper erst sichtbar. So ist die Kleidung nicht nur Zeichen für die soziale beziehungsweise die Geschlechterordnung, sondern schafft und erhält diese.

Der »Erstaunen und Grauen« auslösende Blick in den Spiegel wird zur ersten wirklichen Begegnung Galoras mit sich selbst als defizienter Frau. Sie begreift, daß sie eine Frau ist, in die »auf Einmahl, mit dem Kostüm ihres Geschlechts, das ganze stolze Gefühl der weiblichen Würde«[70] gefahren ist, und daß sie, im Rahmen der Identitätskonzepte ihrer Kultur, doch niemals eine »richtige« Frau sein und von einem Mann geliebt werden kann. Im Spiegel sieht sie sich als das aus der männlichen symbolischen Ordnung ausgeschlossene Andere, sieht sich als Repräsentation fremden (männlichen) Begehrens, das sie nie erfüllen kann.

Nach dieser Selbsterkenntnis, die einer Vertreibung aus dem Paradies der selbstverständlichen männlichen Identität gleichkommt, hat sie ihr altes Ich verloren, aber kein neues gewonnen. Der Blick in den Spiegel zeigt ihr, was sie von nun an sein wird: eine unvollständige Frau und ein unvollständiger Mann. Nach dieser Konfrontation mit ihrem Spiegelbild kann sie keine Männerkleidung mehr tragen, denn von jetzt an wäre das eine offene Lüge. In ihrer früheren Identität als Mann machte Männerkleidung sie als Frau unsichtbar, als Mann machte sie sie wiederum vollständig (trotz der unter der Kleidung verborgenen physiologischen »Defizienz«). Nun, nachdem sie zum ersten Mal ein Bewußtsein ihrer selbst und damit auch die Fähigkeit der Reflexion ihrer gesellschaftlichen Rolle erlangt hat, wird die Männerkleidung zur Ver-Kleidung. Aber auch als Frau kann Galora sich nur verkleiden, denn sie ist so wenig eine »richtige« Frau wie ein »richtiger« Mann. So kann es für sie, nachdem sie Selbst-Bewußtsein erlangt hat, nur noch Maskeraden und nie mehr ein Eigentliches, eine eindeutige Wahrheit hinter der Maske geben.

Dies ist ein gesellschaftlich inakzeptabler Zustand. Folgerichtig zieht sich Galora aus der Welt zurück, indem sie ins Kloster geht. Textimmanent ist das logisch begründet, und rezeptionsästhetisch ist das die einzige Lösung der Geschichte. Denn nur, wenn Galora verschwindet, kann die Angst besänftigt werden, die bei Wielands Zeitgenossen geschlechtliche Uneindeutigkeit und das Überschreiten klar festgelegter Grenzen zwischen den Geschlechtern und ihren jeweiligen gesellschaftlichen Funktionen auslösen mußte. Zwar stirbt Galora nicht, wie Penthesilea, die Jungfrau von Orleans oder Mignon, jene literarischen Heldinnen, die ähnlich Galora die Geschlechtervorstellungen ihrer Zeit durcheinanderbringen. Aber indem sie das alles Individuelle und vor allem alle Erotik leugnende Habit einer Nonne anlegt – die einzige ihr noch mögliche Kleidung – und ins Kloster eintritt, stirbt sie einen symbolischen Tod. Ihr Eintritt ins Kloster ist insofern dem Tod der anderen Frauenfiguren vergleichbar, als er sie für die Welt sterben läßt.

Die Verkleidung als das andere Geschlecht ist in der Zeit um 1800 gefährlich geworden, weil sie die herrschende Geschlechterordnung angreift und deren Inkonsistenzen sichtbar macht. Sie wird fortan, zumal in der deutschen Literatur, in moralischen Kategorien be- und verurteilt. Sophie von La Roches ›Fräulein von Sternheim‹ (1771) beispielsweise flieht in Männerkleidung aus der Gefangenschaft ihrer bösen Verwandten.[71] Das Fräulein verkleidet sich nur deshalb, weil ihr vermeintlicher Retter Lord Derby es verlangt hat, nicht weil sie selbst es möchte. Sie wird das später bitter bereuen, denn der Lord ist entgegen seinen

Beteuerungen kein ehrenwerter Mann. Er will das Fräulein zu seinem eigenen Vergnügen entführen, statt sie, wie sie meint, vor den Angriffen auf ihre Tugend zu retten. Das wird in diesem Roman nicht zuletzt dadurch sinnfällig gemacht, daß er das Fräulein zum Tragen von Männerkleidern überredet: Zu einem derart unehrlichen und unzüchtigen Mittel würde, so die implizite Logik, ein wahrer Edelmann nie greifen. Die Sein-Schein-Problematik und das Pochen auf den wahren Geschlechtscharakter, der sich auch immer öffentlich zu zeigen hat und sich nicht verstecken darf, wird hier in durchaus moralischer Weise durchgespielt; die Verkleidung wird zum Mittel, das Falsche und Unwahre an einer Situation zu verdeutlichen; die Männerkleidung der Frau bedeutet moralische Gefahr.

Lüge und Wahrheit: C. F. Meyers ›Gustav Adolfs Page‹, H. v. Hofmannsthals ›Lucidor‹

Das gilt auch für einen erheblich später entstandenen Text, für Conrad Ferdinand Meyers Novelle ›Gustav Adolfs Page‹ (1882). Die Literatur des 19. Jahrhunderts zeigte keine besondere Vorliebe mehr für das Motiv der als Mann verkleideten Frau. Eine gefestigte bürgerliche Ideologie, in der Männern und Frauen deutlich getrennte Lebens- und Aufgabenbereiche zugeteilt waren und deren Prüderie im übrigen heute sprichwörtlich ist, hätte es wohl als anstößig empfunden. Darüber hinaus hätte es in einer Zeit, die sich dem literarischen Realismus verschrieben hatte, ganz anderer als der bislang üblichen, in jedem Falle ausgefeilterer Rechtfertigungsstrategien bedurft, um eine solche Verkleidung überhaupt glaubwürdig zu machen. Zwar gab es andere Frauengestalten in der Literatur, deren Verhalten durchaus als anstößig gelten mochte – etwa Ehebrecherinnen wie Effi Briest oder Emma Bovary –, deren Weiblichkeit jedoch wurde nie in Frage gestellt. Sie griffen die Geschlechterhierarchie nicht an, sondern agierten im Rahmen der Weiblichkeits- und Ehekonzepte der Zeit. Ähnliches gilt auch für die männergefährdenden »Femmes fatales« am Ende des Jahrhunderts. Sie alle haben die literarischen Grenzen weiblichen Verhaltens erweitert, bleiben aber innerhalb der vorgebenen Weiblichkeitsbilder und innerhalb des komplementären Rahmens der Geschlechterverhältnisse. Sie sind die literarischen Typen, die im 19. Jahrhundert die Auseinandersetzung um die Geschlechtsidentität und die Geschlechterrollen übernahmen.

Gustel, die Protagonistin in C. F. Meyers Novelle, stellt somit eine literarische Ausnahmeerscheinung dar. Sie gibt sich als blutjunger Page aus. Man war in der prä-Freudianischen Epoche der Auffassung, vor der lebensgeschichtlichen Phase, die wir heute als Adoleszenz bezeichnen, befänden sich die Geschlechter in einer Art von präsexuellem oder asexuellem Stadium. Die Pagen in der Oper, wie etwa Cherubino in ›Figaros Hochzeit‹, legen davon beredtes Zeugnis ab. Der äußerliche Geschlechtswechsel war also für das Publikum des 19. Jahrhunderts nur dann glaubwürdig und auch moralisch weniger anstößig, wenn es sich um Knaben oder junge Mädchen handelte. Außerdem spielt die Handlung nicht in Meyers Zeit, sondern im 17. Jahrhundert, und diese »romantische Ferne« erlaubt ohnehin andere Freiheiten in der Verwendung des zu jener Zeit noch weitverbreiteten Verkleidungsmotivs.

Hatte Wieland seiner verkleideten Frau Galora erstmals in der Geschichte dieses Motivs vielschichtige psychologische Dimensionen verliehen, so verbindet Meyer 80 Jahre später die psychologische Dimension mit moralischen Kategorien. Gustels »weibischer« Vetter soll in den Krieg ziehen und will nicht. Da tauscht sie die Rollen mit ihm und gibt sich als er aus. Ihre Motive sind jedoch nicht uneigennützig. Sie will weniger ihrem Vetter aus der Patsche helfen als selbst in der Nähe des verehrten Schwedenkönigs Gustav Adolf sein. Ähnlich Galora ist Gustel von »Natur aus« knabenhaft, was ihr die Verkleidung erleichtert. Sie ist »ein tannenschlankes Mädchen mit lustigen

Augen, kurzgeschnittenen Haaren, knabenhaften Formen und ziemlich reitermäßigen Manieren«.[72] Aber anders als Galora macht diese »Unweiblichkeit« Gustel keineswegs zu einem monströsen Zwitterwesen. Sie ist vielmehr im Zusammenhang zu sehen mit einem neuen Modell von der Entwicklung junger Mädchen zu erwachsenen Frauen, das im Laufe des 19. Jahrhunderts entstanden ist. Eine weibliche Adoleszenz, also eine Phase der Auseinandersetzung und Anpassung des Individuums an die Umwelt, hatte es zuvor nicht gegeben. Ein Mädchen war solange Mädchen, bis es heiratete und damit zur Frau wurde.[73] Im Laufe des 19. Jahrhunderts hat das zwar noch immer seine Gültigkeit, zugleich aber kommt die Idee auf, daß auch junge Mädchen eine längerdauernde Entwicklung zur erwachsenen Frau durchmachen, in der sie sich grundlegend verändern. Prototypisch dafür sind jene Heldinnen der Backfischliteratur in der zweiten Hälfte des 19. Jahrhunderts, die, ursprünglich wild und jungenhaft, erst noch zur schönen Weiblichkeit gezähmt werden müssen. »Trotzkopf« und »Papas Junge« sind neue Mädchentypen, die auf ein verändertes Bild von weiblicher Entwicklung verweisen und auf die Bedürfnisse eines neuen Publikums antworten, das nicht nur von vorbildlichen, tugendhaften Heldinnen lesen, sondern sich auch amüsieren will – und das um so mehr tut, wenn es die eigenen entwicklungsbedingten Schwierigkeiten mit der Anpassung an die gesellschaftliche Norm in den abenteuerlichen Trotzkopfgeschichten wiedererkennen kann.

Das Entwicklungsmodell, das in den Backfischromanen zum Ausdruck kommt, wird kurze Zeit später von Freud wissenschaftlich gefaßt. Freud geht davon aus, daß alle Menschen ursprünglich bisexuell seien, was aber in seiner Argumentation letztlich darauf hinausläuft, daß sie im Grunde männlich sind. Das Mädchen muß einen langen mühevollen Weg zurücklegen, um seine ursprüngliche Männlichkeit abzulegen und sich zu voller Weiblichkeit zu entwickeln. Es muß sich damit abfinden, daß es keinen Penis hat und nie einen haben wird. Folgerichtig muß es seine klitorale Sexualität, die für Freud eine verkümmerte männliche Sexualität ist, zugunsten der vaginalen Sexualität ablegen; es muß seinen Penisneid umwandeln in einen Kinderwunsch; und es muß sich von der Mutter, seinem ersten Liebesobjekt, ab- und dem Vater zuwenden. Freud vertritt gewissermaßen in anatomischer Hinsicht das Zwei-Geschlechter-Modell und belebt doch gleichzeitig in seiner Theorie von der menschlichen Entwicklung das alte Ein-Geschlecht-Modell. Das mag einer der Gründe für die empörten Reaktionen gewesen sein, die seine Theorien auslösten. Denn im Ein-Geschlecht-Modell ist ein Geschlechtswechsel leichter denkbar als im binären Modell, das keinen Übergang zwischen den Geschlechtern sieht. Wird ein solcher Übergang theoretisch möglich, gerät potentiell die feste Geschlechterhierarchie ins Wanken.

Bei Meyer kann von solchen Vorstellungen keine Rede sein; sein Text geht vom Zwei-Geschlechter-Modell aus und setzt eine klare Trennung zwischen Männern und Frauen voraus. Er schreibt aber in demselben kulturellen Klima, das die Freudsche Psychoanalyse und die Backfischromane hervorgebracht hat und das Frauen einen psychologischen Entwicklungsprozeß konzedierte. Der Mädchentypus, den Gustel repräsentiert, war dem Publikum der zweiten Hälfte des 19. Jahrhunderts mithin nicht unvertraut.

Anders als ihre lustigen Augen und reitermäßigen Manieren vermuten lassen, nimmt Gustel die Pagenrolle weniger aus Abenteuerlust denn aus tiefer weiblicher Liebesfähigkeit an. Es gelingt ihr, dem König als sein persönlicher Page ständig nahe zu sein, und am Ende teilt sie gar den Tod mit ihm. Sie wirft sich vor ihn, als auf ihn geschossen wird. Doch sie kann ihm nicht das Leben retten, und so sterben beide und werden zusammen aufgebahrt. Die Liebe, die Gustel für den König empfindet, kann nur im Tode erfüllt werden.

Gustels Dilemma besteht darin, daß sie als Jüngling dem König zwar nahe sein kann – einem Mädchen wäre das gänzlich unmöglich –, daß er sie aber nur in einer Rolle mag, die nicht die »echte« Gustel ist. Der König liebt seinen jungen Pagen, nicht eine junge Frau. Gustel erschleicht sich also seine Sympathie durch einen

Betrug, der um so existentieller erscheint, als ein Mensch im binären Geschlechtermodell notwendig ein geschlechtlich definierter ist: Es gibt nicht *den* Menschen, sondern nur Männer oder Frauen. Wenn aber die Geschlechtsidentität der Kern aller Identität ist, dann verfehlt der König mit seiner Zuneigung für seinen Pagen notwendig den Menschen Gustel. Alle anderen Eigenschaften der Person verblassen neben diesem Betrug zu einem bloßen Anhängsel beziehungsweise werden Teil der Maskerade. Maskerade kann in diesem Konzept nicht nur einen Teil der Person meinen, sondern betrifft die Person in ihrer Gesamtheit. Folgerichtig versperrt ihre unvorsichtige Verkleidung schließlich Gustel auch die Rückkehr in ihre »ursprüngliche« Weiblichkeit.

Gustel betrügt nicht nur den gutgläubigen König, was ihr mehr und mehr zum essentiellen moralischen Problem wird; sie bestraft letzten Endes sich selbst, indem sie ihren Platz in der Welt aufgibt und sich in einer geschlechtlich polarisierten Welt heimatlos macht. Unter moralischen Skrupeln dieser Art litten die früheren literarischen Heldinnen selten. In Meyers Novelle machen sich die Auswirkungen jener mentalitäts- und sozialgeschichtlichen Entwicklung bemerkbar, von der weiter oben schon die Rede war. Ein Mensch kann inzwischen nicht mehr über seinen sozialen Stand, seine Kleidung, sein Verhalten definiert werden. Wichtig ist nun sein Wesen. Dieses ist nicht mehr an seinem Äußeren zu erkennen, sondern kann nur im Innersten des Menschen, in seinen heimlichen Wünschen, Begierden und Ängsten, gefunden werden.

Indem sie ihren Geschlechtscharakter leugnet, verbirgt Gustel ihr wahres Wesen; die Lüge muß nun zu ihrem eigentlichen Wesen werden. Daran zerbricht sie. So ist ihr Tod sowenig ein zufälliger Unfall auf dem Schlachtfeld wie der Tod des Königs. Dieser hatte dem Pagen befohlen, ihm für die Schlacht nicht die kugelsichere Weste, sondern sein Wams zu reichen. Gustel gehorcht, und beide reiten in schweigender Übereinkunft in einen vorhersehbaren Tod, der die einzige Lösung der ansonsten nicht mehr auflösbaren psychologischen und moralischen Zwangslage ist. Denn auch der König ist nicht frei von Schuld. Zwar ist er vordergründig der Betrogene, aber er weigert sich offensichtlich auch, die Wahrheit zu sehen. Und nachdem er wochenlang mit dem vermeintlichen Knaben Gustel in intimer Nähe sein Zelt geteilt hat, kann keiner von beiden mehr das wahre Geschlecht des Pagen enthüllen. Das Spiel ist auch in emotionaler Hinsicht zu weit gegangen. Die Wahrheit könnte nur einen Skandal auslösen, und außerdem ist sie angesichts der Fakten längst irrelevant. Und so besteht der Pfarrer, der die beiden beerdigt, auch darauf, daß niemand vom weiblichen Geschlecht des Pagen erfährt. So wird die Frau Gustel im Tod definitiv zum Mann erklärt, und ihre Lüge wird postum zur Wahrheit gemacht.

Bei Wieland wurde der Geschlechtertausch erstmals als ein psychologisch vielschichtiges Phänomen dargestellt; bei Meyer ist die Psychologie nun untrennbar mit einer existentiellen moralischen Problematik verknüpft worden. Dafür ist der Verkleidung das komische Moment, das ihr vor dem 19. Jahrhundert wesentlich war, völlig abhanden gekommen. Und auch die erotischen Implikationen haben eine ganz andere Färbung erhalten, als sie sie in den Verwechslungskomödien oder auch bei Shakespeare, Marivaux oder Gautier hatten. Erotik kann in Meyers Novelle nur als das Verbotene imaginiert werden. Sie wird unterdrückt und verdrängt und kann gerade deswegen zum Motor des ganzen Geschehens werden. Denn das Verdrängte geht ja nicht verloren, sondern entfaltet seine ganze Kraft auf anderen, unvorhersehbaren Wegen. Als verbotene und verdrängte muß die Erotik hier mit der Todessehnsucht zusammenfallen. Gustel erklärt ihrem König einmal:

> Ich wünschte mir alle Strahlen meines Lebens in ein Flammenbündel und in den Raum einer Stunde vereinigt, daß statt einer blöden Dämmerung ein kurzes, aber blendend helles Licht von Glück entstünde, um dann zu löschen wie ein zuckender Blitz.[74]

Hier wird die Verbindung von Sexualität und Tod sinnfällig, denn was als Tod beschrieben wird, könnte ebensogut ein Orgasmus sein. Beides wird in diesem Satz so austauschbar, wie der tatsächliche Tod Gustels gleichzeitig die Erfüllung ihrer Liebe ist, ganz im Sinne der romantischen – und in der Dekadenz wieder so beliebten – Idee des Liebestodes.

Eine vergleichbar existentielle, wenn auch thematisch ganz anders gewichtete Bedeutung besitzt die Verkleidung einer Frau als Mann in Hugo von Hofmannsthals einschlägigen Texten. In der 1910 erschienenen und durchaus als heiter apostrophierten Erzählung ›Lucidor‹[75] nimmt Hofmannsthal das Motiv des als Knabe erzogenen Mädchens auf und entwickelt aus ihm in Verbindung mit dem angedeuteten Doppelgängermotiv und einer Art von mythologischer Psychologisierung eine neue Variante.[76] In der Erzählung verliebt sich die seit Jahren als Knabe lebende Lucile alias Lucidor in Wladimir, den abgewiesenen Verehrer ihrer Schwester Arabella. Verkleidet als Arabella beginnt sie ein heimliches nächtliches Verhältnis mit ihm. Die Verabredungen trifft sie mit Hilfe von Briefen, da ihre Handschrift der ihrer Schwester zum Verwechseln gleicht. So ahnt Wladimir nichts von der Verwechslung und benutzt sogar tagsüber den vermeintlichen kleinen Bruder Lucidor seiner vermeintlichen Geliebten Arabella als Vertrauten und als Postillon d'amour. Er wundert sich nur über das wechselhafte Verhalten Arabellas: kühl und abweisend bei Tage, bedingungslos hingebungsvoll bei Nacht; aber gerade diese Widersprüchlichkeit reizt ihn. Als die Maskerade schließlich aufgedeckt wird, wendet er sich endgültig von der Arabella des Tages ab und stellt fest, daß Lucidor seine Idealgeliebte sei: »Es ist Lucidor, aber wieder nicht Lucidor, sondern Lucile (...) Es ist sein Freund und Vertrauter, und zugleich seine geheimnisvolle Freundin, seine Geliebte, seine Frau.«[77]

Die ähnliche Handschrift der sonst so unähnlichen Schwestern verweist bereits darauf, daß die beiden zwei Facetten von Weiblichkeit verkörpern, die wiederum die Züge des Mannes Wladimir widerspiegeln und vor allem in dieser Funktion wichtig sind.

Die beiden Frauen sind nicht nur metaphorisch, sondern ganz handlungslogisch dem Tag und der Nacht zugeordnet. Die kokette, ehrgeizige und auf ihren Nutzen bedachte Arabella ist nicht an einer Liebesbeziehung interessiert, sondern an einer möglichst vorteilhaften Eheschließung. Als vollkommene Gesellschaftsdame ist sie dem prosaischen, Alltagsgeschäften gewidmeten Tage zugeordnet. Ihre jüngere Schwester Lucile jedoch verkörpert die Nacht – keineswegs im Sinne der negativen »Nachtseiten der menschlichen Natur«, sondern im Sinne der Nacht als Zeit der Leidenschaft und der bedingungslosen Hingabe.

Lucile wurde einige Jahre zuvor als Knabe verkleidet, weil die Familie nicht über genügend Mittel verfügt, um zwei Töchter standesgemäß zu erziehen und der Gesellschaft zu präsentieren. Ferner hofft man, die finanzielle Unterstützung eines zwar reichen, aber frauenfeindlichen alten Onkels zu erlangen, wenn man ihm einen männlichen Erben vorführen kann. Das materielle Motiv, das in vielen der bislang betrachteten Texte eine Rolle spielt, wird hier also wieder aufgenommen, und zwar in charakteristisch zwiespältiger Weise. Arabella wird aufgrund ihrer materiellen Interessen tendenziell negativ dargestellt, aber tatsächlich entspricht ihr Verhalten und auch ihr Wunsch nach einer standesgemäßen Ehe der Lebenswirklichkeit vieler Bürgerstöchter zu Beginn des 20. Jahrhunderts. Die Liebesehe war zwar seit etwa einhundert Jahren das dominante Ideal, mit der Realität hatte dieses Ideal jedoch oft nur wenig zu tun. Nach wie vor wurden Töchter ohne Rücksicht auf ihre Wünsche verheiratet, und zwar möglichst vorteilhaft. Es wurde erwartet, daß sie ihr Teil dazu beitrugen, eine gute Partie zu machen, indem sie sich in der Öffentlichkeit zwar schicklich verhielten, jedoch auf subtile Weise die in Frage kommenden jungen (oder auch nicht so jungen) Männer ermutigten. Obzwar kokett, verkörpert Arabella mithin die ideale potentielle Ehefrau, die nicht leidenschaftlich, sondern repräsentativ zu sein hatte. Trotzdem wird sie nicht positiv geschildert, sondern tendenziell negativ: denn sie spielt »nur« eine gesellschaftlich vorgegebenen Rolle. Das läßt

Rückschlüsse auf das in diesem Text dominante Ideal von Weiblichkeit zu, für das, noch ganz in der Tradition des 19. Jahrhunderts, Innerlichkeit und Gefühlstiefe ausschlaggebend sind.

Diesem Bild entspricht Lucidor. Sie wird zwar aus materialistischen Erwägungen als Knabe ausgegeben. Doch das kommt ihrem schüchternen Wesen entgegen, da die Verkleidung sie als Frau unsichtbar macht. Sie wünscht die äußerlich sichtbare Weiblichkeit nicht, so kann man folgern, weil sich ihre »wahre, innere Weiblichkeit« auf diese Weise ungehindert von eitlen weltlichen Interessen entfalten kann. Weibliche Schönheit soll also ganz traditionell »im Verborgenen blühen«; eine Frau braucht keine Öffentlichkeit, ja sie sollte diese sogar scheuen und sich ganz für den richtigen Mann bewahren.

Im Falle Lucidors kann man dieses Argument auch umdrehen. Denn anders als ihre Schwester braucht sie sich nicht mit den Anforderungen des Heiratsmarktes zu befassen und kann deswegen »rein« bleiben. Mit anderen Worten: die wegen ihrer materialistischen Einstellung negativ dargestellten »Tagmenschen« nehmen Lucidor, dem »Nachtmenschen«, die Last der materiellen Interessen ab und ermöglichen ihr die ungehinderte Entfaltung ihrer Seele. Man kann dies geradezu als Gleichnis für die kompensatorischen Strategien der bürgerlichen Gesellschaft des 19. Jahrhunderts lesen. Die ökonomischen Interessen, die treibende Kraft dieses Jahrhunderts, werden verschleiert. Das geschieht unter anderem mit Hilfe der Gegenbilder, die diese Gesellschaft sich kreiert. Die Institution der Kunst, in der die im Leben verlorengegangene Harmonie wiedergefunden werden kann, ist eines davon; ein anderes ist das dominante Weiblichkeitsbild, das mit wirklichen Frauen wenig zu tun hat: von allen materiellen Interessen frei kann die Madonna nur Seele sein – Seele des nach Geld und Erfolg strebenden Mannes, der keine Zeit für seine eigene Seele hat und im »häuslichen Engel« seinen Hort der Ruhe und der vermeintlichen Reinheit und Harmonie finden kann.

Die Verkleidung ist mithin Voraussetzung der Entwicklung

Lucidors und wird keineswegs als Lüge bewertet. Sie ist vielmehr schützende Hülle für ihr »wahres« Wesen. Diese »wahre« innere Weiblichkeit zeigt sich in ihrer bedingungslosen Liebe zu Wladimir, obgleich er – so deutet der Text an – ihrer Liebe nicht unbedingt würdig ist. Lucidor wird auf diese Weise zur liebenden Frau schlechthin stilisiert, die nicht nach ihrem eigenen Vorteil oder nach den Verdiensten des Geliebten fragt, sondern alles für ihn hinzugeben bereit ist, was in der Hingabe ihrer eigenen Person symbolisiert wird. Ist Arabella die potentielle Ehefrau, so ist Lucidor die ideale leidenschaftliche und zärtliche Geliebte (die man übrigens nicht unbedingt heiratete).

In welchem Maße es sich hierbei um eine klassische Männerphantasie handelt, verdeutlicht schließlich jener weiter oben bereits zitierte Satz Wladimirs, als er entdeckt, wer die vermeintliche Arabella der Nacht in Wahrheit ist: »Es ist sein Freund und Vertrauter, und zugleich seine geheimnisvolle Freundin, seine Geliebte, seine Frau.« Lucidor vermag gerade aufgrund ihrer Verkleidung für Wladimir alle Wünsche zugleich zu erfüllen; sie vereint sämtliche positiven Weiblichkeitsbilder in sich. Und sie existiert ausschließlich für Wladimir, denn für andere Männer ist sie als Frau wegen ihrer Männerkleidung ja unsichtbar. Man kann sie also als eine Projektion von Männerwünschen deuten.

Während zu Beginn Arabella als Tagmensch und Lucidor als Nachtwesen die zwei Seiten Wladimirs spiegelten – seine rationale und seine »romantische«, seinen Wunsch nach einer Ehefrau und den nach einer Geliebten –, entscheidet er sich am Ende entgegen allen pragmatischen Erwägungen für das nächtliche Wesen. Aber längst hat eine Verschiebung stattgefunden, und es sind nicht mehr Arabella und Lucidor, die verschiedene Facetten von Weiblichkeit verkörpern, sondern Lucidor allein ist jetzt dazu imstande. Sie ist Wladimir keineswegs nur leidenschaftliche Geliebte, sondern ersetzt ihm auch völlig die potentielle Ehefrau Arabella – in Gestalt eines (männlichen) Freundes. Männliches und Weibliches scheinen sich in Lucidor/Lucile zu vereinen und die Polarität von Ehefrau und Geliebter aufzuheben oder überflüssig zu machen. Aber von Androgynie kann dennoch keine Rede sein. Das Wunschbild von der vollkommenen Frau hat nur eine leichte Verschiebung erfahren. Sie soll nicht mehr ideale Geliebte und zugleich perfekte Gesellschaftsdame sein, sondern Geliebte und gleichzeitig »Kamerad« des Mannes – ein Schlagwort der damaligen Zeit und Ausdruck eines sich anbahnenden Wandels der Weiblichkeits- und Ehevorstellungen, die nicht zuletzt durch die Frauenbewegung in Gang gesetzt worden war, aber bald vom bürgerlichen Denken absorbiert wurde. Mit ihm wird das Konzept der Konvenienzehe ersetzt durch die Idee einer scheinbaren Partnerschaftlichkeit in der Geschlechterbeziehung. Die Frauen müssen nun nicht mehr vorrangig den Reichtum und den Status ihrer Ehemänner repräsentieren, sondern sie sollen seine Last mit ihm tragen – eine Polarität ersetzt die andere. *Das* steckt hinter der männlichen Aufmachung Lucidors: die Fähigkeit, sich als Partnerin zu verhalten – für die Außenwelt und innerhalb der Beziehung; und dennoch – nach innen – nichts von der gewünschten vollkommenen und hingabebereiten Weiblichkeit zu verlieren.

Betrachtet man die Figur Lucidor vor dem Hintergrund jener Weiblichkeitstheorien, die Ende des 19. und Anfang des 20. Jahrhunderts kursierten, wird offenbar, daß die Erzählung auf ähnliche Bilder und Strategien zur Produktion von Weiblichkeitsimaginationen zurückgreift. Besonders einflußreich war um die Jahrhundertwende Johann Jakob Bachofens ›Mutterrecht‹[78], in dem die Nacht als das weibliche Prinzip gedeutet wird. Frauen sind für Bachofen nur Gefühl und Sexualität, sind das stoffliche Chaos, das vom zivilisierenden männlichen Einfluß gebändigt werden muß.[79] Aus dieser Perspektive wird – über handlungslogische Erfordernisse hinaus – unmittelbar einsichtig, warum Hoffmannsthals Lucidor sich *nächtens* als vollkommene Frau entpuppt. Vermeintlich ungezügelt von aller Konvention, kann sie in diesem ihrem Element nichts als Liebe und Erotik sein. Hinter der Maske des zivilisierten Knaben Lucidor steckt die »archetypische« weibliche Kraft Luciles. Die ideale Frau soll nunmehr beides sein: gezähmte Partnerin des Mannes und zugleich seine heimliche, leidenschaftlich-ungezähmte Geliebte.

Die Erzählung ›Lucidor‹ führt vor, wie ursprünglich emanzipatorische Ideen (die Gleichberechtigung von Frauen und Männern und Partnerschaftlichkeit in der Ehe) vom dominanten Diskurs absorbiert und für seine gegenemanzipatorischen Interessen eingesetzt werden. Die Verkleidung einer Frau als Mann entpuppt sich einmal mehr als strategische Verwendung eines potentiell subversiven Moments innerhalb der patriarchalen Zeichenökonomie.[80]

Transvestismus und Film: ›Victor/Victoria‹

War die geschlechtertauschende Verkleidung in der Literatur des 19. Jahrhunderts schon kein zentrales Motiv zur Thematisierung von Geschlechterrollen mehr, so verliert sie im 20. Jahrhundert noch einmal an Bedeutung beziehungsweise verlagert sich auf ein neues Gebiet: der Thematisierung »anderer«, nämlich lesbischer und schwuler Identitäten. Im 20. Jahrhundert übernimmt der Film die Aufgabe, Verkleidung in Szene zu setzen. Er führt die Lustspieltradition der vergangenen Jahrhunderte fort, indem er *sichtbar* macht, was literarische Texte nur *behaupten* können, und indem er das komische Moment wieder in den Mittelpunkt stellt.

›Tootsie‹, ›Switch‹, ›Solo für zwei‹ oder ›Mrs. Doubtfire‹[81] sind nur einige Beispiele für erfolgreiche Filme der letzten zwanzig Jahre, in denen Männer sich als Frauen verkleiden. Der Klassiker des Genres ist ›Manche mögen's heiß‹ aus dem Jahr 1959 mit Marilyn Monroe, Tony Curtis und Jack Lemmon. Neuerdings wird das Thema sogar in deutschen Fernsehserien verwendet: ›Ein Mann steht seine Frau‹ wurde 1997 in Sat 1 ausgestrahlt und kann als Beweis dafür gelten, daß das Thema längst nichts Anrüchiges mehr hat. Anders als in der Literatur hat sich also im

Film durchaus eine eigene Tradition der Verkleidung von Männern als Frauen herausgebildet, und zwar als Lustspielmotiv: die Maskerade hat selten ein tragisches Moment, sie ist immer komisch. Mit einer ernstgemeinten Identitätsproblematik hat sie wenig zu tun, und die klassische heterosexuelle Geschlechteraufteilung wird nicht wirklich in Frage gestellt.

›The Adventures of Priscilla, Queen of the Desert‹ hingegen, ein australischer Transvestitenfilm von 1994, entfaltet die Verkleidung im schwulen Kontext und dem des Showbusineß. Abgesehen davon, daß hier die Lust am Spiel und am Glamour zu ihrem Recht kommt, führt dieser Film vor, wie maskenhaft die vermeintliche Normalität ist. Wenn die drei Männer, die in einem Bus das australische Outback durchqueren, um in Alice Springs in einer Transvestitenshow aufzutreten, in ihren Paradiesvogelkostümen durch eine Provinzstadt stöckeln, dann wird sichtbar, daß es bei ihrer Maskerade kaum mehr um Weiblichkeit oder Männlichkeit geht, sondern um ein Spiel mit mehr als nur zwei Geschlechterrollen und mit festen Grenzen überhaupt. Die

Szenenfoto aus ›The Adventures of Priscilla, Queen of the Desert‹, 1994

drei führen ein Leben, das sich nur bedingt in Kategorien von Normalität und schon gar nicht als Imitation von Normalität fassen läßt. Trotz aller Anfeindungen durch die Umwelt können sie über ihr Leben selbst bestimmen. Demgegenüber erscheint die feindselige Normalität der stumpfen Bürger als das Abnorme und Groteske. Und Bernadette, die einzige von den dreien, die sich auch im Alltag stets als Frau kleidet, ist fraglos eine distinguiertere Dame als alle anderen Frauen im Film, ganz gleich welchen Geschlechts sie sind.

Dieser Film macht deutlich, daß Transvestismus gerade im Bühnenkontext nie konkrete Frauen imitiert. Vielmehr wird ein Bild glamouröser Weiblichkeit inszeniert, das ohnehin nur auf der Bühne existiert. In dem Augenblick, in dem eine Frau sich ebenso zurechtmacht, wirkt sie nicht weniger verkleidet als die Männer. Eine ähnliche Auffassung vertritt Supermodel und Popsänger RuPaul. Seiner Meinung nach sind alle Menschen Transvestiten: »Man wird nackt geboren, und alles, was man danach anzieht, ist ›drag‹ – Verkleidung.«[82] Die »Philosophie« des Transvestismus als unaufhörliches Oszillieren zwischen Sein und Schein, das letzten Endes die Grenzen zwischen beiden Bereichen aufhebt, faßt RuPaul in einen Aphorismus: »Die Wirklichkeit besteht darin, daß ich ein Mann bin. Die Illusion gibt vor, daß ich eine Frau sei. Von den beiden aber ist die Illusion wahrer.«[83]

Diese Illusion, die Verkleidung wirkt durch starke Signale. Eingesetzt werden auffallende Accessoires, bunte Farben wie Pink oder Lila, übertrieben starkes Make-up, künstliche Lockenfrisuren, Federboas, Glitzerkorsagen und überhohe Absätze. Diese Accessoires verweisen zwar auf Weiblichkeit, aber auf eine von vornherein als künstlich erkannte Weiblichkeit – eine Inszenierung von Weiblichkeit, die mit Frauen wenig zu tun hat. Transvestiten können durch das karikaturistische Moment ihrer Performance jene Weiblichkeitskonstrukte fast perfekter inszenieren als »richtige« Frauen.[84] Denn sie stellen sie von vornherein als Konstrukte dar und wollen nicht mit »echten«

Frauen verwechselt werden. Kinostars, bevorzugt solche des großen Hollywoodkinos wie Marilyn Monroe oder Ava Gardner, können zwar durchaus zum Vorbild für die Travestie werden, jedoch nur in bestimmten Rollen, das heißt als ihrerseits längst zu hochartifiziellen Konstrukten von Weiblichkeit gewordene Bilder.

Anders verhält es sich mit Frauen, die sich als Männer verkleiden. Im Film hat diese Maskerade eine weniger starke Tradition als in der Literatur, und das Glamour-Moment spielt für sie kaum eine Rolle. Yentl, Victoria oder Königin Christine verkleiden sich nicht aus erotischem Interesse, sondern aus Not: Yentl will lernen, Victoria bekommt nur als Mann eine Anstellung, Christine will ungehindert reisen. Praktische Vorteile erhoffen sich übrigens auch ihre männlichen Kollegen Tootsie oder Mrs. Doubtfire, die – Indiz des Backlash – die inzwischen immer öfter zu hörende Ansicht in Szene setzen, Männer seien in unserer Gesellschaft unterprivilegiert.

Blake Edwards Film ›Victor/Victoria‹ von 1982, ein Remake von Reinhold Schünzels Ufa-Film ›Viktor und Viktoria‹ von 1933, ist hier von besonderem Interesse, weil Victoria als Mann in einer Transvestitenshow arbeitet und außerdem die homosexuelle Thematik dominant ist. Victoria, gespielt von Julie Andrews, ist eine junge Sängerin ohne Engagement. Sie trifft auf Tony, einen ebenfalls gerade arbeitslos gewordenen schwulen Sänger. Durch bloßen Zufall entdeckt Tony, wie großartig Victoria als Mann wirkt: Sie gerät in einen Regenguß, und ihre Kleider laufen ein. Tony leiht ihr einen Anzug, den sein Ex-Geliebter bei ihm gelassen hat. Als dieser Ex-Geliebte auftaucht, um seine Sachen abzuholen, setzt ihn Victoria (in seinem Anzug) mit einem gezielten Kinnhaken außer Gefecht und wirft ihn hinaus. Tony findet sowohl Victorias Aufmachung als auch ihr Verhalten überzeugend männlich. Wir als Zuschauerinnen und Zuschauer müssen ihm das glauben, denn seine Einschätzung wird durch die der anderen Figuren im Film später bestätigt. Tatsächlich sieht Victoria nie wirklich »wie ein Mann« aus – aber aus eben dieser Diskrepanz bezieht der Film seinen Reiz. Wir sehen gewissermaßen doppelt, denn wir lassen uns auf die Prämisse des Films ein, daß Victoria mit kurzem Haar und Männeranzug auf ihre Umgebung wie ein Mann wirkt, das heißt, wir akzeptieren die Signalwirkung der Accessoires und Attribute. Die kurzen Haare unter der abgezogenen Perücke sind es am Ende von Victorias Bühnenshows denn auch immer, die dem Publikum im Film »beweisen«, daß es einen Mann und keine Frau auf der Bühne bewundert hat. Zugleich erkennen wir als Zuschauer in Victor immer noch die Frau Victoria, die wir ja zuvor kennengelernt haben. Aber wir *wissen* nicht nur, sondern wir *sehen*, daß Victoria kein Mann ist. Das ist natürlich Absicht, denn die Maskenbildner hätten Julie Andrews selbstverständlich als »echten« Mann schminken können. Wir sollen uns also auf das Spiel einlassen und zugleich seine Bedingungen durchschauen.

Kleider machen also auch hier Leute, denn, wie gesagt, es ist

Szenenfoto aus ›Victor/Victoria‹, 1982

erst der Männeranzug, der Tony auf die Idee bringt, Victoria als männlichen Sänger auszugeben. Wie im Falle von Shakespeares Rosalind hat die Kleidung Konsequenzen für die oder den, der sie trägt, sie verändert nicht nur das Äußere, sondern auch das Verhalten. Konsequenterweise will Victoria, nachdem sie sich in Mr. King verliebt hat, ihre Verkleidung zunächst nicht aufgeben: nicht nur, weil sie dann ihren Job verlieren würde, sondern auch, weil es ihr Vergnügen macht, als Mann zu leben. Ganz anders Susanne in der Originalfassung von 1933. Diese muß mit Mühe zum Anlegen der Verkleidung und der falschen Identität »Viktors« überredet werden, und sie beklagt sich immer wieder darüber, daß es sie große Mühe koste, ja ein Opfer für sie sei, einen Mann zu spielen, denn sie sei ja doch »ein Mädchen«. Sie ähnelt ebensowenig einem Mann wie Julie Andrews als Victor, jedoch genügen hier wie dort Männerkleidung und ein männlicher Haarschnitt, um die Umgebung über das wahre Geschlecht hinwegzutäuschen und sie sogar die helle Stimme vergessen zu lassen. Mehrmals werden jedoch Susannes heimliche Versuche gezeigt, einen männlichen Eindruck zu erzeugen: Sie übt ein bestimmtes Repertoire an Bewegungen und Gesten ein – den Gang, oder die Art, sich auf einen Barhocker zu setzen –, und wirkt durch den Kontrast zwischen ihrem »natürlichen« und ihrem antrainierten großspurigen Gehabe ausgesprochen komisch.

Vergegenwärtigt man sich die Entstehungszeit von ›Viktor und Viktoria‹ (1933), so gewinnt man den Eindruck, daß der Film eine Art von Verarbeitung und Verabschiedung der »wilden Zwanziger« darstellt. Androgynie war inzwischen kein Ideal mehr. Mit dem Aufkommen des Faschismus in Europa wurde deutlich voneinander unterschiedene Weiblichkeit und Männlichkeit erneut zum Leitbild. Das drückt sich auch in der Mode aus, die wieder sehr viel stärker traditionelle weibliche Körperlinien und erotische Reize betonte. Die Frauen hatten wieder mehr Kurven: Busen, Hüfte, Taille; sie waren nicht mehr so dünn und trugen die Haare wieder länger und lockiger. Es fand eine tendenzielle und später dann auch programmatische Rückkehr zu traditionellen Rollenvorstellungen statt, die eine Lust an der männlichen Verkleidung nicht mehr zuließ – zumindest dürfen die Figuren im Film anscheinend diese Lust nicht mehr empfinden. Der Film selbst aber zelebriert die Lust an der Verkleidung und am Spiel über weite Strecken durchaus.

Homosexuelle Anspielungen werden in ›Viktor und Viktoria‹ nicht gemacht. Viktor, mit dem Susanne gemeinsam den Betrug anzettelt, ist ein durch und durch heterosexueller Mann. Und der Herr, in den sich Susanne verliebt, erfährt schon gleich am ersten Abend durch ein Gespräch, das er belauscht, welches Geschlecht der schöne junge Viktor in Wahrheit hat, so daß er sich ohne Skrupel und ohne Identitätszweifel in ihn verlieben kann. Der seinem Selbstbild nach absolut heterosexuelle Macho Mr. King in ›Victor/Victoria‹ hingegen ist lange im Zweifel, ob er sich in einen anderen Mann oder eine Frau verliebt hat. Aus dieser Ungewißheit, die vor allem in der Mimik ausgedrückt und weniger verbalisiert wird, bezieht der Film seine Komik, um so mehr, als Mr. Kings Bodyguard schließlich, ermutigt durch das vermeintliche Beispiel seines Chefs, sein eigenes Coming-out hat und mit Tony im Bett landet. Mr. Kings Ungewißheit hinsichtlich seiner eigenen sexuellen Identität gibt im Remake mehrfach Gelegenheit, mit emanzipatorischer Intention über Schwule zu sprechen. Victoria versucht Mr. King zu Toleranz gegenüber Anderslebenden zu erziehen, auch dann noch, als die beiden längst ein heterosexuelles Liebespaar sind, sie selbst aber weiterhin ihre Männermaskerade in der Öffentlichkeit trägt. Sie veranlaßt King dazu, mit ihr in einer Schwulenbar tanzen zu gehen, so daß er gewissermaßen öffentlich als Schwuler geoutet ist. Ihm ist das schrecklich unangenehm. Als er jedoch wegen seiner angeblichen Homosexualität in geschäftliche Schwierigkeiten gerät, steht sie zu ihm und ent-tarnt sich als Frau, woraufhin Tony ihre Bühnenrolle übernimmt und als Komiker darin einen überwältigenden Erfolg hat.

In ›Viktor und Viktoria‹ gibt es derartige Verwicklungen und

Krisen nicht. Die schwule Thematik fehlt völlig, nur ein angedeuteter lesbischer Subtext wird spielerisch eingesetzt. Als Susanne erstmals als Viktor im Savoy diniert, wird sie von den Blicken der Frauen um sie herum geradezu verschlungen; alle Frauen finden den jungen Mann hinreißend – ganz ähnlich wie im *Axe*-Werbespot über sechzig Jahre später. Das Potential dieser Attraktion wird jedoch nicht ausgenutzt, und so bleibt es ein blindes Motiv. Zwar versucht »Viktor« einmal, einer Frau den Hof zu machen, damit diese ihrem Liebhaber abtrünnig werde, in den Viktor alias Susanne sich selbst verliebt hat, aber es bleibt bei der einen, sehr komischen kurzen Einlage ohne den geringsten (homo-)erotischen Unterton. Susannes Verhalten ist komödiantisch völlig überzeichnet und wird von der Umworbenen auch nicht weiter ernstgenommen. Das homoerotische Moment ist also in diesem Film von 1933 letzten Endes vollkommen tabu, während das Remake fünfzig Jahre später seine Wirkung gerade aus der Thematisierung von Homoerotik bezieht.

Nicht zufälligerweise sind jedoch die beiden Protagonisten heterosexuell, und die Homosexualität ist auf die beiden wichtigsten Nebenfiguren verlagert worden. Mr. King wird für seine vorübergehenden Befürchtungen, er selbst könne homosexuell sein, gewissermaßen entschädigt, da sich sein früh gefaßter Verdacht, Victor müsse eine Frau sein (sonst würde er, der Macho, nicht so auf sie reagieren – diesen Zirkelschluß kennen wir inzwischen), bald bestätigt. Zwar muß er noch einige Erziehungsmaßnahmen über sich ergehen lassen, aber diese haben nur die Wirkung, daß Victoria sich der Liebe ihres Geliebten versichern kann. Nur ihretwegen hat er ja die »Demütigungen«, für schwul gehalten zu werden, überhaupt ertragen. Ob er seine Meinung über Homosexualität ändert, erfahren wir nicht.

So bleibt alles beim alten: Die Geschlechterrollen ebenso wie die Beziehungen der Geschlechter zueinander sind klar unterscheidbar, und sie werden auch nicht ernsthaft in Frage gestellt. Zwar gibt es Homosexualität, und sie wird – bei den anderen! –

als einigermaßen normal akzeptiert, zumal nebenbei mit dem beim breiten Publikum immer noch verbreiteten Vorurteil aufgeräumt wird, Schwule seien unmännlich. Der Bodyguard nämlich ist ein durchtrainierter, »richtiger« Mann und macht seinem Chef klar, daß er als maskuliner Schwuler keine Ausnahme ist. Homosexualität hat also in diesem Film nichts mit Verkleidung zu tun, das heißt, sie wird nicht durch die gegengeschlechtliche Verkleidung kodiert; auch die Homosexuellen sind sich ihrer (männlichen) Identität ganz sicher. Die Maskerade vermag nur Ängste vor eigener Homosexualität auszulösen, da sie die erotische Anziehung mit einem Mal fragwürdig zu machen scheint (in Wahrheit wird diese natürlich retrospektiv bestätigt). Die Perspektive des Films ist jedenfalls keine schwule, sondern eine heterosexuelle. Und konsequenterweise ist das Paar, das vom Film als Identifikationsmodell angeboten wird, uneingeschränkt heterosexuell und seiner Geschlechtsidentität auch vollkommen sicher. Die Verkleidung Victorias als Victor und dessen Bühnenkarriere als vermeintlicher Transvestit signalisieren vordergründig die Notwendigkeit des Rollenspiels in der beruflichen Karriere. Sie ist aber auch Mittel der Selbstfindung Victorias, die erst durch die Maskerade ihre künstlerische Begabung erkennt. Erst indem sie sich von ihren bisherigen Vorstellungen und Selbstbildern löst, ist sie imstande, diese zu revidieren und durch angemessenere zu ersetzen. Die Verkleidung ermöglicht ihr diese Distanz zu ihrem bisherigen Selbst und läßt sie eine andere Seite an sich entdecken, die bislang aufgrund kultureller Identitäts- und Geschlechtergrenzen verborgen geblieben war.

Damit repräsentiert Victoria, die Filmfigur, dann letzten Endes ein Selbstverständnis, das viele männliche Transvestiten tatsächlich für sich beanspruchen: ein Identitätskonzept, das zwischen Ernst und Spiel oszilliert und sich nicht in die Grenzen einer endgültig definierten Identität pressen läßt, sondern das ungeheure identitätsschaffende Potential der Verkleidung ausschöpft. So erklärt der Transvestit Jem beispielsweise:

> Was an der Verkleidung großartig ist, was mir daran gefällt, ist, daß ich dadurch ein Gleichgewicht in meinem Leben habe. Ich bin wirklich nur ein schüchterner Junge aus New Hampshire, der vom Ballett kommt, aber wenn ich eine blonde Perücke aufsetze und mich in ein Korsett mit einer Achtzehn-Inch-Taille und *high heels* von Vivienne Westwood in Größe zwölf zwänge, dann werde ich zu einer anderen Person. (...) Ich könnte nicht anders leben.[85]

Und ein Kollege von Jem äußert sich ganz ähnlich:

> Bei *drag* ging es nie um die Imitation von Frauen. Es geht um das feminine Prinzip im Mann. Im Mann gibt es Männliches und Weibliches. Ich versuche nicht, eine Frau zu sein, überhaupt nicht. Ich versuche, das weibliche Prinzip in mir hervorzubringen – es nicht zu leugnen, und auch nicht meine Männlichkeit zu leugnen. (...) Es passiert alles im Kopf, und meine Verkleidung verwendet Glitzer und Flitter und Phantasie-Make-up, um es auszudrücken.[86]

Eine solche Auffassung verweist auf einen Wandel kultureller Bilder und Praktiken, der in der zweiten Hälfte des 20. Jahrhunderts stattgefunden hat. Die Vorstellung von zwei völlig verschiedenen Geschlechtern existiert neben der Überzeugung, daß die Grenzen zwischen den Geschlechtern zunehmend verfließen und daß in unserer Kultur eine grundsätzliche Tendenz zur Androgynie zu beobachten sei.[87]

Im Transvestismus wird meines Erachtens eine dritte Überzeugung (und Praxis!) deutlich, denn er betont die Verschiedenheit der Geschlechter, macht aber paradoxerweise gleichzeitig die Grenzen zwischen ihnen überschreitbar. Ohne die Geschlechterdifferenz gäbe es den Transvestismus nicht, auch nicht in der spezifischen Ausprägung als Showkultur, die heute schon fast zur Familienunterhaltung geworden ist. Da der Bühnentransvestismus aber nicht Frauen imitiert, sondern bestimmte Bilder von Weiblichkeit, macht er diese als Konstrukte transparent. Das gleiche gilt umgekehrt für neuere – filmische und theatrale – Gestaltungen von Frauen, die sich als Männer verkleiden (einschlägige Bühnenshows gibt es inzwischen immer häufiger).

Daß all diese Formen des Spiels mit Geschlechtergrenzen auch die Gefahr in sich bergen, die Grenzen zu affirmieren statt sie aufzubrechen, dürfte nach meinen vorhergehenden Ausführungen deutlich geworden sein. Wenn Dustin Hoffmann als Tootsie nach seiner Demaskierung sagt, er sei als Frau ein besserer Mann gewesen, als er jemals als Mann gewesen sei, bringt das genau diese Ambivalenz zum Ausdruck. Man kann die Äußerung einerseits deuten als die Erkenntnis des Mannes, daß er in der Rolle einer Frau etwas dazugelernt habe. Man kann aber auch – unter Berücksichtigung des gesamten Films, in dem Tootsie beispielsweise ihrer Freundin feministisches Gedankengut nahebringt, auf das diese von allein nicht kommt – den umgekehrten Schluß ziehen: daß der Mann nämlich auch die bessere Frau zu sein glaubt.

Bilder vom anderen Leben

Lesbische Identität und Maskerade: Wittig, de Lauretis, Case, Butler

> Wer war ich jetzt – Frau oder Mann? Diese Frage würde nie beantwortet werden, solange dies die beiden einzigen Möglichkeiten blieben; sie würde nie beantwortet werden, solange sie gestellt werden mußte.[1]

Die Ich-Erzählerin von Leslie Feinbergs 1993 in den USA erschienenem Roman ›Stone Butch Blues‹ ist eine *butch,* eine für die heterosexuelle Umwelt männlich aussehende Lesbe, die Männerkleider trägt und vorzugsweise einer traditionell männlichen Arbeit nachgeht. Jess wächst in den 50er Jahren in einer nordamerikanischen Arbeiterstadt auf, entwickelt ihre *butch*-Identität in der lesbischen Bar-Kultur jener Zeit, in der sich die Beziehungskonstellation von *butches* und *femmes* (die im Gegensatz zu den *butches* ihre Femininität betont inszenieren) als repräsentativer lesbischer Lebensentwurf herausbildete. Die massiven Diskriminierungen, ja Bedrohungen von Leib und Leben, denen Schwule und Lesben der McCarthy-Ära ausgesetzt waren, veranlassen die erwachsene Jess zu der schweren Entscheidung, männliche Hormone zu nehmen, weil sie nur noch als Mann überleben zu können glaubt. Mit Hilfe von Hormonen und Bodybuilding paßt sie ihren »von Natur aus« schon recht maskulinen Körper noch mehr der männlichen Norm an: weniger Fett, schmalere Hüften, Bartwuchs. Die »Verkleidung« als Mann hat hier eine neue, biologische Komponente erhalten. Jahrelang lebt sie als Mann, ohne wirklich Mann zu sein, lebt sie »ohne Geschichte«, unbehelligt zwar fortan von der »normalen« Umwelt, die sie tatsächlich für einen Mann hält, jedoch einsamer als je zuvor. Denn sie gehört nun nirgendwo dazu, und ihre Identität wird ihr selbst immer ungewisser: weder Mann noch Frau, keiner Gruppe zugehörig, kann sie nur noch »ich« sagen, ohne zu wissen, was dieses Ich außerhalb aller Kategorien bedeutet. Schließlich gibt sie die männliche Mimikry auf und setzt die Hormone ab, woraufhin ihr Körper sich ins Weibliche zurückentwickelt – und wieder wirkt er weder weiblich noch männlich. Erneut ist Jess eine sichtbare Außenseiterin, jemand, die die Geschlechtererwartungen der Umwelt durcheinanderbringt und daher offene Feindseligkeit bei ihren heterosexuellen Mitmenschen auslöst.

> Mein Körper zeigte gemischte Geschlechtsmerkmale, und das fiel nicht nur mir auf. Ich wurde wieder daran erinnert, wie es war, Spießruten zu laufen – durch Fremde, die mich anstarrten – wütend, verwirrt, fasziniert. Frau oder Mann? Sie sind empört, weil ich sie durcheinanderbringe. Die Strafe folgt auf dem Fuße. Die einzige Anerkennung, die ich in ihren Blicken finde, ist die Anerkennung meines »Andersseins«.[2]

Die anderen, die »Normalen« – Frauen wie Männer –, grenzen sie aus. Das steht am Anfang ihrer individuellen Identitätsbildung und an dem vieler anderer lesbischer Entwicklungsgeschichten, wie wir noch sehen werden.[3] Jess verinnerlicht diese Außensicht und macht sie zum Selbstbild. Doch sie erlebt sich nicht nur in Relation zur heterosexuellen Welt der »Normalen«, sondern auch in Relation zu Frauen schlechthin und vor allem auch zu anderen lesbischen Frauen als »anders«. Letzten Endes ist es dieses ständige Anderssein in immer neuen Kontexten und Konstellationen, das ihre Identität als eine nie definitive ausmacht. Der Konflikt zwischen Differenz und Gleichheit zieht sich wie ein roter Faden durch den gesamten Roman, und er wird am Ende keineswegs gelöst, sondern bleibt offen. Identität kann nicht mehr in herkömmlichen Begriffen gefaßt werden, die beiden einzigen verfügbaren Kategorien Frau und Mann genügen der Realität der körperlichen, sexuellen und sozialen Erfahrung der Erzählerin nicht. Aber auch der dritte Begriff, »Mannweib«[4], mit dem Jess sich zeitweise bezeichnet, ist nur ein ungenügender Ersatz, der die Fragwürdigkeit *aller* klar definierten, abgegrenzten und damit ausgrenzenden Identitäten transparent macht. »Ich bin anders. Ich werde immer anders sein. Ich werde mich nie am Gleichsein laben können.«[5] Niemandem gleich, weder Männern noch Frauen, weder Lesben noch Feministinnen noch Transvestiten oder Schwulen, sondern immer und in jeder Beziehung »anders« – wie ist eine solche Position, die nicht nur die von Jess, sondern die von vielen »anderen« Frauen ist, theoretisch zu fassen?

Sicher nicht in den Kategorien der Gender Studies, denn Jess' Dilemma läßt sich nicht einfach mit der Differenz von Weiblichkeit und Männlichkeit erklären. Zwar spielen diese Kategorien eine bedeutende Rolle für ihr Selbstbild, das sich zunächst in der Spannung zwischen den beiden Polen entfaltet. Jess' Leben wird durchzogen von der Frage: »Ist das ein Junge oder ein Mädchen? Ist das eine Frau oder ein Mann?« Insofern ist ihre Differenz auch als Geschlechterdifferenz zu verstehen – aber auf die Dauer in einem anderem Sinn, als das die Gender Studies zu konzeptualisieren vermögen.

In diesem Kapitel wird also danach gefragt werden müssen, wie solche durch Differenz charakterisierten Identitäten beziehungsweise Subjektpositionen in Texten kodiert und wie sie von der Kritik rezipiert und begrifflich gefaßt werden können. Denn die Gender Studies kommen hier an ihre Grenzen. Sie basieren auf dem Konzept von sexueller Differenz als Differenz zwischen Weiblichkeit und Männlichkeit. Jedoch konstruieren sie selbst, was sie dann analysieren: ein männliches und ein weibliches Geschlecht sowie ein (in der Regel auch erotisch-sexuelles) Verhältnis zwischen beiden. Daraus resultieren zwei Probleme: Zum ersten scheinen diese Geschlechterpolaritäten – trotz aller Vorbehalte der meisten Forscherinnen und Forscher – zumindest als

Arbeitsbegriffe klar definierbar. Männlichkeit und Weiblichkeit werden als Entitäten verstanden, mit denen zu rechnen und zu handeln ist; als Resultate der »normalen« psychosozialen Entwicklung. Damit wird auch eine Homogenität innerhalb der beiden einander entgegengesetzten Gruppen postuliert: Alle Frauen gleichen einander, und die Männer gleichen den anderen Männern. Zwar fluktuieren die mit den Geschlechterkategorien verbundenen Vorstellungen, doch das komplementäre Muster bleibt unter allen Umständen erhalten: verändert sich das Männliche, ändert sich entsprechend auch das Weibliche, denn beide sind nur im Bezug aufeinander beschreibbar, und nur im Bezug aufeinander funktionieren sie als gesellschaftliche Aktanten.

Daraus resultiert das zweite Problem: Indem der Gender-Diskurs Sexualität mit Fortpflanzung und gesellschaftlicher Reproduktion verquickt und Begehren weitgehend als heterosexuelles repräsentiert, das heißt, Differenz nur als Geschlechterdifferenz denken kann, macht er, nicht anders als der dominante gesellschaftliche Geschlechterdiskurs, lesbische und schwule Subjekte und Lebensformen unsichtbar. Denn in diesem Rahmen sind sie nur konzeptualisierbar als Abweichung: als narzißtische Liebe zum Gleichen oder als Imitation der (männlichen beziehungsweise heterosexuellen) Norm.[6] Was eine Frau für eine andere Frau (also für eine vermeintlich Gleiche) empfindet, kann innerhalb dieses Diskurses kein sexuelles Begehren sein, denn dieses wird ausschließlich dem Männlichen zugestanden – es sei denn, man interpretiere die frauenliebenden Frauen als »vermännlicht«, mithin als Imitationen von Männern. Und als solche wurden sie denn auch in unserer Kultur spätestens seit dem Entstehen der Sexualwissenschaft Mitte des letzten Jahrhunderts verstanden und dargestellt. Aber sind sie denn tatsächlich »anders« zu konzeptualisieren? Woher sollte dieses »andere« kommen, wie könnte es gefaßt werden?

Monique Wittig hat bereits vor fast zwei Jahrzehnten den provokanten Satz geprägt: »Lesben sind keine Frauen.«[7] Sie meinte damit die Interrelation von Geschlechtsidentität und gesellschaftlicher Struktur in den westlichen Gesellschaften, die Abhängigkeit der Geschlechterkategorien von der heterosexuellen Struktur. »Weiblichkeit« ist Wittigs Auffassung zufolge keine biologische, sondern eine soziale Kategorie, die ihren Sinn nur als Ableitung von »Männlichkeit« hat und diesen Sinn verliert, sobald man die heterosexuelle Ökonomie verläßt. Deswegen sind Lesben keine Frauen, ja mehr noch: »Wenn wir als Lesben und Schwule uns weiterhin als Frauen und Männer bezeichnen, ja als solche wahrnehmen, tragen wir ganz wesentlich zum Erhalt der Heterosexualität bei.«[8] Wittig hat – außer den Begriffen »Lesbe« beziehungsweise »Schwuler« – keinen Vorschlag zur Beschreibung der anderen Subjektposition außerhalb des heterosexistischen Diskurses gemacht. Ihre Verwendung des Begriffs Lesbe jedoch suggeriert eine »Authentizität« und Homogenität lesbischer Erfahrung gegenüber der Lebenswelt heterosexueller Frauen – inzwischen längst ein problematischer Standpunkt, wie die eingangs dargelegten Überlegungen zu Leslie Feinbergs Roman verdeutlichen.

Hier ist jedoch unsere zeitliche Distanz zu Wittigs Text zu berücksichtigen: Erst in den 80er Jahren begann sich nach der anfänglichen Euphorie der feministischen Forschung, aus der heraus man noch glaubte, für *die* Frauen (in diesem Falle: für *die* Lesben) sprechen zu können, die Erkenntnis durchzusetzen, daß keine Homogenisierung einzelnen Subjekten gerecht werden kann. Dennoch ist eine homogenisierende Tendenz auch in manchen neueren Arbeiten aus dem Bereich der Lesbian and Gay Studies zu entdecken. Wenn Teresa de Lauretis in ihrem jüngsten Buch ›The Practice of Love‹ (1994) (deutsch: ›Die andere Szene‹, 1996) eine Ätiologie lesbischer Sexualität entwirft, unterliegt diesem Versuch ein unausgesprochener und von der Autorin selbst geleugneter homogenisierender Anspruch, der letztlich erklären will, wie *das* lesbische Begehren und *die* lesbische Sexualität zustandekommen und wie sie sich grundsätzlich vom heterosexuellen Begehren unterscheiden. Damit wird die Opposition nur verlagert: von männlich/weiblich auf heterosexuell/homosexuell. De Lauretis postuliert eine sexuelle Differenz zwischen Lesben und Frauen. Lesbianismus sei nicht nur eine spezifische Form weiblicher Sexualität, sondern auch eine soziosymbolische Form, die andere Zeichen und Bedeutungen hervorbringe.[9] In dieser allgemeinen Formulierung mag das zutreffen; de Lauretis spezifiziert dann aber nicht, was genau sie unter sexueller Differenz versteht, und sie kann den angeblich essentiellen Unterschied zwischen lesbischen und heterosexuellen Frauen nicht nachweisen. Denn den Ur-Grund für lesbische Subjektivität und lesbisches Begehren sieht sie in einer narzißtischen Wunde, die sie mit dem unglücklich gewählten Begriff Kastration belegt, ohne damit dessen psychoanalytische Bedeutung zu meinen. Sie definiert den Begriff um im Sinne eines Ur-Verlusts, und zwar nicht eines Körperteils, sondern des (von der Mutter nicht vermittelten) Körperbildes der späteren Lesbe. Warum dies eine spezifisch lesbische Ur-Erfahrung sein soll (und nicht eine allgemein weibliche oder sogar allgemein menschliche – oder im Gegenteil eine nur individuelle Erfahrung), wird nicht in ihrer Theorie erarbeitet, sondern ergibt sich nur aus der impliziten Annahme, die klassische Psychoanalyse habe weiterhin Gültigkeit als Erklärungsmodell für die Entwicklung heterosexueller Menschen beiderlei Geschlechts und müsse nur für Lesben verändert werden.[10]

Auch mit ihrem zentralen Arbeitsbegriff des »lesbischen Fetischs« weicht de Lauretis vom strengen psychoanalytischen Modell ab, das Fetischismus als männliche Perversion erklärt, die aus der Kastrationsangst entstehe und im Fetisch einen Ersatz für den Penis schaffe. Für die lesbische Frau aber, so de Lauretis, repräsentiere der Fetisch das verlorene Körperbild schlechthin, das die Lesbe in sich nicht finden könne und dann in den Frauen, die sie liebt, wiederfinden möchte. Der Fetisch kann alles sein: männliche Kleidung ebensogut wie eine Blume. Er ist das, was die Differenz und das Begehren zwischen zwei Liebenden markiert – womit der Begriff seiner Bedeutung entleert ist.[11] Die Besonderheit des lesbischen Fetischs gegenüber dem heterosexuellen kann so nicht deutlich werden. De Lauretis' Theorie ist folglich auch wenig erkenntnisfördernd für meine Analyse der kulturellen Bilder und Kodierungen lesbischer Identitäten und lesbischen Begehrens in Geschichte und Gegenwart.

Im Zentrum der meisten theoretischen Ansätze zur Beschreibung anderer als der dominanten heterosexuellen Identitäten steht das Problem der Imitation: Solange Homosexualität im Rekurs auf den vermeintlichen Maßstab des heterosexuellen Musters beschrieben wird, erscheint sie als das notwendig nachgeordnete »Andere«, als das Imitat des »Eigentlichen«. Daß das in unserer Kultur zu den trivialen Alltagsmythen gehört, verdeutlicht die immer wieder zitierte Frage an ein lesbisches Paar, wer von beiden der Mann sei, was impliziert, daß ein Paar stets zweigeschlechtlich sein müsse.[12] Wenn Sexualität zwischen Menschen gleichen Geschlechts für unmöglich gilt, da eine aktive Sexualität nur den Männern zugestanden wird, müssen die männliche und die weibliche Rolle wenn schon nicht biologisch, so doch wenigstens als Subjektpositionen eingenommen werden. Eine lesbische Frau imitiert demnach einen Mann, indem sie eine Frau liebt und begehrt.

Teresa de Lauretis löst das Problem nur scheinbar, indem sie die Frage nach der Imitation ganz ausklammert und die männliche Aufmachung der *butches* schlichtweg als Fetisch deutet, der lesbisches Begehren repräsentiere. Judith Butler[13] geht dagegen konkreter auf die Frage von Original und Imitation ein. Sie schlägt vor, die Reihenfolge zu vertauschen und das Imitierende als den Ursprung des Imitierten zu betrachten, denn das Konzept eines Originals benötige, um sich selbst als Original setzen zu können, sein Imitat. Im Hinblick auf die Homosexualität folgert sie, nur halb scherzhaft, diese sei zuerst da und werde von der Heterosexualität kopiert. Trotz Butlers anschließender Differenzierung, es handele sich in Wahrheit natürlich um instabile Positionen und nicht um eine einfache Umkehrung, wird bei genauerem Hinsehen die Sackgasse erkennbar, in die man sich mit solchen logischen Argumenten manövriert, die von einer sprachlichen Schlußfolgerung auf das vermeintlich Reale schließen. Denn die Frage nach dem, was zuerst da war – das Ei oder die Henne – ist im Prinzip endlos fortsetzbar. Auch wenn ihre Folgerung, die schwule Parodie heterosexueller Muster mache die Konstruiertheit des vermeintlichen Originals durchschaubar, so daß es nur noch Kopien von Kopien gebe,[14] durchaus erkenntnisfördernd ist, so bleibt sie doch letztlich immer der Binarität von Original und Fälschung, von Männlichkeit und Weiblichkeit verhaftet. Denn an einem etwas höher angesiedelten Punkt auf der argumentativen Spirale wird es fast schon wieder gleichgültig, ob eine Sache »natürlich« oder kulturell konstruiert ist, ob sie ein Original oder eine Kopie ist – denn es geht weiterhin um »Frauen« und um »Männer«, selbst wenn sie in Anführungsstrichen stehen. Die Chance, das »ganz andere« zu konzeptualisieren, verflüchtigt sich wieder.

Schärfer ins Bild gerät dieses »andere« in Sue-Ellen Cases einige Jahre früher erschienenem, inzwischen zum Klassiker der Gay and Lesbian-Theorie avancierten Aufsatz »Toward a Butch-Femme Aesthetic«[15], namentlich, wenn man ihn zusammenliest mit der »Queer Theory« (die man im Deutschen als »queere Theorie« oder »Queerstudien« bezeichnen kann). Auch die *butch-femme*-Maskerade spielt mit zwei Geschlechtern, aber sie setzt diese nicht mehr absolut, sondern parodistisch. Case bezieht sich auf Joan Rivieres bereits 1929 entstandenen Aufsatz »Weiblichkeit als Maskerade«[16], in dem die Freudsche Psychoanalytikerin die These entwickelt, intellektuelle und beruflich erfolgreiche Frauen hätten sich symbolisch in den Besitz des väterlichen Penis gebracht (im Sinne einer Anmaßung männlicher Vorrechte, die vom Phallus repräsentiert werden). Um diese Anmaßung zu verbergen und nicht dafür bestraft zu werden, »verkleideten« sie sich als Frauen, das heißt, sie verhalten sich besonders weiblich im traditionellen Sinne. Daraus resultiert für Riviere in einem eigentümlichen Gedankensprung die These, alle Weiblichkeit sei Maskerade, es gebe keine authentische Weiblichkeit. Gemeint sein kann damit nur die sekundäre Ableitung alles Weiblichen vom Männlichen in der Freudschen Psychoanalyse, die das Weibliche als immer schon Konstruiertes, Nicht-Authentisches erscheinen läßt und das Männliche als das Eigentliche, Nicht-Maskierte postuliert. Inhaltlich ist das insofern folgenreich, als es die Auffassung nahelegt, Frauen könnten aufgrund ihrer »Uneigentlichkeit« leichter das Geschlecht wechseln. Cases Entwurf nun läßt sich zunächst voll auf die psychoanalytischen Prämissen ein:

> Diese Art der Maskerade wird meines Erachtens in den *butch-femme*-Rollen bewußt ausgepielt (...) Die *butch* ist die lesbische Frau, die stolz den Besitz des Penis zur Schau stellt, während die *femme* die kompensatorische Maskerade der Weiblichkeit übernimmt.[17]

Indem dieses Rollenspiel zwischen Frauen stattfinde, ändere sich seine Funktion, und die Zeichen (Penis – Kastration), um die es kreist, werden als Mythen entlarvt: die beiden Rollen seien in der lesbischen Bar-Kultur immer schon als Rollen ohne Referenten verstanden worden; dieses Rollenspiel finde in den Zeichen selbst und nicht in der Realität statt: Die *butch* wolle kein Mann sein, sondern repräsentiere in ihrer männlichen Kleidung das Begehren für eine andere Frau, so wie die *femme* nicht heterosexuelle Weiblichkeit imitiere, sondern eine bestimmte Art des Begehrens und der »Praxis der Liebe« repräsentiere.[18]

Sue-Ellen Cases Theorie hat ihre »praktische« Grundlage in der Barkultur von Lesben aus der Arbeiterschicht, die sich im Nordamerika der 50er Jahre entwickelte, zielt aber insgesamt weniger auf eine Analyse realer *butch-femme*-Paare als auf die theoretische Konstitution einer feministischen Subjektposition außerhalb des Heterosexismus. Diese Position wird charakterisiert als eine Doppelung: *butch* und *femme* als Paar. Das heißt, beide stellen nicht getrennte Subjekte dar, sondern konstituieren gemeinsam eine Position, der Oszillation und Spannung eingeschrieben sind. Als freies Spiel der Zeichen ohne Bezug auf konkrete Geschlechtsreferenten und ohne definitive Festlegbarkeit seien sie die Verführung schlechthin – auch die Verführung, »das andere« zu denken.

Indem sie lesbische Positionen ganz aus der Sphäre des Ontologischen herausnimmt und sie statt dessen in den Bereich des Diskurses und der Zeichenverwendung verlagert, ist eine solche Theorie weit besser als die von Teresa de Lauretis geeignet, sich dem Thema der Maskerade anzunähern. Die Ähnlichkeiten zwischen meiner Definition von Maskerade und der Beweglichkeit des *butch-femme*-Spiels in Cases Konzept liegen auf der Hand. Nicht dem, was sie vermeintlich *sind*, sondern den Bildern und Kodierungen, in denen lesbische Subjektpositionen kulturell repräsentiert werden, sowie der Frage, in welchen theoretischen Begriffen sie gefaßt werden können, gilt mein Erkenntnisinteresse. Hier ist die Maskerade-Theorie sehr hilfreich, zumal in Verbindung mit der »queeren Theorie«. Diese konzentriert sich nicht auf die Geschlechtszugehörigkeit, sondern auf die Marginalität gesellschaftlicher Gruppen. Daher kann sie deren Positionen innerhalb eines komplexen gesellschaftlichen Gefüges genauer beschreiben und in Verbindung bringen zu den Positionen anderer marginalisierter Gruppen.

Der amerikanische Begriff *queer* bedeutet wörtlich übersetzt »seltsam, merkwürdig, abweichend«, jedoch wird der Begriff im angloamerikanischen Sprachraum auch synonym mit schwul/lesbisch verwendet. *Queer* meint den Gegensatz zur heterosexuellen »Normalität«, die, so Sue-Ellen Case in ihrem Aufsatz »Tracking the Vampire«[19], in den westlichen Kulturen mit Lebendigkeit, Natürlichkeit, Fortpflanzung und »reinem Blut« gleichgesetzt werde, während *queer* demgegenüber das Nicht-Natürliche, Sterile, Unlebendige und Homosexuelle bedeute.[20] Das von außen, von der gesellschaftlichen Norm kommende Verdikt wird von den *queers* selbst übernommen und umgewandelt in ein Selbstverständnis, das den Abstand zur gesellschaftlichen Norm aktiv betont und bejaht. (Auch hier ist der Ausgangspunkt der lesbisch/schwulen Entwicklungsgeschichte die Ausgrenzung durch den dominanten Diskurs, dessen Bezeichnungen übernommen und ins Positive gewendet werden.) Case konstruiert in einem außerordentlich assoziativen Spiel mit Fremdbestimmungen und Selbstbildern, negativen und positiven Werten und Umwertungen die Vampirin als Identifikationsbegriff von lesbischer Existenz. Diesem Spiel vermag als Leserin nur zu folgen, wer sich ganz darauf einläßt; logisch ist es nicht und diskursiv nicht auflösbar. Das aber entspricht als literarisches Verfahren dem Konstrukt der lesbischen Vampirin selbst: Sie ist im Spiegel (im Diskurs) nicht zu sehen; sie ist aber vorhanden, sie kommt und geht, wie es ihr beliebt, ohne jemals repräsentierbar zu sein. »Vampirin« wird zur Chiffre für das nicht Greifbare, nicht Repräsentierte und Nicht-Repräsentierbare; zum Inbegriff eines Gegendiskurses, der sich nie festlegen läßt und imstande ist, durch das Begehren neue Seinsweisen zu imaginieren.[21] In dieser Hinsicht gibt es deutliche Parallelen zwischen Cases Vampirin und meiner Konzeption von Maskerade; jedoch sehe ich die Verkleidung bei aller Betonung von *queer* stärker im geschlechterbezogenen Rahmen. Maskerade nämlich ist das, was das *queere* Begehren repräsentierbar macht, ganz gleich, ob es sich um eine Maskerade der Weiblichkeit oder der Männlichkeit handelt.[22]

Cases Ausführungen sind von einem utopischen Denken geprägt, das für die Diskussion der »anderen« Identitäten und/oder Subjektpositionen von nicht zu unterschätzender Relevanz ist. Dennoch scheinen auch sie mir nicht frei zu sein von einem Denken in ausschließenden Gegensätzen: natürlich/nicht natürlich, lebendig/tot, Fortpflanzung/Sterilität, heterosexuell/homosexuell. Gerade der utopische Impuls verdankt sich ja der Freiheit vom dominanten Diskurs, der Freiheit der Vogelfreien sozusagen, die aber immer nur im Gegensatz zur Norm als Freiheit erfahren wird. Zudem wird in dieser Argumentation für die Gruppe der *queers* wiederum eine Homogenität suggeriert, die die Unterschiede etwa zwischen Schwulen und Lesben verwischt, was die Frage dringlich macht, ob man nicht die Ansätze einer *queeren* Theorie dann doch wieder mit denen der Gender-

Theorie verbinden müsse, um ein Neues zu produzieren, das nicht-heterosexuellen Subjekten sowohl in ihrer Differenz von der Norm als auch untereinander gemäß sein könnte. Denn daß etwa zwischen Lesben und Schwulen erhebliche Unterschiede im Hinblick auf Lebensformen, Selbstbilder und öffentliche Repräsentanz bestehen, dürfte außer Zweifel stehen. Da jedoch ohne Kontrastierungen offenbar keine Positionsbestimmung möglich ist, kann das Konzept des *queer* als »Tabubrecher, als das Monströse, das Unheimliche«[23] im Zusammenhang mit der Maskerade vielleicht den Ausgangspunkt bilden, um den letztlich immer noch stabilen Binaritäten des Gender-Diskurses zu entkommen und außerhalb – oder besser: am Rande – der dominanten Diskurse andere mögliche Subjektpositionen in dieser Kultur zu konstruieren. Weiblichkeit – Männlichkeit nämlich bedeutet, vom queeren Standpunkt aus gesehen, etwas ganz anderes als die vom dominanten Diskurs produzierte Opposition. Erst zusammen mit der Theorie der Maskerade entsteht die ständige Verschiebung, die eine definitive Polarisierung nicht zuläßt. Vom Gegensatz *queer* – normal springt die Maskerade zu weiblich – männlich, von dort auf lesbisch – schwul oder auf *butch – femme,* auf Transvestismus oder Authentizität. In keinem dieser Gegensatzpaare allein ist die Maskerade zu fassen, sondern sie entzieht sich immer wieder und ist immer schon anderswo, wenn man sie zu fassen glaubt. Das genau ist das Neue der Maskerade, die sich nicht in der Festlegung erschöpft, sondern lebendig bleibt in der dauernden Veränderung, die die Liminalität, um Victor Turner erneut zu nennen, zum Ort ihrer Existenz macht, und nicht den Ausgangs- oder Endpunkt.

Jennie Livingstons Film ›Paris is Burning‹ von 1990 verdeutlicht das, denn der Film thematisiert Maskerade auf sehr anschauliche Weise. Die schwulen schwarzen Männer aus den ärmsten sozialen Schichten, die mit großem materiellen Aufwand und viel Phantasie ihre Transvestismus-Wettbewerbe und Bälle veranstalten, verkleiden sich als Frauen oder als Geschäftsleute, als Militärs oder als Schulkinder. Jede Verkleidung ist möglich, Geschlechtsspezifik ist hier nicht notwendig. Denn in jeder Verkleidung ändert sich das Geschlecht (beziehungsweise sein Bild) ohnehin. Ein Offizier repräsentiert eine andere Art von Männlichkeit als ein Börsenmakler, zumal wenn beide von einem schwulen Scharzen verkörpert werden, und eine Filmdiva ist auf eine andere Art weiblich als ein Schulmädchen, zumal wenn beide vom selben Mann verkörpert werden. In jeder dieser Maskeraden steckt ein Moment des Utopischen und ein Moment des Spiels, aber nicht minder ein Moment vollen Ernstes. So wissen die Männer zwar genau, daß sie weder in biologischer noch in sozialer Hinsicht Frauen sind, und sie wollen auch gar keine sein. Wenn sie jedoch möglichst perfekt eine Frau darstellen, haben sie teil an deren Weiblichkeit. Sie orientieren sich bei ihren Verkörperungen an Posen, die ihnen die Quintessenz dessen scheinen, was sie darstellen wollen, selten an einer konkreten Person. Da die Zeitschrift ›Vogue‹ ihnen viele Posenvorbilder liefert, nennen sie ihre Maskeraden »Vogueing«.[24]

Joan Nestle kann im Spiel mit Geschlechterrollen nur das Spielerische, nicht das Ernstgemeinte erkennen:

> Ich denke, daß wir wegen der Komplexität und Authentizität der *butch-femme*-Erfahrung den Begriff »Rollenspiel« aus einer anderen Perspektive sehen müssen. Er wird in erster Linie dazu verwendet, diese Art zu lieben zusammenzufassen. Ich finde den Begriff aber nicht sinnvoll, weder als Etikett für diese Erfahrung, noch als deren Beschreibung. Als *femme* tat ich das, was für mich natürlich war, was sich richtig anfühlte. Ich lernte keine Rolle, sondern ich vervollkommnete eine Art zu lieben.[25]

Das Spielen einer Rolle wird von Joan Nestle (miß)verstanden als vordergründiges So-tun-als-ob, dem sie das authentische Wesen einer Person gegenüberstellt. Das suggeriert die Existenz stabiler Positionen. Tatsächlich ist *queere* Maskerade keine vordergründige Sein-Schein-Verkleidung, die zur Ruhe kommen könnte, hätte man denn endlich das wahre Selbst gefunden. Und Nestle selbst konterkariert diese Auffassung im selben Band, wenn sie ihre Entwicklung von einer *femme* zu einer *butch* beschreibt: »Laß mich *butch* für dich sein, ich bin so lange *femme* gewesen.«[26] Nicht anders als in jenen Texten, in denen davon die Rede ist, daß *femmes* und *butches* sich zuweilen ähnlich kleideten und daß ihre sexuellen Verhaltensweisen überhaupt nicht ihrem äußeren Auftreten entsprechen müssen, verdeutlicht sie damit, wie wenig Rollenspiel bloß vordergründiges So-tun-als-ob ist, sondern daß es vielmehr die Fähigkeit bedeuten kann, mehrere Positionen einzunehmen – sei es gleichzeitig, sei es nacheinander.[27] Um wieder meine Terminologie ins Spiel zu bringen: sie thematisiert die Möglichkeit, an mehreren Positionen teilzuhaben, durch sie hindurchzugehen, ohne sie jemals ausschließlich und für immer zu *sein*. Liest man Nestles in ›A Restricted Country‹ versammelte, aus verschiedenen Jahren stammende Texte über *butches* und *femmes* zusammenhängend, so wird schnell deutlich, wie sehr das, was ich als »Maskerade« bezeichne, in ihrem (dargestellten) Leben nicht nur präsent ist, sondern es geprägt hat. Die vielfältigen »Maskeraden« konstituieren die Person und geben ihr die Freiheit, eine andere zu werden, indem sie dieselbe bleibt.

Maskerade kann also eine bewußte Entscheidung für eine bestimmte Lebensform sein, die vom Individuum, und sei es nur für eine gewisse Zeit, als die »richtige«, als die dem eigenen Wesen adäquate erlebt wird. Sie ist keineswegs mit heiterem Spiel und Unverbindlichkeit gleichzusetzen. Die in einer solchen Bestimmung implizierte Paradoxie von Maskerade als bitterem Ernst läßt sich nicht auflösen, und das ist auch gar nicht notwendig: Sie pointiert die Schein-Sein-Problematik und hält sie in Bewegung, macht sie zu jenem Perpetuum mobile, das die Maskerade ausmacht: das eine sein und das andere auch, zugleich das eine nicht sein und das andere auch nicht sein ... Die unauflösliche Spannung zwischen Scheinen und Sein kann als Wesensbestimmung der Maskerade gelten, die ständige Verschiebung von einer Polarität auf eine andere, so daß die Polaritäten ihres absoluten Sinnes beraubt werden und sich der vogelfreie Raum der neuen Möglichkeiten außerhalb des dominanten Diskurses (und doch durch ihn hindurchgehend) eröffnet.

Frauenliebende Frauen in der Geschichte

Die vermeintliche Imitation männlicher Identitäten durch Lesben hat ihre eigene Tradition. Bis zum 19. Jahrhundert konnten Frauen nicht einfach mit Frauen zusammenleben, denn die Einbindung in eine Ehe oder doch eine herkömmliche Familienstruktur galt als unabdingbar. Oft verkleidete sich dann eine der Frauen als Mann, was es ihr auch ermöglichen mochte, den Lebensunterhalt für beide in einem Männerberuf zu verdienen. Über sexuelle Beziehungen zwischen solchen Frauen wissen wir wenig. Selbst wenn es Aufzeichnungen der Frauen gibt (was selten genug der Fall ist), dann enthalten sie in der Regel keine Aussagen über etwas, was im dominanten Diskurs nicht als Sexualität gelten konnte und wofür demzufolge auch keine Sprache zur Verfügung stand. Sexualität war seit dem 17./18. Jahrhundert konzeptualisiert als ein männlicher Instinkt, der sich auf Frauen als (wenngleich oft unersättliche, aber doch im Prinzip passive) Objekte bezog.[28] Frauen allein, so die offizielle (Lehr-) Meinung, konnten nur bedingt sexuell aktiv sein (daß die Realität natürlich anders aussah, zeigen mentalitätsgeschichtliche Studien der letzten Jahre).[29] So mußte sich dann, wenn es eine sexuelle Beziehung zwischen zwei Frauen gab, eine der beiden als Mann ausgeben beziehungsweise die männliche Rolle übernehmen, damit ihr Verhalten überhaupt als Sexualität begreifbar (und damit benennbar) war.[30] Zwar gibt es auch eine Reihe literarischer und künstlerischer Darstellungen von lesbischer Erotik im 18. und 19. Jahrhundert, jedoch in der Regel aus einer voyeuristischen männlichen Perspektive, die Erotik zwischen zwei Frauen als stimulierend darstellt, und/oder als Vorbereitung einer jungen Frau auf die »richtige« Sexualität mit einem/ihrem Mann. »Männlich« erscheint in solchen Darstellungen keine einzige der Frauen, ganz gleich ob in Diderots ›Religieuse‹, Théophile Gautiers ›Mademoiselle de Maupin‹ oder in Baudelaires Gedichten ›Lesbos‹ und ›Femmes Damnées‹.

Als gewissermaßen eigene Spezies, die nicht im Hinblick auf Männer, sondern per definitionem ohne Männer existiert, werden frauenliebende Frauen erst im Laufe des 19. Jahrhundert von der Literatur und der entstehenden Sexualwissenschaft entdeckt. Da in einer patriarchalen Denkweise nichts ohne »das Männliche« zu denken ist, wird auch sogleich eine Verbindung zur Männlichkeit »entdeckt«: Lesbianismus und äußerliche »Vermännlichung« von Frauen werden auf einmal miteinander identifiziert, und die »männlichen Lesben« wurden von der Sexualwissenschaft als deviante Frauen pathologisiert (eben als *queer*). Ein auf das Männliche fokussiertes Denken setzt sich durch und vereinnahmt das als Ähnliches, was ihm sonst als Unbegreifliches entgleiten und es möglicherweise gefährden würde. Diese Vereinnahmung findet statt in einem Kontext, in dem zunehmend über Sexualität gesprochen wird und viele »Anomalien« überhaupt erst diskursiv produziert werden, wie Michel Foucault gezeigt hat.[31]

Aber auch die Trennung zwischen den Geschlechtern verfestigt sich in dieser Zeit immer mehr. Im 18. Jahrhundert entsteht die Theorie von den Geschlechtscharakteren: Psychische und biologische Eigenschaften werden untrennbar miteinander verquickt (die Folgen dieser Verquickung erleben wir heute noch), und Weiblichkeit und Männlichkeit gelten fortan als grundsätzlich verschiedene Seinsweisen, während sie in den Jahrhunderten davor als etwas grundsätzlich Ähnliches galten. Gott hatte dem Menschen einen Körper gegeben, und dieser Körper war männlich. Frauen besaßen dieselben Geschlechtsorgane wie Männer, nur waren sie anders angebracht: nach innen gestülpt statt nach außen. Sie hatten es mangels Körperhitze nicht fertiggebracht, die Organe nach außen zu treiben und zur Männlichkeit zu entwickeln: Frauen galten daher als defiziente Männer.[32] Im 18. Jahrhundert beginnt sich die Auffassung durchzusetzen, daß Männer und Frauen grundsätzlich verschieden seien. Das 19. Jahrhundert entwickelt immer mehr Methoden der Messung und Katalogisierung von biologischen Eigenschaften, um die »Natürlichkeit« des Geschlechts und der damit verbundenen sozialen Aufgaben zu beweisen: Frauen haben, so findet man heraus, kleinere Hirne, kleinere Schädel, einen anderen Skelettbau, und alles das verweist, so folgert man, auf ihre spezifische Funktion in der gesellschaftlichen Arbeitsteilung: Männer gehen außerhalb des häuslichen Rahmens einer Erwerbstätigkeit nach, während Frauen auf die Geburt und Aufzucht der Nachkommen und die Haushaltsführung festgelegt sind.

In diesem positivistischen Kontext entwickeln Richard von Krafft-Ebing, Havelock Ellis und später Magnus Hirschfeld ihre Theorien von Homosexualität, die sich zunächst auf Männer, schließlich in einem Analogieschluß auch auf Frauen beziehen. Lesbische Frauen gelten für sie als Irrtum einer Natur, die einen »männlichen« Geist in weibliche Körper steckte. Diese These setzt eine klare Trennung von Körper und Geist voraus und fällt in dem Moment in sich zusammen, wenn Frauen einen »männlichen« Körper haben und also schon »von Natur aus« aus dem binären Schema herausfallen, und wenn es darüber hinaus feminine Frauen gibt, die sich keineswegs im falschen Körper gefangen fühlen und »trotzdem« andere Frauen lieben. Die Sexualwissenschaft löst diese Probleme nicht. Man nimmt ganz einfach an, weibliche Frauen in lesbischen Beziehungen seien »eigentlich normal«, nur von »abnormalen« Frauen verführt worden. Das gibt natürlich der populärer werdenden Auffassung von der lesbischen Frau als einer gefährlichen Femme fatale (jenes Lieblingsbild des Fin de siècle!) Nahrung.[33] Die männliche Angst vor einer Frau, die mit ihnen auf ihrem vermeintlich ureigensten Gebiet konkurrieren, ja ihnen gefährlich werden könnte, wird in das literarisch bereits vorgeformte Bild der dämonischen Lesbe (wie etwa bei Baudelaire) überführt. Umgekehrt können jetzt auch lesbische Frauen zu Opfern heterosexueller Femmes fatales werden.

G.W. Pabsts Stummfilm ›Die Büchse der Pandora‹ aus dem Jahr 1929 zeigt ein schönes Beispiel dafür. Die allen Männern gefährliche Femme fatale in scheinbar unschuldiger Kindgestalt ist Lulu, gespielt von Louise Brooks. Aber die Gräfin Gerschwitz mit ihrem »männlichen« Kostüm und ihrem »unweiblichen«, harten Gesicht (härter als die der Zeitmode entsprechend weicheren Männergesichter dieses Films) trägt durchaus Züge einer dämonischen Verführerin, wenn sie Lulu mit begehrenden Blicken verfolgt, vor allem, als sie in einer spannungsgeladenen Szene während Lulus Hochzeit mit dieser tanzt. Zwar hat die Gräfin keinen Erfolg bei Lulu, aber sie wird von einer aktiven und potentiell verführenden Frau zum Opfer Lulus, das von dieser zugrundegerichtet wird. Diese Parallele zwischen ihr und den Männern, die sämtlich Lulu verfallen und von ihr zerstört werden, beweist, daß die Gräfin Lulu nicht weniger erotisch verfallen ist, daß sie also lesbisch und damit »männlich« ist. Lesbischsein ist hier in das Begehren des Individuums verlagert und bedarf keiner sexuellen Praxis. Da die Gräfin erotisch offenbar bei Lulu keinen Erfolg hat, ist ihre potentielle Bedrohlichkeit für die Männer wieder entschärft. Bemerkenswert ist jedoch, daß die scheiternde Lesbe damit nicht der Lächerlichkeit anheimgegeben wird, sondern eher zur tragischen Figur wird.[34]

Um die Jahrhundertwende wird der Begriff des »dritten Geschlechts« eingeführt,[35] womit sich – wie heute mit *queer* – schwule Männer und lesbische Frauen gleichermaßen bezeichneten. Das ist immerhin ein Schritt über das berühmte »tertium non datur« hinaus, das stets implizierte, eine Frau, die nicht »weiblich« im Sinne ihrer Kultur war, sei »männlich«. Aimée Ducs 1901 erschienener programmatischer Erzähltext ›Sind es Frauen?‹ trägt den Untertitel ›Roman über das dritte Geschlecht‹. Das dritte Geschlecht ist ein Weder-noch, das in ein

»Anderes« mündet. Dieses wird festgeschrieben und erweitert damit die Auswahl der Geschlechterrollen von zwei auf drei. Indem sich aber mit dem Begriff des »dritten Geschlechts« Männer wie Frauen bezeichnen, wird diese Festschreibung unter der Hand wieder aufgebrochen, und der Weg zu einer anderen Auffassung öffnet sich, die zu jener Zeit jedoch noch nicht reflektiert werden konnte. Aus heutiger Sicht indessen kann man argumentieren: Weder das eine noch das andere zu sein bedeutet nicht notwendig, daß man ein Drittes sei. Denn das dritte Geschlecht kann ja offensichtlich, wenn Frauen und Männer den Begriff für sich in Anspruch nehmen, Verschiedenes bedeuten; er definiert sich nur als Differenzbegriff zu einer strukturellen Norm und ist inhaltlich nicht wirklich festgelegt. Könnte das ausschließende Weder-noch also nicht vielleicht ein einschließendes Sowohl-als-auch sein? Daraus würde keine festzuschreibende Position, sondern eine ständige Bewegung resultieren. Sowohl weiblich als auch männlich und zugleich weder weiblich noch männlich, sondern beides durchquerend, an beidem teilhabend, ohne es zu sein, immer auf der Suche nach einem anderen, das als stabile Position indessen nie erreicht werden kann. Das wäre im Grunde die Position von Jess in Feinbergs Roman oder auch diejenige, die Joan Nestle in ihren autobiographischen Texten skizziert, und es wird im folgenden zu fragen sein, ob man Spuren davon nicht auch in älteren Texten finden kann. Das Wandern zwischen den Welten führt nirgendwo hin, sondern ist selbst sein Ziel. Es entdeckt vielleicht neue, unbekannte Welten über die beiden bekannten hinaus: Es bewegt sich in einem Kontinuum an Möglichkeiten und ist auf die beiden vermeintlich stabilen Pole nur noch in letztlich parodistischer Absicht angewiesen.

Die oben skizzierten wissenschaftlichen Auffassungen von der Vermännlichung lesbischer Frauen und der dem heterosexuellen Ehemuster nachgebildeten lesbischen Beziehungsstruktur hatten indessen weitreichende Folgen für die Selbstinszenierung realer lesbischer Frauen und für die Repräsentation von Lesben in den Künsten. Literatur, Film und bildende Kunst machten sich dieses letztlich heterosexuelle Paradigma zu eigen, um lesbische Frauen und Lebensformen zu thematisieren. Andererseits gab es schon zu Beginn dieses Jahrhunderts auch andere Möglichkeiten, lesbische Liebe und lesbische Identitäten zu benennen, ohne sie in das (vermeintliche) Zwangskorsett heterosexueller Repräsentation zu sperren. Wie sich diese verschiedenen Repräsentationen zueinander verhalten und warum sich die eine mehr durchgesetzt hat als die andere, wird im folgenden zu diskutieren sein. Kulturelle Erzeugnisse, wie literarische Texte, Filme oder Gemälde, stellen einen in dieser Hinsicht besonders geeigneten Gegenstand der Untersuchung dar, weil sie die Realität zwar keineswegs widerspiegeln, sich aber mit ihr auseinandersetzen. Sie entwerfen Möglichkeiten und Konzepte, kreieren Bilder, die unter Umständen deutlicher als ein wissenschaftlicher Text über das Aufschluß geben, was eine Zeit bewegt. Auch ein Roman wie Radclyffe Halls ›Well of Loneliness‹/›Quell der Einsamkeit‹, so entschieden und programmatisch er auch auf den ersten Blick erscheinen mag, stellt als literarischer Text eine unaufhörliche Suchbewegung dar. Insofern ist dem Schreibprozeß eine Bewegung eigen, die analog zu der der Maskerade zu verstehen ist.

Hier ist auf eine Unterscheidung hinzuweisen, die meinen bisherigen Ausführungen bereits implizit zugrundelag: die Unterscheidung zwischen den verschiedenen Autorpositionen und den biographischen Autoren. Denn aus wessen Perspektive erzählt wird, ist gerade im Zusammenhang des Themas Maskerade und sexuelle Identität von allergrößter Wichtigkeit. Und daß es sich dabei nicht nur um eine abstrakte implizite Erzählerinstanz handelt, dürfte auch schon im Zusammenhang mit den männlichen literarischen Imaginationen des letzten Kapitels deutlich geworden sein. Spricht jemand aus der Perspektive einer Involvierten und stellt das Schreiben eine Suche nach neuen Identitäten dar, ist das etwas anderes, als wenn jemand von der Sicherheit des dominanten Diskurses aus spricht und die Maskerade als bloßes literarisches Motiv betrachtet, das nach

Belieben eingesetzt werden kann, oft, um letzten Endes den Status quo zu bestätigen. Es muß jedoch betont werden, daß es mir nicht um biologische Geschlechtszuschreibungen gehen kann. Ebensowenig will ich hypostasieren, daß Männer und Frauen, Heterosexuelle und Homosexuelle grundsätzlich verschieden schrieben. Es geht vielmehr um die Subjektposition, die jemand einnimmt, es geht um die kulturellen Verstrickungen, in denen dieses Subjekt sein Schreiben entfaltet, und um die Entscheidungen, die es bezüglich seiner eigenen Zugehörigkeit zu Identitätsmodellen getroffen hat und während des Schreibens immer erneut trifft.[36]

Literarische Entwürfe: Colette, Renée Vivien, Djuna Barnes, Gertrude Stein

»Das Verführerische, das von einem Wesen ungewissen oder verheimlichten Geschlechts ausgeht, ist mächtig.«[37] Der erotische Reiz des sexuell Unbestimmten wird in diesem Satz aus Colettes Essay-Roman ›Le Pur et l'Impur‹ /›Diese Freuden‹ aus dem Jahr 1941 evoziert. (Die Erstfassung des Textes erschien unter dem Titel ›Ces plaisirs...‹ bereits 1932.) Um ihn gruppiert sich eine Vielzahl von Reflexionen über die Homosexualität von Männern und Frauen – Annäherungen, Versuche, das komplexe Thema der menschlichen Erotik schlechthin einzufangen. Nicht umsonst ist hier von »séduction«, Verführung die Rede, und nicht umsonst steht dieser Satz in meinem Kapitel über erotische Maskeraden an zentraler Stelle: ist Verführung doch eine Spannung, eine Oszillation zwischen verschiedenen Zuständen, und nicht etwas Statisches. Verführung ist die Flüchtigkeit schlechthin, sehr real für die erlebenden Personen, aber unfaßbar und immer in Bewegung, nicht definierbar und kaum zu beschreiben; sie wird unter Umständen durch die Erfüllung, also die Erreichung ihres Zieles, gegenstandslos. So scheint sie der Maskerade verwandt, und es ist kein Wunder, daß beide Begriffe von Colette zusammen genannt werden: uneindeutiges Geschlecht kann als maskiertes Geschlecht verstanden werden, und dieses ist, so schreibt sie, am verführerischsten.

Colettes Text selbst hat gewissermaßen den Charakter einer Verführung: Er spricht von Lust – »plaisir« – und läßt die Lust doch immer im Ungewissen; er nennt sie, ohne sie je zu beschreiben; er deutet an und läßt Leerstellen. Nicht Lust findet in diesem Text statt, sondern Verführung und Begehren, und dieses wird in Gang gehalten, weil es nie gestillt (oder weil es enttäuscht) wird. Der Text selbst verführt kraft seiner textuellen Ambivalenz: Er oszilliert zwischen Essay und Roman, Erzählung und Bericht, Interview und autobiographischer Erinnerung, zwischen Fiktion und Authentizität; er hat (scheinbar) weder Anfang noch Ende, ist nicht zielgerichtet narrativ organisiert, sondern flottiert – je nach der Lust. Verschleierung, Desillusioniertheit (= Ent-Schleierung), Diskretion und Täuschung – dies sind Schlüsselworte des Textes, in dem es um Erotik und Begehren und vor allem um geschlechtliche Ambivalenz geht. Sein Motto ist denn auch der am Ende des ersten Abschnitts stehende Satz: »Die verschleierte Gestalt einer scharfsinnigen, skeptischen, in Betrug bewanderten, feinfühligen Frau steht zu Recht an der Schwelle dieses Buchs, das traurig von der Lust sprechen wird.«[38]

Man könnte den Text beschreiben als eine lose Folge von Geschichten über die Lust, »le plaisir«. Erzählt werden sie von einem Ich, in dem man unschwer das biographische Ich Colettes erkennen kann. Was aber konkret über dieses Ich ausgesagt wird, ist wenig und von geringer biographisch-anekdotischer Relevanz; es zählt nur das, was unmittelbar mit dem Thema »plaisir« zu tun hat. Dieses Ich erzählt die Geschichten, die ihm wiederum andere erzählt haben: Geschichten über die Suche nach der Lust und über Erscheinungsformen der menschlichen Erotik: Heterosexualität, weibliche und männliche Homosexualität, Bisexualität. Menschen werden porträtiert im Hinblick auf ihre Sexualität, aufschlußreiche Episoden werden erzählt, charakteristische

Gesten werden beschrieben. In diesen Momentaufnahmen werden Charaktere und Lebensgeschichten erkennbar, ohne daß sie kohärent geschildert oder psychologisch erklärt würden. Daraus ergibt sich ein Kaleidoskop von sehr lebendigen Porträts.

Das erzählende Ich gibt vor, selbst völlig unbeteiligt und außerdem zum Zeitpunkt des Erzählens asexuell zu sein; diese Neutralität macht es zur Voraussetzung seines Erzählens. Es inszeniert sich als Voyeur, als scheinbar unbeteiligtes Ohr und »gefräßiges Auge«[39]. Als Beobachterin flaniert es vermeintlich unbeteiligt – »impassible« – an den Geschichten der anderen vorbei, und es teilt sie auch en passant mit. Die scheinbare Spontaneität wird aber konterkariert durch eine elaborierte narrative Strukturierung des Textes, der nicht zuletzt dadurch hochgradig fiktionalisiert wird, daß die Erzählerin ihre eigenen Reflexionen zum Dreh- und Angelpunkt des Erzählten macht. Keineswegs ist sie nur objektives Kameraauge, das alles aufnimmt, was ihm vor die Linse kommt, sondern natürlich strukturiert ihre Wahrnehmung das Gesehene.

Nicht nur aus autobiographischen Gründen setzt sich die Sprechende explizit als weibliches Subjekt: Sie will mit ihrem Text ein (weibliches) Gegenstück zu Marcel Prousts berühmter, von Colette bewunderter und zugleich kritisierter (männlicher) Schilderung von Sodom und Gomorra geben.[40] Darüber hinaus spielt sie an auf die traditionelle Bestimmung der Frau als aufnehmendes Gefäß, hier in Gestalt der zuhörenden Frau, denn nur einem weiblichen Subjekt gegenüber werden solche »Herzensergießungen« gemacht: »In Gegenwart einer Frau, deren Kälte oder Lasterhaftigkeit ihm Sicherheit verleihen, fließt ein Mann vor Geständnissen über.«[41] Allerdings bleibt sie als Erzählerin keineswegs in der passiven, rezipierenden und reproduzierenden Rolle, sondern macht sich entgegen den geschlechtstypischen Erwartungen – auch hier eine Verkehrung der Geschlechterrollen – zur aktiven Schöpferin, die kreativ ein Eigenes produziert. Denn sie organisiert die fremden Geschichten, indem sie sie erzählt, und macht daraus *ihre* Geschichte. Das sprechende Ich kann als Frau gewisse autobiographische Erfahrungen der Autorin Colette in den Text einbringen, die den Motor des Schreibens als einer Suchbewegung bilden. Die Erzählerin spricht einerseits als Frau, die Erfahrungen mit Liebhabern *und* Liebhaberinnen gemacht hat, andererereseits als vertraute Freundin von männlichen Homosexuellen. Sie legitimiert ihr Reden über so viele »fremde« Geschichten also damit, daß sie sich aufgrund ihrer eigenen vergleichbaren Erfahrungen gewissermaßen einfühlen kann; ihre Perspektive will eine Art von Innensicht sein.[42] Die Gespräche und Beobachtungen werden strukturiert und in Gang gehalten von ihrem eigenen »gut verborgenen Kummer«, einem »entsetzliche(n) Schweigen der Sinne«. Nur weil sie sich zum Zeitpunkt ihres Schreibens selbst erotisch unlebendig fühlt, versucht sie sich im Schreiben »des ganzen Spiels der geschlechtlichen Attraktionen zu bemächtigen«.[43] Nur weil sie selbst nicht direkt, sondern indirekt-erinnernd und zugleich suchend involviert ist, kann sie die »Rolle der undistanzierten Distanz einer Betrachterin«[44] einnehmen. Fast könnte man meinen, mit jener »scharfsinnigen, skeptischen, in Betrug bewanderten, feinfühligen Frau« sei auch die Erzählerin selbst gemeint. Als Voyeurin jedenfalls findet sie eine andere Lust als die der Involviertheit: die Lust der distanzierten Teilnahme, der Stellvertretung.

Der größte Teil des Textes ist der Homosexualität gewidmet – und davon wiederum der größte Teil der weiblichen. Den Auftakt bildet jedoch die Schilderung von Colettes Besuch in einer Opiumhöhle, in der sie Madame Charlotte trifft, jene geheimnisvolle Frau, die sich ihrem jungen Liebhaber hingibt und ihm Lust vorspielt, nicht nur seinem jungen Selbstwertgefühl zuliebe, sondern weil sie im Grunde Angst vor der Selbstaufgabe hat, die die eigene Lust für sie bedeuten würde. Es folgen lange Ausführungen über Don Juan anläßlich der Gespräche mit dem Frauenhelden Damien, der immer auf der Suche nach seiner eigenen Lust ist, die ihm die Frauen angeblich durch ihre Lust nehmen. Von hier wird übergeleitet zum Thema der sexuellen Ambivalenz, das in seinen vielfältigen Ausprägungen den Rest des Textes dominiert. Erst ganz am Ende gibt es erneut eine Anspielung auf eine Mann-Frau-Beziehung, die jedoch unter dem besonderen, letztlich auch homoerotisch grundierten Aspekt entfaltet wird, daß zwei Rivalinnen um die Gunst eines einzigen Mannes sich miteinander verbünden.

Die Homoerotik wird in einer Vielfalt von Facetten gezeigt, die sich gegenseitig ergänzen und zuweilen auch wieder aufheben, aber immer wieder um die Vorstellung sexueller Ambiguität kreisen, von der eingangs bereits die Rede war. So präsentiert sich das sprechende Ich als hermaphroditische Frau, deren geistige (keineswegs äußerlich sichtbare) »Männlichkeit« von heterosexuellen Männern als Gefahr der Homosexualität erkannt und daher gemieden wird:

> Ich spiele nicht auf eines meiner einstigen Erscheinungsbilder an, ein öffentliches Bild, dessen Legende, dessen äußere Details und Kostümierung ich sorgfältig auswählte und zur Schau stellte. [Hier spielt Colette auf ihre Tätigkeit als Schauspielerin und Tänzerin in Music Halls an, die sie teilweise in Männerkostümen ausübte.] Ich meine den echten geistigen Hermaphroditismus, der manche hochbegabte Menschen belastet.[45]

Während der Mann das Männliche in der Frau erkennt und flieht, erkennen Frauen die Frau in ihr: »Allein die Frauen fühlen sich von unserer geistigen Männlichkeit weder beleidigt noch getäuscht«[46], tröstet sie die Schauspielerin Marguerite Moreno, die im nächsten Moment in Schlaf fällt und dabei ihr eigenes hermaphroditisches Wesen enthüllt: »Der Schlaf bringt eine unberechenbare Zahl von Frauen der Form wieder näher, die sie zweifellos gewählt hätten, erhielte sie der wache Zustand nicht in Unkenntnis ihrer selbst.«[47] Dieses »eigentliche« oder unbewußt gewünschte Äußere wird aber keineswegs krude als »männlich« bezeichnet, sondern mit gewissermaßen phantasmatischen Vergleichen verdeutlicht: Marguerite ähnelt dem von Leonardo da

Vinci gemalten heiligen Johannes, Dante oder einem Hidalgo. Es sind also nicht Figuren aus der zeitgenössischen Realität, sondern kulturell tradierte Bildern von – androgyner – Männlichkeit, mit denen die Frauen verglichen werden. Zuweilen wird das »andere« Aussehen dieser Frauen ex negativo evoziert: Schnitte man die Haare ab, verdeckte Brust und Hände – was bliebe dann vom weiblichen Äußeren? So spielt Colette mit den Geschlechtern und meidet doch vorläufig die Falle, sie als binäre Pole zu benennen und fest zu definieren, sondern sie beläßt sie, verführerisch und lustvoll, in einem Raum des Ungefähren und nie ganz Greifbaren, nie ganz Ausgesprochenen und vielleicht nicht Aussprechbaren.

Zu den im Geiste männlichen Frauen, den »wahren« Hermaphroditinnen, gesellen sich indessen jene Frauen, die sich wie Männer kleiden und zu verhalten suchen – »les mâles femmes«. Sie seien, so Colette, im Gegensatz zu den innerlich androgynen Frauen keine wahren Hermaphroditen, sondern Imitate: Kaum merklich und ohne Begründung werden mit einem Male einige der geschlechtlich ambivalenten Frauen (die bisexuellen) als »natürlich« androgyn gezeichnet und positiv bewertet, während andere (tendenziell die lesbischen) als Nachahmungen, ja Fälschungen denunziert werden.

Wie Marcel Proust wählt Colette die, wie sie schreibt, fast ausgestorbene Aristokratie, um das Phänomen der weiblichen Homosexualität zu beschreiben, das sich hier am besten entfalten könne (womit sich Aspekte des Müßiggangs und der Dekadenz mit der sexuellen Orientierung untrennbar vermischen und im Bild der »Chevalière« konzentriert werden). Proust, so Colette, habe ein bewundernswertes Bild von Sodom, der Welt der männlichen Homosexualität, gezeichnet; sein Gomorra (die Welt der weiblichen Homosexualität) sei hingegen eine bloße Phantasie, es gebe dieses Gomorra nicht. Colette setzt ihre (Innen-)Sicht der weiblichen Homosexualität dagegen. Sie kodiert diese auch mit Bildern der männlichen Maskerade (was bei Proust übrigens nicht der Fall ist). Zwar taucht der Gedanke, lesbische Frauen seien grundsätzlich verfehlte Männer, nirgendwo explizit auf, doch wird das bewußte Imitieren des Männlichen jenseits des wahren geistigen Hermaphroditismus ausdrücklich und ausführlich thematisiert.

> Verstehst du, eine Frau, die Frau bleibt, ist ein vollständiges Wesen. Ihr fehlt nichts, selbst bei ihrer »Freundin« nicht. Doch wenn sie es sich in den Kopf setzt, ein Mann sein zu wollen, ist sie grotesk. Was gibt es Lächerlicheres und Jämmerlicheres als einen ... vorgetäuschten Mann?[48]

Eine Liebesbeziehung zwischen Frauen wird nicht mehr prinzipiell mit Hilfe des heterosexuellen Paradigmas erklärt. Im Gegenteil: in dem Moment, in dem eine der beiden Frauen nicht mehr sie selbst, das heißt: ganz Frau sei,[49] sondern sich zum »falschen« Mann mache, werde die bislang glückliche Beziehung zwischen den beiden Frauen traurig. (Man fragt sich an dieser Stelle angesichts des autobiographischen Gestus des gesamten Textes unwillkürlich, ob Colette hier eine nachträgliche Interpretation ihrer sechs Jahre währenden Liaison mit Missy vornimmt, der Marquise de Belbeuf, die Männerkleider und einen männlichen Kurzhaarschnitt trug.) Der Versuch, Mann zu *sein* – so kann man das positiv deuten –, hält die Bewegung der Maskerade an, indem er auf klar definierte und abgrenzbare Positionen setzt, und deswegen wird er als Lüge empfunden. Der Versuch einer mimetisch genauen Imitation zerstört das Spielerische der erotischen Ambiguität, und damit die Maskerade, die das Begehren sichert. Damit ist die Verführung an ihr Ende gekommen – nicht erfüllt, sondern zerstört. Analog dazu wird auch die Verführung durch den Text selbst schal in dem Moment, als die Erzählerin genau zu bestimmen versucht, wie lesbische Beziehungen *sind*. In diesem Augenblick verfällt sie den gesellschaftlichen Vorurteilen und Bildern, die Sexualität zwischen Frauen abwerten, für unmöglich erklären, als Männlichkeitskomplex oder Narzißmus beschreiben.

Während die Sexualwissenschaftler und wenig später Sigmund Freud lesbische Identität aus einem Männlichkeitskomplex herleiteten, hatte die Analytikerin Helene Deutsch in den 20er Jahren eine andere Theorie entwickelt, die zwar das weibliche Moment favorisierte, Lesbianismus aber dafür mit frühkindlicher Regression in Verbindung brachte, mit dem Wunsch nach Rückkehr zur Mutter. Wird weibliche Homosexualität hier zwar vom Stigma des Penisneides und des Männlichkeitskomplexes befreit, so geschieht diese »Rettung« doch weiterhin innerhalb eines heterosexistischen Geschlechterdiskurses, der Weiblichkeit mit Mütterlichkeit gleichsetzt und daher lesbische Identität nur als einen Mangel deuten kann. So entsteht die Vorstellung von der Sterilität lesbischer Beziehungen. Aus einer lesbischen Beziehung gehen gewöhnlich keine Kinder hervor, und Lesben gelten konsequenterweise im dominanten Geschlechterdiskurs nicht als vollwertige Frauen.

Das war übrigens schon literarisch präfiguriert. In Baudelaires ›Femmes damnées‹ /›Verfemte Frauen‹ etwa ist die Rede von der »âpre stérilité de votre jouissance«, der herben Sterilität ihrer Lust. Djuna Barnes setzt in ihrem Roman ›Nightwood‹/›Nachtgewächs‹ dieses Motiv der sterilen Liebe zwischen Frauen bewußt ein und bezieht daraus die Tragik der geschilderten Beziehung zwischen Nora und Robin. Nora liebt Robin, ein »wildes Etwas, eingefangen in die Haut einer Frau«[50]. Robin war verheiratet, hat ihren Mann und ihr Kind verlassen, sie entspricht in keiner Hinsicht dem Bild einer verheirateten Frau und Mutter. Aber auch in der Beziehung zu Nora flüchtet sie andauernd. Sie trinkt exzessiv und verbringt die Nächte in Kneipen und bei anderen Frauen, während Nora zu Hause schlaflos auf sie wartet und unter ihrer Liebe leidet, die wie ein unwiderstehliches Schicksal erscheint. Ihre Beziehung ist eine »Nachtbeziehung«, die beiden Frauen sind als Außenseiterinnen ebenso »Nachtmenschen«, wie auch ihr Freund, der Arzt, ein Transvestit, ein Nachtmensch ist. Die Geschichte von Nora und Robin wird nicht kontinuierlich und kausal erzählt. Sie entfaltet sich vielmehr in einzelnen Szenen, Gesprächen und Monologen, wechselt die Perspektiven und Zeiten. Nie wird thematisiert oder erklärt, warum die beiden Frauen lesbisch sind, der Arzt ein Transvestit, Robins Kind schwachsinnig und Robins Ehemann ein gesellschaftlicher Hochstapler ist. Von Interesse ist nicht, warum sie so sind, sondern daß sie allesamt als Außenseiter und Verlorene erscheinen.

Robin als ewiges Kind ist eine Gegenfigur zur bürgerlichen Norm. Unverantwortlich und ungezähmt, ist sie ein Nachtwesen, das mit »normalen« Maßstäben von Erwachsensein und Frau-Sein nicht zu begreifen ist. Nicht anders als der transvestitische Arzt bewegt sie sich unaufhörlich und nie einholbar an den Rändern des dominanten Diskurses. Noras Leiden wiederum rührt zum Teil daher, daß sie dem dominanten Diskurs zu sehr verhaftet ist. Sie kann an Robins Ausschweifungen kaum teilhaben, sie möchte Dauer und Beständigkeit, möchte ihre Geliebte kennen und an sich binden. Das wird verdeutlicht durch den Vergleich, den sie verwendet, um ihre Beziehung zu Robin zu charakterisieren: Sie trage in sich die »Gemme« von Robins Identität, das heißt, sie hat sich ein statisches Bild gemacht, eine »Versteinerung«[51]. Sich ein Bild von jemandem machen wird gleichgesetzt damit, ihn zu töten. Und so begreift Nora, daß sie Robin nur im Tod festhalten kann: indem sie sie festlegt.

In diesem Roman wird lesbisches Begehren nicht in der Männerkleidung kodiert, wenngleich es von Robin einmal heißt, sie trage ihre übliche Jünglingskleidung. Robin hat Nora einmal eine Puppe geschenkt, und es ist diese Puppe, die lesbisches Begehren symbolisiert und es zugleich als steril und unlebendig charakterisiert:

> Wir schenken einem Kind den Tod, wenn wir ihm eine Puppe schenken; sie ist Sinnbild und Leichentuch. Wenn eine Frau sie einer Frau schenkt, so bedeutet sie das Leben, das sie zusammen nicht führen können: es ist ihr Kind, heilig und profan.[52]

Eine Liebesbeziehung zwischen zwei Frauen wird als steril abgeurteilt, weil sie kein Kind hervorbringen kann, und weil sie eine narzißtische Beziehung zwischen Gleichen sei, die der (sexuellen) Differenz ermangele. Denn obgleich zwei Menschen kaum unterschiedlicher sein können als Nora und Robin, klagt Nora, wenn sie die Geliebte küsse, küsse sie sich selbst. Hier wird aufgrund der biologischen Geschlechtszugehörigkeit eine Gleichheit zwischen den beiden Frauen gesetzt und verabsolutiert, die alle Differenz außer der sexuellen Differenz leugnet und für nichtig erklärt.

Die Beziehung der beiden Frauen wird in ein komplementäres Modell eingeschrieben, das jedoch pervertiert wird. Wenn Robin das Kind ist, muß Nora die Mutter sein. Die »Mutter« aber ist nicht länger die Lebenspendende, sondern sie gibt den Tod, die Versteinerung, indem sie festhält, vereinnahmt, statt gebärend ins Leben zu entlassen. Robin ist das Kind, die Streunerin, die Alkoholikerin, die Promiske, die sich nicht festlegen kann und nicht festhalten läßt; sie ist aber auch der Mann, der der Frau das Kind (die Puppe) gibt, die wiederum das nicht Lebbare repräsentiert und damit das Leben der beiden Frauen als Mangel kodiert. So bleibt, bei aller Ambivalenz der geschilderten Beziehungen und Figuren, der überwältigende Eindruck der des Mangels. Lesbische Liebe wird als unmöglich, frustrierend, als steril und dem Tode verhaftet dargestellt.

Auch Colette setzt der Leidenschaft (»passion«) die Verwandtschaft oder Ähnlichkeit (»parenté«) entgegen. Zum Entfachen der Leidenschaft bedürfe es der Differenz, und Differenz setzt auch sie mit Geschlechterdifferenz gleich. Beziehungen zwischen Frauen werden als unsinnlich charakterisiert, als von zuviel schwesterlicher Nähe und einer Frustration geprägt, die daher rühre, daß Frauen Männer nie vergessen könnten, das heißt, daß in ihren Beziehungen stets etwas fehle. Auch hier wird mit einem Mal ein Mangel – der vermeintliche Mangel an Differenz – zum Charakteristikum lesbischer Beziehungen:

Die starke Ähnlichkeit beruhigt sogar die Wollust. Die Freundin gefällt sich in der Gewißheit, einen Körper zu liebkosen, dessen Geheimnisse sie kennt und dessen Vorlieben ihr eigener Körper ihr anzeigt.[53]

Fatal scheint hier das nur im patriarchal-heterosexistischen Diskurs mögliche Bild von der defizienten Frau auf, der Colette zuvor die zumindest angedeutete Idee von einer autonomen und in ihrer Weiblichkeit vollständigen Frau entgegengesetzt hatte. Hier sind wir weit von jener Erfahrung der Differenz entfernt, die weite Teile von Colettes Roman-Essay als ständige Bewegung des Textes, als Begehren und Verführung, strukturiert. An dieser Stelle mündet er nämlich in ein heterosexistisch geprägtes, polarisierendes und damit das Perpetuum mobile der Maskeraden der Lust und des Begehrens zum Anhalten bringendes Sprechen. Doch auch dies darf man nicht als endgültige Aussage mißverstehen. Denn auch die heterosexuellen Liebhaber und Liebhaberinnen, Charlotte oder Don Juan, die Colette in ›Diese Freuden‹ zuvor hatte zu Wort kommen lassen, erleben keine Erfüllung, sondern lediglich die Suche danach. So ist letzten Endes die Geschlechterdifferenz in diesem Text doch kein Garant von Lust und Leidenschaft. Lust kann immer nur als Maskerade existieren, als etwas, was stets schon anderswo ist und deshalb nie eingeholt werden kann.

Die Figuren in Colettes Text haben fast ausnahmslos etwas Schillerndes, Bewegliches. Das entspricht der Bewegung des Textes selbst nicht weniger als dem, worüber er spricht. Am schönsten wird das versinnbildlicht in der Beschreibung der sapphischen Dichterin Renée Vivien:

Sie gab alles, ohne Unterlaß: an ihren Armen öffneten sich die Armbänder, die Halskette glitt von ihrem Opferhalse … Sie schien sich zu entblättern, ihr nachgiebiger Körper verweigerte jedes fleischliche Relief.[54]

Damit ist ein persönlicher Eindruck eingefangen, der dem Text Colettes kongenial ist. Zugleich vermitteln diese wenigen Worte die Fin-de-siècle-typische Morbidität von Renée Viviens Dichtung, einer Dichtung, die Colette zu Recht als »etwas verspätet« in ihrem Baudelairismus bezeichnet. Im krassen Gegensatz zu Renée Viviens müder, schwermütiger, sich in trauernder Liebe ergehender Fin-de-siècle-Dichtung steht die Art, in der die Dichterin gegenüber Colette über die Lust spricht: »innocente et cruelle«, »unschuldig und grausam«. Sie spricht nicht von Liebe, sondern von der Technik der Lust, und das in einer Art, die Colette abstößt und wohl auch ein Grund dafür ist, daß Colette in ihrem Text nicht über die Lust spricht, sondern über deren Maskeraden, über das Begehren und die Verführung – um die Lust nicht, wie Vivien das tut, in eindeutig benennenden Worten zu töten.

Renée Vivien starb 1909 an Magersucht und Alkoholismus. Sie hat nicht nur Sappho übersetzt und ein neues, von der damaligen klassischen Philologie abweichendes Sappho-Bild begründet, sondern auch mehrere Bände eigener Gedichte publiziert, die die Liebe zwischen Frauen zum Gegenstand haben. Schließlich hat sie auch einen Roman über das Thema veröffentlicht: ›Une femme m'apparut‹/›Mir erschien eine Frau‹ (1903). In diesem lyrisch-erzählenden Text spricht, anders als in der Unterhaltung mit Colette über die Lust, die »Dichterin, die die Blässe der Liebenden, das Schluchzen und die trostlosen Morgendämmerungen besingt«.[55] Das lesbische Subjekt, das über lesbische Themen redet, ist als Autorposition unverkennbar; und trotz seiner Bemühung, Stimmungen zu evozieren, statt sie auszusprechen, ist der Roman doch erheblich direkter als etwa Colettes ›Diese Freuden‹. Der Text ist insofern modern, als er eine Mischform darstellt: lyrische Passagen, Reflexionen und Briefe gehen mit der Romanform eine enge Verbindung ein; dem Anfang jedes Kapitels sind einige Notenzeilen vorangestellt, die auf die spezifische Stimmung des Kapitels verweisen sollen.[56] Autobiographische Anspielungen verbinden sich mit dem Spiel der Imagination und mit literarischen Zitaten. Indessen wirkt der Text insgesamt leicht angestaubt in Samt und Plüsch (der Roman entfaltet eine Wirkung vergleichbar der von Viviens überladener und stets dunkler Wohnung, wie Colette sie beschrieben hat).

Mindestens so sehr wie Viviens persönliche Liebesbeziehung zu Natalie Barney haben Imaginationen und Bilder, die sich aus der dekadenten Dichtung speisen, auf den Roman eingewirkt, der darüber hinaus ohne den von Vivien und Barney initiierten Sappho-Kult kaum denkbar wäre.[57] Anders als in Colettes Text, anders auch als in Aimée Ducs programmatischer Erzählung ›Sind es Frauen?‹ spielt in Viviens Roman die Frage nach der »Vermännlichung« der frauenliebenden Frauen überhaupt keine Rolle. Ihre Frauen sind vollkommen »weiblich«, ohne dies je in Frage zu stellen; Liebe und Begehren sind nicht auf Männlichkeit angewiesen, um sich artikulieren zu können. Eher sind sie der Tradition der dämonischen lesbischen Frau zuzuordnen – einer Männerphantasie, die die Fin-de-siècle-Dichtung hervorgebracht hatte. Die grausame, ungreifbare Vally etwa verkörpert einerseits eine subjektive Interpretation Barneys durch die betroffene Vivien, aber sie ist nicht minder eine ins Lesbische gewandte Variante der im Fin de siècle so beliebten Figur der Femme fatale. Zwar macht Vivien sich diese literarisch präformierten Typen zu eigen, das heißt, die Männerphantasien werden bei ihr zu einer dekadenten Frauenphantasie. Dennoch bleiben die geschilderten Frauen artifizielle Kunstgestalten. Von dieser Dekadenz geprägt ist auch die spezifische Gestaltung des Androgynie-Motivs in der ätherischen Figur von San Giovanni, einer Dichterin, die ihren Namen von Leonardos Bildnis des heiligen Johannes hat (dieses Bildnis wird, wie erinnerlich, auch bei Colette genannt). In mancher Hinsicht kann diese Figur als Sprachrohr der Autorin gelten, zumindest was ihre poetologischen Äußerungen angeht. Sie hat jedoch nichts mit männlicher Verkleidung oder der Übernahme männlicher Motive zu tun, sondern ist eher als geschlechtslose Figur konzipiert, als »jungfräulich« im Sinne Viviens, das heißt unberührt vom Mann.

Damit entspricht sie im großen und ganzen jenem androgynen Sapphismus, den Vivien mit Natalie Barney und deren elitärem Kreis zu leben suchte. Davon legen auch die Fotos der beiden Frauen aus der Zeit um die Jahrhundertwende Zeugnis ab: Vivien wirkt darauf pagenhaft-androgyn, nicht männlich verkleidet. Das Spiel mit Geschlechterrollen drückt eher die Distanz der Frauen von den traditionellen Geschlechterrollen aus und ist zudem im Zusammenhang mit ihrem Versuch der Ästhetisierung des Lebens im Fin de siècle zu sehen.

Der Rekurs auf heterosexuelle Lebensmuster und Bilder verbietet sich für Vivien nicht zuletzt aufgrund ihres Hasses auf die als unrein empfundene Heterosexualität und die damit verbundene Fortpflanzung. Die Heterosexualität ist es, die ihr als Perversion gilt, nicht die Homosexualität. Auf die selbstgefällige Aussage eines Mannes, der der androgynen San Giovanni erklärt, sie werde sich nicht auf Dauer der »unwiderstehlichen männlichen Anziehungskraft« entziehen können, sondern ihre »Liebeskarriere sicher in den Armen eines Mannes« beenden, erwidert die Erzählerin »in zutiefst schockiertem Ton: ›Dies wäre eine unnatürliche Verirrung, mein Herr. Ich schätze unsere Freundin zu sehr, um sie einer anormalen Leidenschaft für fähig zu halten.‹«[58] In dieser (der einzigen wirklich komischen) Passage des Romans gelingt in aller Selbstverständlichkeit jene Umkehrung der Verbindlichkeit von Normalität und Perversion, Homosexualität und Heterosexualität, die in den postmodernen Diskussionen verändert als die Frage nach Original und Imitation wieder auftaucht.

Es gibt demnach schon in der ersten Hälfte des 20. Jahrhunderts mehrere Möglichkeiten, lesbische Identitäten und lesbisches Begehren literarisch zu kodieren. Die männliche Maskerade war keineswegs die einzige, wenngleich sie anscheinend die beliebteste war. Anna Elisabeth Weirauchs Roman ›Der Skorpion‹[59] (1919) kommt jedoch ebensogut ohne die Idee einer Imitation heterosexueller Modelle aus wie beispielsweise viele Erzählungen aus der Zeitschrift ›Die Freundin‹ und Renée Viviens Texte oder Gertrude Steins ›Q.E.D.‹ (1903). ›Q.E.D.‹ vermeidet es, die dargestellte (Dreier-)Beziehung zwischen Frauen als lesbische zu markieren, so offensichtlich erotisch diese Beziehungen auch sind. In einer geschlechtsneutralen Sprache, die sich jeder Vereinnahmung als »weibliches Schreiben« entzieht, wird das Dreiecksverhältnis nicht als »erotische Intrige«, sondern als »Bühne für Machtspiele« dargestellt.[60] Diese Machtspiele laufen, so vermittelt der Text, zwischen Menschen beiderlei Geschlechts und nicht speziell zwischen Frauen ab.[61] Auch die weiblichen Körper werden nicht in Kategorien von Lust oder Geschlecht beschrieben, sondern als Zeichen für psychische und nationale Identitäten eingesetzt. Und nicht einmal andeutungsweise wird das Moment der Imitation männlicher Modelle ins Spiel gebracht.

Gertrude Stein betrieb eine gewisse Maskerade im Leben – nicht nur durch ihr für die damalige Zeit vermännlichtes Äußeres, sondern vor allem auch, indem sie sich selbst »männliche« Schöpferkraft zuschrieb, die Frauen gewöhnlich, wie sie meinte, abging. Ihr Jahrzehnte währendes Leben mit Alice B. Toklas ist immer wieder, ob zu Recht oder zu Unrecht, von der Um- und Nachwelt wie eine Ehe mit klassischer Rollenverteilung beurteilt worden. Catharine Stimpson hat die Art und Weise, wie die Um- und Nachwelt Steins Körper (zum Beispiel ihre Körperfülle) beschrieb, als »subtiles Manöver« gekennzeichnet, das unter anderem den Zweck habe, ihr Anderssein anzudeuten, ohne es öffentlich und offen auszusprechen (das sei erst nach ihrem Tode 1946 geschehen): »Man konnte von einem Körper reden, aber nicht von einem offen erotischen. Man konnte einige Monstrosität zeigen, aber nicht zuviel.«[62] Stimpsons Beschreibung der Wirkung von Gertrude Steins Körper klingt an meine Beschreibung von Maskerade an:

> Denn ihr Körper – seine Größe, die Augen, die Nase, Schweiß, Haar, Lachen, Backenknochen – war fremdartig, war eine ungewöhnliche Erscheinung und gleichzeitig außergewöhnlich, eine belebende Erscheinung. Zunehmend gleichgültig gegenüber »femininen« Normen von

> Kleidung, Stil und Benehmen, schien Stein sich so zu verhalten, als sei diese Fremdartigkeit – wie ihr Schreiben selbst – eher außergewöhnlich als fremdartig, originell und richtig zugleich.[63]

Stein imitiert keine Männer, sondern ist eben *anders,* weder in den Kategorien traditioneller Weiblichkeit noch in denen von Männlichkeit zu fassen, und doch an beiden teilhabend. Das hat ihre Zeitgenossen bereits irritiert. Was an Steins Äußerem mit ihrem schweren Körper und den wallenden Kaftanen ungewöhnlich wirken mochte, war doch so ganz anders als jene schlanke, schmalhüftige, kleinbrüstige und in Männeranzüge gekleidete »Männlichkeit«, die seit den sexualwissenschaftlichen Beschreibungen und dem Roman ›The Well of Loneliness‹ als

›Porträt Gertrude Stein‹ (1926) von Man Ray

lesbisch erkennbar war. Den Kritikern fehlten die Konzepte, um eindeutige Aussagen zu machen. Hier zeichnet sich ein Phänomen ab, das in den 20er Jahren für die (Selbst-)Repräsentation lesbischer Frauen an Bedeutung gewinnt, ein Prinzip der Mischung nämlich, der Zusammenstellung heterogener Elemente, die eine genaue Zuordnung des Repräsentierten gemäß Maßstäben der dominanten Kultur stören.

Die Porträts der Romaine Brooks

Das Prinzip der Mischung von Elementen zur Erzeugung einer Uneindeutigkeit sowohl der Geschlechtszugehörigkeit als auch der gesellschaftlichen Zugehörigkeit generell wird deutlich vorgeführt in dem ›Selbstporträt‹ der Malerin Romaine Brooks aus dem Jahr 1923. Die 1874 geborene Romaine Brooks war eine der legendären »Amerikanerinnen in Paris«. Sie war lange Jahrzehnte mit Natalie Barney befreundet und viele Jahre auch mit ihr liiert. Zu deren Salon gehörte sie wegen ihrer angeblichen Menschenfeindlichkeit jedoch nur am Rande – auch, weil sie die Promiskuität Barneys nicht ertragen konnte. Doch erst kurz vor ihrem Tod im Jahre 1970 trennte sie sich endgültig von der langjährigen Geliebten, weil sie deren letzte große Affäre mit einer viel jüngeren Frau nicht mehr tolerieren wollte.

Ihre Malerei betrieb Romaine Brooks mit Leidenschaft, aber nicht zum Broterwerb, so daß sie es sich leisten konnte, genau so zu malen, wie sie wollte.[64] Ihre Formensprache ist vom Jugendstil, die Atmosphäre ihrer Bilder vom Fin de siècle beeinflußt; aber Brooks entwickelt daraus etwas unverwechselbar Eigenes. Die Linienführung ist exquisit und dominiert die Bilder, die Farben unterstützen die stark lineare Wirkung, sie umfassen sämtliche Schattierungen von Braun und Grau. Der Graf Montesquieu, einer der größten Dandys des Paris der Jahrhundertwende und unter anderem Vorbild für Marcel Prousts M. de Charlus, soll Brooks wegen ihrer fast unheimlichen Fähigkeit, das Wesen einer Person im Porträt zu erfassen, »Seelendiebin« genannt haben.

Auf ihrem ganz in Braun-Grau-Tönen gehaltenen Selbstporträt[65] steht eine Halbfigur vor einer angedeuteten Landschaft, fast frontal zu den Betrachterinnen und Betrachtern, und blickt diese an – was man zunächst sogar übersehen mag. Denn die Augen der Figur liegen im Schatten der Krempe eines männlich anmutenden, an einen kurzen Zylinder erinnernden Hutes. Die Augen werden also verschleiert, aber zugleich werden sie durch intensiv glänzende aufgesetzte Lichtpunkte wieder betont, und der Blick aus diesen Augen ist durchdringend. Letzten Endes fällt das, was im Schatten liegt, am meisten auf, zumal dieser Schatten nicht »realistisch« ist. Denn angesichts der düsteren, sonnenlosen Landschaft ist es fraglich, woher ein solch starker Schatten kommen sollte.

Die Figur ist lässig gekleidet, der Kragen des weißen Hemdes unter der sportlichen Jacke ist geöffnet; die Jacke selbst ist nur mit einem Knopf zugeknöpft. Ein Körper ist unter dieser Kleidung kaum zu erahnen. Aus dem rechten Jackenärmel lugt ein Stück der Manschette. Nur die rechte Hand der Gestalt ist zu sehen; sie steckt in einem Lederhandschuh, der Daumen ist lose an die Knopfleiste der Jacke gelegt. Der Anzug wirkt männlich, vor allem wegen des Hemdes und wegen der dunklen, leicht militärisch angehauchten Jacke mit ihren Knöpfen auf der rechten Seite. Auch der Hut ist keineswegs ein Hut, wie ihn Damen in den 20er Jahren trugen. Allerdings ist er auch kein konsequent strenger Männerhut, denn dazu ist er zu breit, und die Bänder über seiner Krempe, so streng sie sind, gehören nicht auf einen klassischen Herrenhut. So wird der Eindruck von Männlichkeit gebrochen – oder anders ausgedrückt: der Eindruck von Männlichkeit, den dieses Bild erzeugt, wird beständig durchkreuzt von einem Eindruck von Weiblichkeit. Das Bild präsentiert beide Eindrücke als fragmentarische und widersprüchliche; es erzeugt Inkohärenzen.

›Selbstporträt‹ (1923) von Romaine Brooks

Das Gesicht der Figur ist schmal, klar gezeichnet, aber nirgendwo eckig. Der Ausdruck ist konzentriert. Der Mund ist harmonisch geschwungen, die Mundwinkel sind andeutungsweise nach oben gebogen, allerdings kann von einem Lächeln keine Rede sein. Diese Betonung des Mundes und seine Darstellung in einer weichen Formensprache wäre für ein Herrenporträt eher ungewöhnlich. Die »brennenden«, keineswegs unfreundlichen Augen wurden schon beschrieben; unter ihnen sind Tränensäcke angedeutet. Kein Bartwuchs ist in diesem Gesicht zu erahnen. Die Schultern der Figur sind schmal und abfallend, und die Haare (von denen man nicht viel sieht) scheinen zu lang für einen Herrenhaarschnitt. Die Haltung der Figur ist gerade und doch lässig und gewissermaßen weich, so wie auch das Gesicht trotz seiner klaren und bestimmten Linien um den Mund und die Augen etwas Weiches hat. Die Kleidung der Figur ist leger, fast unordentlich; sie läßt darauf schließen, daß es der Trägerin mehr auf Bequemlichkeit als auf Repräsentativität oder Eleganz ankommt. Dagegen ist der Hut – zumindest dieser Hut – eher ein Zeichen für korrekte Kleidung.

Das alles sind nun keine eindeutigen Indizien für die sexuelle Ambivalenz der dargestellten Person. Jedoch können im historischen Kontext die Widersprüche des Gemäldes als Verweise darauf gedeutet werden. Gerade in seiner Nicht-Eindeutigkeit liegt der Reiz dieses Porträts, das unzweifelhaft eine Frau darstellt – wie uns ja auch der Titel eindeutig mitteilt –, aber eine Frau, die sich den Normen der Ikonographie von Frauendarstellungen entzieht und ihre eigene Formensprache entwickelt hat.[66]

Das Prinzip der Mehrdeutigkeit in der Darstellung frauenliebender Frauen kann bis zur Karikatur gehen. Die Vorstellung einer queeren Identität wird anschaulich gemacht, und zwar als ausgrenzender dominanter wie als selbstrepräsentativer queerer Diskurs. Betrachtet man Romaine Brooks' Porträt von Una, Lady Troubridge, der Lebensgefährtin Radclyffe Halls,[67] so fällt das fast Karikaturistische daran auf. Eine dünne, hochaufgerichtete Gestalt steht halbfrontal, blickt die Betrachterin aber direkt an, und

›Una, Lady Troubridge‹ (1924) von Romaine Brooks

zwar mit durchdringendem Blick. Dieser Eindruck wird durch die gerunzelten Brauen und vor allem durch das Monokel, das sie im rechten Auge trägt, erzeugt. Die Figur ist bis zum Knie zu sehen, sie läuft gewissermaßen aus in zwei Dackeln auf einem Podest vor ihrem Knie, die der Figur eine Art optischer Standfestigkeit verleihen. Una trägt einen strengen Bubikopf, der zwar damals als männlich galt, sie aber eindeutig als Frau ausweist, denn es war ein Frauenhaarschnitt für die emanzipierten neuen Frauen. Hinzu kommt ein Perlenohrring. Dazu trägt sie Männerkleidung (und das männliche Monokel): ein weißes Hemd mit hohem steifem Kragen und dunklem Binder, einen Cutaway und die dazu gehörende gestreifte Hose. Die Figur der Frau ist etwas zu dünn und linear stilisiert (man ahnt keinen Körper unter der Männerkleidung), der Hals etwas zu lang, der Bubikopf zu akkurat, die sichtbare Hand, die einen Hund am Halsband festhält, etwas zu grob, die Hunde etwas zu auffällig plaziert. Die schmalen Schultern der Frau fallen ab, sie wirken nicht »männlich« breit und gerade, und der Mund ist zwar fest geschlossen, aber dafür ein wenig zu weich und geschwungen. Das Monokel mitsamt dem dunklen Band, an dem es hängt und das sich auffällig von der Hemdbrust abhebt, beherrscht das ganze Bild und verleiht ihm eine offensive, ja aggressive Wirkung: Wir, die wir das Bild betrachten, werden unsererseits unverwandt und nicht sehr freundlich angestarrt. Dieser Eindruck wird unterstützt durch die Position der beiden Hunde, die, quasi zu Füßen der Herrin, von ihr mit festem Griff am Platz gehalten werden und zu ihr aufblicken.

Die so erzeugte Aggressivität steht in auffallendem Gegensatz zu der trotz ihrer Geradheit zögerlichen, unbestimmten Haltung der Figur. Die Widersprüche werden betont statt verwischt: Das Porträt steht zwischen Weiblichem und Männlichem; zwischen Bestimmtheit und Unbestimmtheit; zwischen den kurzbeinigen, Ländlichkeit suggerierenden und nicht sehr modischen Dackeln und der städtischen, korrekten Männerkleidung ihrer Herrin; zwischen Vertikale (die Figur Unas) und der Horizontalen (die durch die beiden Dackel ins Bild kommt).[68]

Solche Darstellungen können deshalb zuweilen skurril wirken, weil sie gewisse Züge überzeichnen, und zwar in der Regel diejenigen, die einen Riß deutlich machen, der durch die Geschlechtsidentität einer Person geht – nota bene: durch das, was in einem bestimmten historischen Moment als Geschlechtsidentität definiert ist. Mehr oder weniger deutlich ist dieser Riß in fast allen Darstellungen einer männlich gekleideten Frau zu erkennen, ob sie skurril wirkt oder nicht. Aber dieser Riß ist es, der die Maskerade als solche erkennbar macht, ohne daß er auf ein Dahinter verwiese. Man kann das Bild entweder im Sinne einer palimpsestartigen Schichtung erklären, von denen keine Schicht wichtiger als die anderen ist, oder man kann das Phänomen als gleichzeitiges verstehen. Wie dem auch sei: fast immer ist in der männlichen Aufmachung noch das »andere«, die Frau, zu erkennen, die in dieser Perspektive aber längst auch verändert ist und nicht mehr der dominanten weiblichen Norm entspricht. So ist die Verkleidung Frau und Mann, beides zugleich und doch keines von beiden. Die Verkleidung lebt aus und in der Spannung zwischen den Geschlechtern, ohne sich in ihnen zu erschöpfen. Das erst macht sie ja zur Maskerade, die hier noch einen anderen Sinn erhält als in der »normalen« geschlechtertauschenden Maskerade, die in den beiden vorangehenden Kapiteln dargestellt wurde, denn sie wird zum Dreh- und Angelpunkt der kulturellen Repräsentationen *anderer* als der vom dominanten Diskurs vorgegebenen Identitäten. Die Liminalität, von der Victor Turner spricht, wird hier zum entscheidenden Moment, denn nur in der Liminalität kann Neues entstehen – beziehungsweise die Phase der Liminalität ist das eigentlich Neue.[69]

Auch Colette schildert eine solcherart »verkleidete« Frau:

> Eine (...) Photographie zeigt sie uns im Herrenanzug, korrekt gekleidet mit einigen Spuren schlechten, das heißt weiblichen Geschmacks. Der Zipfel des aus der Brusttasche hervorsehenden Einstecktuchs ist um zwei Fingerbreit zu lang. Die Spitzen, die Fläche des Revers sind nicht ganz ein-

wandfrei, desgleichen die Schuhe. Man spürt, daß die unter der unbedeckten Stirn des falschen Mannes gefangene weibliche Phantasie es bedauert, sich nicht in Jabots, in Bändern, in seidigem Stoff verausgaben zu können ...[70]

Colette spricht hier zwar gewissermaßen verurteilend, also letzten Endes vom sicheren Ort der normativen Identität aus, die vorschreiben möchte, daß Weibliches und Männliches klar voneinander geschieden und in sich vollständig sein sollen.[71] Dennoch ist diese Passage charakteristisch, denn sie beschreibt so genau wie die Gemälde von Romaine Brooks das Heterogene, den Prozeßcharakter und das immer Flüchtige der geschlechtertauschenden Maskerade. Die lesbische Maskerade will eben nicht vorgeben, daß eine Frau ein Mann sei, sondern sie möchte etwas anderes: sie sucht eine andere Identität, ein anderes Begehren zu kodieren. Damit vermag sie auch zum Erkennungszeichen zwischen Lesben und Schwulen zu werden, denn nur die heterosexuelle Welt könnte einer solchen Verkleidung glauben, wie Joan Nestle unmißverständlich klarmacht: »Das wort ›passing‹ wird hier verwendet, um eine lesbische Frau zu bezeichnen, die für die heterosexuelle Welt wie ein Mann aussah.«[72]

Allerdings: Während Brooks' Selbstporträt, nicht anders als ihr Porträt von Una, Lady Troubridge, Signale für Weiblichkeit einsetzt, entzieht sich die auf dem Gemälde ›Peter, a Young English Girl‹ dargestellte Person der Zuordnung zum Weiblichen ganz, solange man den Titel nicht kennt. Die auf diesem Gemälde dargestellte Figur scheint fast unzweifelhaft ein sehr magerer, sehr junger und etwas androgyner Jüngling zu sein.[73] Hier entsteht der Widerspruch durch den Gegensatz zwischen dem visuell Dargestellten und dem Titel, der wiederum in sich widersprüchlich ist, da er einen Männernamen mit der Geschlechtsbezeichnung »Mädchen« kombiniert.

Ob sie karikierend überzeichnen oder Zeichen der gewohnten Ikonographie nur heterogen zusammenfügen: lesbische Frauen in der ersten Hälfte des 20. Jahrhunderts stellten sich und andere

›Peter, a Young English Girl‹ (1923–24) von Romaine Brooks

tendenziell nicht in traditionell weiblicher Aufmachung und Pose dar, wenn sie als anders sichtbar werden wollten. Indem das heterosexuelle Paradigma also Bilder zur Verfügung stellte, diente es gleichsam als Katalysator bei der Entstehung von lesbischem Selbstbewußtsein und von Repräsentationen lesbischen Begehrens, die sich anscheinend erst von hier ausgehend »emanzipieren« konnten, indem sie sich die dominanten und als Verurteilung gemeinten Bilder überzeichnend zu eigen machten. Insofern ist es fraglich, ob man diese Bilder, auch wenn man die historische Perspektive einnimmt, als »geborgte« bezeichnen, das heißt, sie als Imitation verstehen kann. Man kann sie ebensogut als eigenständige Bilder und Zeichen deuten, die einen Ausbruch aus normativen Identitätsbildern ermöglichten. Denn die männlichen Frauen wollten ja selten (wie) Männer sein. Sie führen im Gegenteil vor, daß nicht im traditionellen Sinne »weiblich« sein nicht notwendig bedeutet, daß man männlich sei.

Die 20er Jahre in Berlin

Zu denselben Schlüssen kommt man, wenn man Bilder von Jeanne Mammen (1890–1976) betrachtet. Sie war die Chronistin der Berliner Frauenclubs der 20er Jahre. Das Berliner Nachtleben war berühmt für seine lesbische Subkultur; in keiner anderen europäischen Stadt hat es Vergleichbares gegeben. Damenbars und Damenclubs gaben Frauen Gelegenheit, sich zu treffen und unter sich zu sein. Jeanne Mammens Bild ›Im Damenclub‹ schildert eine einschlägige Szene und verdeutlicht zugleich, wie die Männerdomäne der Clubs auch den Frauen zugänglich gemacht werden kann. Die dargestellten Frauen sind »männlich« aufgemacht und frönen solchen Beschäftigungen, die bis dato in der Öffentlichkeit Männern vorbehalten waren. Drei Frauen sitzen kartenspielend und rauchend um einen Tisch, eine vierte steht mit über der Brust verschränkten Armen daneben. Alle tragen

Kurzhaarschnitte, und zwei tragen Fräcke oder frackähnliche Kleidungsstücke mit durchgeknöpften Frackhemden darunter; bei den beiden anderen ist dieser »männliche« Stil ein wenig abgemildert und weiblichen Kleidern anverwandelt. Den Hintergrund bilden zwei zeitungslesende Frauen und ein Garderobenständer, der mit Mänteln und Zylindern beladen ist.

Die dargestellten Frauen sind ähnlich heterogen wie die von Romaine Brooks porträtierten. Jeanne Mammens Stil ist indessen deutlich von der Karikatur beeinflußt: Die Flächigkeit der Bilder, die Charakterisierung der Figuren mit wenigen Strichen, die starke Hervorhebung hervorstechender Charakteristika unter Verzicht auf detaillierte Ausführung – alles das sind Darstellungsmittel der Karikatur. Die Frauen auf dem Bild sind deut-

›Im Damenclub I‹ von Jeanne Mammen

lich als Frauen zu erkennen, aber sie tragen elegante Männerabendkleidung. Dieser strenge Stil wird zum »Markenzeichen« der emanzipierten, schicken und frauenorientierten Frauen der 20er Jahre. In einem Roman aus der Zeitschrift ›Die Freundin‹ aus dem Jahr 1928 werden die Besucherinnen eines »Damenclubs« beschrieben (dieser Text ist, zusammen mit einer Reihe anderer zeitgenössischer Texte aus dem Umkreis der Zeitschrift ›Die Freundin‹ sowie der Beschreibung einschlägiger Clubs von Ruth Roellig, unter dem Titel ›Lila Nächte‹ von Adele Meyer wieder zugänglich gemacht worden; auf diese Zusammenstellung beziehe ich mich im folgenden):

> Ein Teil der Klubinsassen, und das sind meist die der eingeprägten Intelligenzen, die, von denen man spricht, mit denen sich die Welt, ob sie will oder nicht, häufig befassen muß, lehnt sich im Aussehen ganz an das des Mannes an. Die andere Gruppe, zumeist in Begleitung der Männlichen, kleidet sich indessen modisch weiblich, oft etwas gesucht modern; es sind solche, von denen man nicht spricht, über die kein Mensch etwas Besonderes sagen kann.[74]

Das Wort »männlich«, mit dem hier und in vergleichbaren Texten das Aussehen dieser Frauen bezeichnet wird, ist offensichtlich eine Hilfskonstruktion, um deren Emanzipiertheit, Selbständigkeit und wissenschaftliche Begabung zum Ausdruck zu bringen. Der Text setzt also lesbische Frauen mit emanzipierten und wissenschaftlich hochbegabten Frauen gleich – so wie lesbische Frauen bei Colette mit der Aristokratie und bei Renée Vivien mit Künstlerinnen identifiziert werden. Keine dieser Frauen will aufgrund einer Unzufriedenheit mit dem eigenen Geschlecht Mann sein oder Männer imitieren; sie wollen nur, so suggeriert der Text, ihre zum Teil außerordentlichen Begabungen entfalten und ihren beruflichen und privaten Neigungen nachgehen.[75] Die männliche Kleidung ist Ausdruck dieses Wunsches nach Selbstbestimmung und nach einer anderen, interessanteren Weiblichkeit, als die traditionellen Leitbilder es vorsahen. Daß die Beziehungen solcher Frauen zu anderen Frauen aber tendenziell durchaus einer kleinbürgerlichen Ehe nachempfunden sind, da die »Weibchen« geradezu als Karikatur einer verängstigten, unemanzipierten und völlig uninteressanten Durchschnittsehefrau gezeichnet sind, die von ihren überlegenen Partnerinnen ebenso unfreundlich behandelt werden wie sonst von (Ehe-)Männern, wird als notwendige Komplementarität geschildert. Insofern ist eine Neigung, Frauenbeziehungen nach dem Muster von heterosexuellen Ehen zu imaginieren, unverkennbar. Nur zuweilen scheinen Tendenzen zu gleichberechtigten Partnerschaften auf, so etwa, wenn eine der Intelligentesten von allen ihre »Ehefrau« verstößt und sich einer Künstlerin zuwendet, mit der sie eine Seelenverwandtschaft verbindet.

In der Einführung zum 1928 erschienenen Büchlein ›Berlins lesbische Frauen‹ heißt es:

> Im allgemeinen fällt im Straßenbilde Berlins die homosexuelle Frau selbst für den scharfen Beobachter wenig auf, es sei denn, daß der virile, mehr männlich geartete Part »streng« gekleidet geht. Gewöhnlich wird diese Tracht nur des Abends in geschlossenen Räumen getragen, aber hin und wieder, wenn auch ziemlich selten, begegnet man ihr auch in der Öffentlichkeit. Meistens kleiden sich diese schlanken, oft sehr eleganten Gestalten in ein schwarzes Tuchkostüm, bestehend aus engem, glattem Rock und herrenartigem Jackett, haben darunter eine seidene Hemdbluse mit Kragen, Manschetten und Schlips, wozu sich neuerdings auch das obligate Monokel gesellt, eine kleine Extravaganz, die selbst in der vornehmen Bürgergesellschaft Eingang gefunden hat. Dazu wird der glatte Etonkopf bevorzugt, und man kann durchaus behaupten, daß der Anblick dieser etwas vermännlichten, schlichten Frau nicht unsympathisch wirkt, zumal, wenn ein junges, intelligentes Gesicht dazu gehört. Schlichtheit im Anzug ist überhaupt der Vorzug der lesbischen Frau.[76]

Hier wird, wie in vielen anderen Texten der Zeit, eine Lanze für die Autonomie lesbischer Liebe gebrochen, die keineswegs, wie das bekannte Vorurteil es wolle, aus unglücklichen Erfahrungen mit Männern resultiere, im Gegenteil: »bekanntlich ist die Liebe gleichgeschlechtlicher durchschnittlich leidenschaftlicher und inniger als diejenige heterosexueller Paare.«[77] Als »männlich« gilt hier eine Mode, die männlichen Linien und Formen angenähert ist. Von »passing« kann keine Rede sein, vielmehr sind diese männlichen Elemente in die klar als solche erkennbare Frauenkleidung übernommen worden. Als »männlich« wurden übrigens auch die Mode Coco Chanels und überhaupt die modischen Tendenzen der 20er Jahre mit ihren schlichten Kleidern und kurzgeschnittenen Haaren betrachtet. Es bedurfte einiger Jahre, bis solche Etikettierungen nicht mehr notwendig waren, da das Publikum sich an die neue Linie gewöhnt hatte, sie nunmehr als durchaus weiblich empfand und gar nicht mehr auf die Idee kam, sie könne »männlich« wirken.

Maskenbälle waren unter den lesbischen Frauen besonders beliebt, denn sie ermöglichten ein noch freieres Spiel mit Verkleidungen als die Clubbesuche. Sie brachten zudem jenes spielerische, hedonistische und zugleich demokratische Moment ein, das man in den politischen und sexualwissenschaftlichen Texten der Zeit, auch in Radclyffe Halls Roman ›Quell der Einsamkeit‹ oder in Renée Viviens Texten, vermißt. Jeanne Mammens ›Sie repräsentiert‹ zeigt ein Frauenpaar inmitten einer ausgelassenen Ballgesellschaft. Die vordere trägt Hose und Weste, keinen Frack, aber Schal und einen verwegen schief aufgesetzten Zylinder. Die Hände auf die vorgeschobenen Hüften gestemmt, blickt sie, mit einer Zigarette im Mundwinkel, mit leicht zusammengekniffenen Augen herausfordernd aus dem Bild – eine androgyne Gestalt, halb Jüngling, halb junge Frau (der Busen ist sichtbar), und in keinem Falle eine elitäre Gestalt wie die von Romaine Brooks Porträtierte, sondern eher eine junge Frau »aus dem Volke«. Darauf verweisen ihre Haltung und ihr Blick, die schmalen Augen, der schmale Mund und die Art, wie sie die Zigarette im Mundwinkel hängen hat. Darauf verweist auch ihre Freundin, eine Rothaarige mit winzigem gelbem Hütchen, geschlossenen Augen und halbgeöffnetem Mund, im dekolletiertem Abendkleid. Einen Arm legt sie um ihre Freundin, mit dem anderen schwenkt sie eine Luftschlange. Das Bild erinnert deutlich an Toulouse-Lautrecs Bildnisse aus dem Theater- und Prostituiertenmilieu: Farbgebung und Linienführung, die flächige, auf die prägnante Hervorhebung charakteristischer Einzelheiten konzentrierte karikaturistische Darstellung sind Jeanne Mammens und Toulouse-Lautrecs Bildern gemeinsam. Diese Ähnlichkeit trägt zusätzlich zu dem Eindruck bei, daß es sich bei den Dargestellten nicht um Damen von Welt handelt.

Auch hier wird Heterogenes zusammengefügt. Schon die Kostümierung der Frau im Vordergrund führt das geradezu programmatisch vor. Sie trägt elegante Herrenabendkleidung, hat sie aber modifiziert: der wichtigste Bestandteil, der Frack, fehlt –

›Sie repräsentiert‹ von Jeanne Mammen

kein Mann würde in der Öffentlichkeit den Frack ausziehen. Dieser Überraschungseffekt wird noch verstärkt durch den Eindruck, daß die Gestalt kein Hemd trägt, sondern nur dessen Manschetten. Insgesamt wird so auf spielerische Weise eine reizvolle Hybridisierung der absolut korrekten und offiziellen Männerbekleidung erreicht. Daß die dargestellte Frau nicht vorgibt, ein Mann zu sein, ist demnach offensichtlich. Indem sie männliche Kleidungsstücke auf ungewohnte Weise kombiniert und dadurch wieder auf ihren weiblichen Körper verweist, erotisiert sie die Männerkleider und setzt sie für ihr eigenes erotisches Spiel ein.

In den Beschreibungen und bildlichen Darstellungen der Berliner lesbischen Kultur in den 20er Jahren wird erneut deutlich, wie Maskerade funktioniert: Sie mischt Elemente und erzielt ein unbestimmtes, nicht eindeutiges Bild, das gerade in seiner Uneindeutigkeit die Betrachterinnen und Betrachter zu irritieren vermag. Und viele der lesbischen Frauen, von denen hier die Rede ist, scheinen mit der Maskerade in diesem Sinne sehr bewußt gespielt zu haben, um sich von der heterosexuellen Norm und damit auch von einem traditionellen Frauenbild – den vermeintlich dummen Ehefrauchen – abzusetzen und zu zeigen, daß sie nicht nur auf sexueller, sondern auch auf geistiger Ebene etwas anderes waren als »gewöhnliche« Frauen.

Radclyffe Hall: ›Quell der Einsamkeit‹

Abschließend soll ein Klassiker der Lesbenliteratur, Radclyffe Halls ›Quell der Einsamkeit‹ (1928),[78] unter dem Aspekt der Maskerade besprochen werden. Der Roman gilt gemeinhin als Paradigma der Modellierung lesbischer Lebensformen nach dem heterosexuellen Muster von Männlichkeit und Weiblichkeit, und er kann leicht unter den Aspekt der Imitation des Männlichen subsumiert werden, nicht zuletzt auch wegen der Äußerungen der Autorin selbst. Stephen Gordon, die Heldin, ist eine typische, gleichsam dem sexualwissenschaftlichen Lehrbuch entsprungene männliche Frau. Sie hat nicht nur die als typisch geltende Vorliebe für männliche Kleidung, sondern sie besitzt darüber hinaus – und das ist literarisch vergleichsweise neu, aber in den sexualwissenschaftlichen Schriften präformiert[79] – einen männlich wirkenden, das heißt, schlanken, schmalhüftigen und kraftvollen Körper. Stephens Äußeres wird aus der Perspektive ihrer Mutter geschildert:

> Wenn ihr Blick ernst auf ihrer Tochter ruhte und sie deren volles kastanienbraunes Haar, die tapferen haselnußbraunen Augen betrachtete, die so sehr denen des Vaters glichen – wie ihr ganzer Ausdruck und ihr Verhalten –, wurde in ihr plötzlich Widerstand gegen sie wach, der hart an Ärger grenzte. (...) Anna glaubte, darüber verrückt zu werden. Denn diese Ähnlichkeit mit ihrem Mann berührte sie wie eine Beleidigung – als ob die arme, unschuldige, siebenjährige Stephen, gewissermaßen eine Karikatur Sir Philips, einen entstellten, unwürdigen, verstümmelten Abklatsch darstellte – und doch wußte sie, daß Stephen hübsch war. Aber dann wieder kamen Zeiten, wo das weiche Fleisch des Kindes sie fast abstieß, wo die Art und Weise, wie Stephen sich bewegte oder dastand, ihr verhaßt war, verhaßt wie die gewisse Großspurigkeit, die Stephen zu eigen war, wie ein gewisser auffallender Mangel an Grazie in ihren Bewegungen, wie ein gewisser unbewußter Trotz, die sie an den Tag legte.[80]

Stephens körperliche »Männlichkeit« wird durch die Ähnlichkeit mit dem Vater versinnbildlicht, aber nicht direkt beschrieben; zur Sprache kommen die ungraziösen Bewegungen und das insgesamt Herausfordernde, das »Großspurige« ihrer Körpersprache. Die erwähnte Ähnlichkeit mit dem Vater hat mehr als anekdotische Bedeutung, denn sie zeugt von einer starken wechselseitigen Identifikation. Der Vater hat sich, wie sich im Verlaufe des Romans herausstellt, einen Sohn gewünscht und sieht diesen Sohn, sein ersehntes Ebenbild, in der Tochter. Aber als traditionell denkender Mann muß er die Tochter als defizientes Abbild seiner vollkommenen Männlichkeit ansehen. Stephen ihrerseits liebt ihn und identifiziert sich mit ihm, sie fühlt sich ihm verwandt, während die Mutter ihr wesensfremd ist. Das muß hervorgehoben werden, denn ganz nebenbei wird hier der Aspekt der Differenz in der Liebe zum Gleichgeschlechtlichen ins Spiel gebracht. Durch die für einen Jungen vorgesehene Erziehung, die der Vater dem »Sohnersatz« zuteil werden läßt, also durch kulturelle Einflüsse, werden die »natürlichen« physischen wie psychischen Charakteristika verstärkt, die Stephen von vornherein in den Augen ihrer Umwelt männlich erscheinen lassen. Die Natur hat sie gleichsam zu einer »Mißbildung«

Una Troubridge und Radclyffe Hall

gemacht, indem sie ihr einen fast, aber nicht vollständig männlichen Körper gegeben hat – sie ist »maimed«, »verstümmelt« (die deutsche Übersetzung sagt fälschlicherweise »entstellt«). Der Begriff erinnert ganz deutlich an Freuds Vorstellung von der kastrierten Frau; er zieht sich leitmotivisch durch den Roman und wird gelegentlich ersetzt durch das Synonym »unvollständig« (»incomplete«).

So sehr sich Stephen mit ihrem Vater identifiziert und die Mutter als fremd empfindet, so sehr übernimmt sie dennoch die Perspektive der Mutter auf sie, die Tochter, und macht auf diese Weise eine Identifikation auf einer anderen Ebene deutlich. Die Mutter grenzt die Tochter aus, weil sie »anders« ist, sie repräsentiert die gesellschaftliche, das heißt die an der vermeintlich normalen Heterosexualität orientierte Perspektive auf deviante Frauen. Ihr Vater liebt sie zwar, aber er schweigt, er bedauert seine mißratene Tochter, aber er hilft ihr nicht. Er sagt ihr nicht die Wahrheit über sie, nämlich daß sie »invertiert« ist – und damit verweigert er ihr trotz seiner Liebe die Anerkennung. Zumindest muß sie das so empfinden. So bleibt, neben seinem Mitleid, nur der ablehnende Blick der anderen, der Stephen queer macht. Da Selbst-Repräsentation nur auf dem Umweg über vorgegebene Bilder möglich scheint, wird Stephen durch den Blick der anderen auf die Rolle der Außenseiterin, der Mißgeburt festgelegt. Den vorurteilsfreien, unabhängigen Blick gibt es nicht, Stephen kann sich folglich immer nur als das sehen, was die anderen in ihr sehen.

Erst als sie erwachsen ist, entdeckt sie die Werke der Sexualwissenschaftler (Krafft-Ebing wird ausdrücklich genannt). Darin findet sie endlich einen Namen für das, was sie ist, was sie niemals benennen konnte, sondern stets als quälende Frage mit sich herumtrug: »Aber was war sie?«[81] Das vage Gefühl von Andersartigkeit, die schmerzhafte Erfahrung des Ausgeschlossenseins verdichten sich in der wissenschaftlichen Benennung »Konträrsexuelle«, einer Bezeichnung also, die andere geprägt haben (erneut ist es der Blick der anderen, der ihr ihren Platz zuweist), die Stephen aber von nun an gewissermaßen zur Heimat wird.

Erst von diesem sicheren Ort aus, in ihrer Identität als »Konträrsexuelle«, kann sie auch die eheähnliche Beziehung mit Mary eingehen. Diese Beziehung erscheint indessen von einem Defizit gezeichnet. Heterosexuelle Ehen gelten als absolutes Ideal, für die die lesbische Beziehung immer nur ein armseliges Surrogat sein könne, weil den Frauen schließlich doch das Entscheidende fehle: die biologische Männlichkeit eines der Partner nämlich. Unterlaufen wird diese offizielle Lesart von der trotz aller Prüderie in der Darstellung unmißverständlichen Betonung der engen sexuellen Bindung der beiden Frauen. Denn Mary, die vermeintlich nicht wirklich lesbische, sondern nur verführte »richtige« Frau, ist am Ende keineswegs bereit, Stephen zu verlassen, und das nicht zuletzt, weil sie sich ihr sexuell so verbunden fühlt. Deshalb greift Stephen zu einem edelmütigen Trick, denn sie will ja nur Marys Bestes, auch wenn ihr selbst das Herz darüber bricht. Sie lügt ihr vor, sie betrüge sie mit einer anderen Frau, und treibt die zutiefst verletzte Mary aus dem Haus und in die Arme des »richtigen« Mannes, der auf sie gewartet hat. Stephen verhält sich auch in dieser Hinsicht wie ein klassischer bürgerlicher Ehemann, indem sie ihrer Frau jede Entscheidungsfähigkeit abspricht und sie so herablassend wie ein unmündiges Kind behandelt (wie sie das tut, erinnert hingegen an das Verhalten der Kameliendame, also an den Inbegriff schöner verkannter Weiblichkeit des 19. Jahrhunderts).

›Quell der Einsamkeit‹ beruht auf einem konservativen Welt- und Gesellschaftsbild, dessen Stabilität durch die klare Rollenverteilung zwischen den Geschlechtern gewährleistet wird. Eine auf binären Oppositionen beruhende Kultur benötigt die beiden Pole. Eine Liebes- beziehungsweise Ehebeziehung ist in diesem Rahmen nur möglich, wenn jedes Individuum einem von zwei Geschlechtern angehört. Eine Beziehung zwischen Gleichgeschlechtlichen bringt dieses Modell durcheinander; es muß dadurch wieder ins Gleichgewicht gebracht werden, daß eine

Partnerin die männliche Rolle übernimmt. Aber wenn schon die eine Seite nur scheinbar »männlich« ist (Stephen), so muß wenigstens die andere (Mary) »wirklich« weiblich sein – so etwa könnte man die Logik des Romans zusammenfassen. So wird die heterosexuelle Struktur bestätigt, Alternativen werden implizit für unmöglich erklärt, und damit scheitert das Experiment einer lesbischen Beziehung in diesem Roman. Das kann schwerlich dem erklärten Willen der Autorin entsprechen, die eine Rechtfertigung homosexueller Lebensformen anstrebte (in ihrem eigenen Leben lebte sie übrigens sehr selbstbewußt und offen lesbisch). Die klare Abgrenzung der Geschlechtsidentitäten und die Idealisierung der Ehe indessen ist sehr wohl intendiert. Damit wurde der Text für heterosexuelle Leserinnen und Leser, an die er sich durchaus auch richtete, leichter rezipierbar, denn sie wurden in ihrer Lebensform bestätigt. Aus dieser Position heraus sollte es ihnen leichter sein, die Abweichenden zu bedauern und im nächsten Schritt zu akzeptieren. Jedoch schlug diese Absicht vorerst fehl, denn der Roman löste einen Skandal aus und wurde verboten.

Dennoch gelang es dem Text, indem er klare Identitätskonzepte anbot, zu einem wichtigen literarischen Bezugspunkt für viele lesbische Leserinnen zu werden und Lebensentwürfe für »deviante« Frauen und Männer zu schaffen, von dem aus diese agieren und leben können. Aber durch die nach dem normativen Muster von Männlichkeit und Weiblichkeit geformten Identitätskonzepte ziehen sich auch in diesem Text gewisse Risse.[82] Stephen wird nämlich immer wieder mit einer gewissen »Monstrosität« in Verbindung gebracht, die man als Heterogenität im weiter oben ausgeführten Sinne aufschlüsseln kann.

Stephen trägt die Haare kurzgeschnitten und kleidet sich ausschließlich in strenge Herrenjacketts und Krawatten. Sie *verkleidet* sich nicht im eigentlichen Sinne als Mann, gibt nie vor, Mann zu sein. Allerdings fühlt sie (sich) eher männlich als weiblich, und ihre Kleidung gibt dem Ausdruck. So scheint die Kleidung das »eigentliche« Geschlecht zu repräsentieren, beziehungsweise sie soll ihr das »richtige« Geschlecht verleihen. Stephens Körper besitzt weibliche Geschlechtsorgane, aber er erscheint nicht weiblich.[83] Das gilt aber nur, wenn man das Schönheitsideal des 19. Jahrhunderts zum Maßstab macht, nicht das der Entstehungszeit des Romans, der 20er Jahre also. Wenn Stephen sich nämlich selbst im Spiegel betrachtet und ihren »Körper mit den muskulösen Schultern, den kleinen festen Brüsten und den schmalen Hüften eines Sportlers«[84] haßt, dann haßt sie ein Frauenbild, das in den 20er Jahren längst zum Ideal geworden war (auch wenn es zunächst von manchen Zeitgenossen als vermännlicht beurteilt wurde).

Im Kontext des Romans jedoch signalisieren die verwendeten Begriffe ganz unzweifelhaft Männlichkeit. Das ist notwendig, um den idealtypischen Gegensatz zwischen Weiblichkeit und Männlichkeit, Normalität und Devianz herauszuarbeiten. Der Roman konstruiert ästhetische Maßstäbe zur Bewertung der Geschlechter, die jedoch nicht als historisch wandelbare, sondern als absolute, das heißt als anthropologische Konstanten gesetzt werden. Schönheit wird zu einem sichtbaren Indikator für die Geschlechtszugehörigkeit und die »korrekte« Geschlechtsidentität. Für Stephen hat das zur Folge, daß ihr – wie sie meint: defizienter – weiblicher *Körper* für sie eine Verkleidung darstellt, und nicht ihre geliebte männliche *Kleidung*, die ihr biologisches Geschlecht verkleidet, ihr »wahres« Wesen jedoch zum Ausdruck bringt. Innen und Außen, Darüber und Darunter vermischen sich: Das Außen, das Darüber (die Kleidung, die Maskerade) wird zum Eigentlichen, zum Inneren, zum Darunter (die männliche Kleidung *ist* der männliche Geist Stephens); das Innen, das Darunter, das »Eigentliche« jedoch (der Körper) nimmt den Platz der traditionell äußerlichen Maskerade ein, er wird zur Maskierung. Der biologisch weibliche Körper, dieser »Irrtum der Natur«, verrät Stephen und macht sie zur ewigen Außenseiterin.

Aber Stephens Körper täuscht, denn er verrät sie als Frau, und zugleich suggeriert er einen schönen männlichen Körper, ohne ein männlicher Körper zu sein. Er ist mithin eine doppelte Verkleidung, denn er verspricht sowohl Männlichkeit als auch Weiblichkeit, und er hält beide Versprechen nicht. Und wenn Stephen sich im Spiegel betrachtet, haßt sie nicht die Weiblichkeit ihres Körpers, sondern dessen Männlichkeit:[85]

> An diesem Abend betrachtete sich Stephen im Spiegel, und sie haßte, was sie sah: ihren Körper mit den muskulösen Schultern, den kleinen festen Brüsten und den schmalen Hüften eines Sportlers. Ihr ganzes Leben lang würde sie sich mit diesem Körper herumschleppen müssen, mit dieser ungeheuerlichen Fessel, die ihrem Geist aufgezwungen war. Dieser seltsam leidenschaftliche und doch unfruchtbare Leib mußte glühend lieben und durfte doch nie wieder geliebt werden von dem Geschöpf, das er anbetete. Sie hätte ihn verstümmeln mögen, denn er weckte Grausamkeit in ihr; er war so weiß, so stark und unabhängig – und außerdem ein so armes und unglückliches Ding, daß ihre Augen sich mit Tränen füllten und ihr Haß in Mitleid umschlug. Sie betrachtete ihn wehmütig, berührte ihre Brüste mit mitleidigen Fingern, streichelte ihre Schultern und strich mit den Händen die geraden, glatten Hüften entlang – o armer, trostloser Leib![86]

Ihr Körper ist doppelt defizient: weder richtig männlich noch richtig weiblich. In ständigem Wechsel zwischen Belebtem (leidenschaftlich, unabhängig, stark) und Unbelebtem (unfruchtbar, Ding), Mitleid und Grausamkeit, Haß und Begehren, Weiblichkeit und Männlichkeit, Vollständigkeit und Verstümmelung, Stärke und Schwäche, Selbstbild und Fremdbild enthüllt diese (Masturbations-)Szene mehr, als es vordergründig scheinen mag. Stephens Existenz besteht in der Spannung, auf dem Übergang zwischen verschiedenen, klar definierten Bildern, Bildern, die nicht in Übereinstimmung miteinander und schon gar nicht mit Stephens Erfahrung zu bringen sind. Sie kann sich selber immer nur im Rahmen dieser Bilder sehen, sich messen an diesen Maßstäben, die immer die Maßstäbe der anderen sind und nie »wirklich« zutreffen. Das macht eine »authentische« Körpererfahrung unmöglich. Gerade weil sie zwischen allen Bildern gefangen ist, sich nur im Riß zwischen den Bildern ansiedeln kann, diese Bilder aber für die absolut gültige Norm hält, erlebt sie ihren Körper als falsch. Weil Stephen weder dem Bild des Mannes noch dem Bild der Frau entspricht – zugleich auch, weil sie beiden Bildern dann doch wieder zu sehr entspricht –, wird sie zum »Monstrum« für sich und für die anderen Gestalten im Text.

Genau in dieser »Monstrosität« liegt die Möglichkeit zu einer anderen Lektüre. Sie markiert ein Zuwenig und ein Zuviel zugleich. Sie ist ein Verstoß gegen die Norm, die nicht nur eine gesellschaftliche, sondern auch, wie oben gezeigt wurde, eine ästhetische Norm darstellt. In der Überzeichnung, im »Monströsen«, wird das Vorbild übertrieben und damit als fragwürdig entlarvt. In der Kombination von heterogenen Elementen, in der »Mannweiblichkeit« von Stephens Körper und Geist, die in erster Linie ästhetisch beurteilt werden, entsteht jener moderne Fragmentarismus, der Grundlage für eine Ästhetik des Häßlichen ist. Stephen ist eine beunruhigende Gestalt, weil sie den betrachtenden Blick nicht zur Ruhe kommen läßt. Dieser schweift ständig zwischen den verschiedenen Deutungsmöglichkeiten hin und her, versucht Positionen des Weiblichen oder Männlichen auszumachen und kommt doch nie zur Ruhe.

Zu Beginn dieses Kapitels hatte Jess aus dem Roman ›Stone Butch Blues‹ das Wort; es sei ihr erneut gegeben: »Frau oder Mann? Diese Frage würde nie beantwortet werden, solange dies die beiden einzigen Möglichkeiten blieben; sie würde nie beantwortet werden, solange sie gestellt werden mußte.« Diese Unentschiedenheit und Unentscheidbarkeit ist es auch, die Stephen charakterisiert, so sehr Radclyffe Halls Text auf klare Positionen zielt. Sie zerstört diese jedoch zugleich im Schreibprozeß, in dem sich eine Maskerade entfaltet, die neue Subjektpositionen außerhalb des dominanten Diskurses erahnen läßt.

Stephens männliche Kleidung bedeutet nicht, daß sie ein

Mann sein möchte. Sie kodiert vielmehr, nicht anders als die von Jess Goldberg, von Joan Nestles *butch*-Liebhaberinnen oder von den Berliner »kessen Vätern«, das Begehren einer Frau nach einer anderen Frau[87] – und zwar ein von Differenz, nicht von Gleichheit geprägtes Begehren (Differenz gegenüber der Norm nicht weniger als gegenüber der Geliebten):

> Für mich bestand die erotische Essenz der *butch-femme*-Beziehung im äußerlichen Unterschied der Beschaffenheit von Frauen und dem Band intelligenter Zuneigung zwischen ihnen. Ich liebte meine Geliebte dafür, wie sie stand, ebenso wie für das, was sie tat. Kleidung war Teil davon: das erotische Signal ihres Haars am Nackenansatz, das auf den Hemdkragen stieß; wie sie eine Zigarette hielt; der symbolische rosa Ring, der aufleuchtete, als sie winkte.[88]

Die männliche Aufmachung zusammen mit dem weiblichen Gegenpol bedeutet aber mehr als Begehren. Sie bezeichnet eine Subjektposition außerhalb und zugleich innerhalb des dominanten Diskurses; sie bedeutet das Sichtbarwerden im Spiegel des dominanten Diskurses und die Abhängigkeit und zugleich die Unabhängigkeit von diesem Spiegelbild. Insofern ist das *butch-femme*-Paar in der Tat etwas anderes als bloße Imitation vorhandener Geschlechtspositionen. Wenn die *butch-femme*-Maskerade auch nicht in Kategorien des – wenn auch progressiven – Geschlechterdiskurses zu begreifen ist, ist sie dennoch in einem weiteren Sinne als Geschlechterdifferenz zu beschreiben: als Differenz von den beiden vorhandenen Geschlechtern und zugleich als Differenz innerhalb der Gruppe der *queers*. Als Jess' Freundin Theresa von ihren frauenbewegten Freundinnen angefeindet wird, weil sie eine männliche Frau, also einen »falschen Mann« liebe, erwidert sie: »Ich bin nicht mit einem unechten Mann zusammen, sondern mit einer echten *butch*.«[89]

Das Fluktuieren der Geschlechtsidentität und die Betonung der Differenz machen lesbische Frauen in der abendländischen

Kultur sichtbar. Die Auffassung von lesbischer Identität als regressiver Muttersehnsucht oder als narzißtischer Gleichheit tut das nicht: Mütterlichkeit entspricht der patriarchalen Norm; die Identifikation mit ihr macht innerhalb des hegemonialen Geschlechterdiskurses unsichtbar. Wenn »Geschlecht« eine kulturelle Konstruktion und zugleich eine subjektiv als wahr und richtig empfundene Existenzweise ist, dann kann die Maskerade gerade diese Spannung zwischen den beiden vermeintlichen Unvereinbarkeiten sichtbar machen. In unserer Kultur bedeutet Männlichkeit weiterhin tendenziell eher Aktivität und Sichtbarkeit, während dem Weiblichen noch immer eher Passivität zugeordnet wird. Eine – aus welchen Gründen auch immer – »männlich« scheinende Frau setzt sich selbstbewußt als anders, sie paßt sich nicht ein in die Norm, sie wird sichtbar: als außerhalb und innerhalb der Norm zugleich stehend.

Insofern sind jene Frauen, die nicht einem eindeutig festgelegten Weiblichkeitsbild entsprechen, offenbar besser als alle anderen »Vor-«Bilder geeignet, zum Repräsentationsmodell lesbischer Subjektpositionen zu werden. Dieses Modell hat einen deutlichen Wiedererkennungseffekt und bleibt, das zeigt seine Verbreitung und Beliebtheit, nicht auf eine elitäre Gruppe privilegierter Frauen beschränkt, wie die Frauenbilder in Viviens Roman es stellvertretend für die lesbische Kultur der Frauen vom linken Seine-Ufer vorführen, sondern kann in verschiedensten Kontexten eingesetzt und entziffert werden (ohne daß reale Frauen sich damit identifizieren oder es nachahmen müßten: es geht hier um kulturelle Zeichen).[90] Ein Bild braucht einen starken Impuls, der von einem unauffälligen Frauenpaar weniger klar ausgeht aus von einem *butch-femme*-Paar – ähnlich einem literarischen Motiv, das per definitionem movierende Kraft hat, in Bewegung setzt und in Bewegung hält: »In gewisser Weise haben Lesben dem Patriarchat immer Widerstand entgegengesetzt; in der Vergangenheit vielleicht am meisten dann, wenn wir am meisten wie Männer aussahen.«[91]

Der verkleidete Text

Jeanette Winterson: ›Auf den Körper geschrieben‹

»Why is the measure of love loss?« – »Warum ist das Maß der Liebe Verlust?«[1] Mit diesen Worten beginnt der vierte, 1992 erschienene Roman der britischen Autorin Jeanette Winterson, ›Auf den Körper geschrieben‹. Der suggestive Auftakt läßt erkennen, daß der Roman von Liebe handelt – und von Verlust. Vom Verlust der Liebe? Vom Verlust der Geliebten? Vom Verlust des Selbst? Verlust von Welt? Gibt es keine Liebe ohne Verlust, oder schafft gar der Verlust erst die Liebe?

Dieser erste Satz setzt das Thema, das der Roman in allen Variationen durchspielt. Die wichtigste Variation beherrscht die zweite Hälfte des Romans und läßt sich folgendermaßen umschreiben: Das Maß der Liebe mag Verlust sein, aber das Maß absoluter Liebe ist der Verzicht. Verlust läßt sich also steigern (wie die Liebe); Verlust läßt sich von etwas, was passiv zu erleiden ist, umwandeln in etwas, was aktiv getan wird.

Der Plot des Romans ist schnell erzählt. Das erzählende Ich verliebt sich nach einer Vielzahl von gescheiterten Liebesbeziehungen in eine verheiratete Frau, Louise, die alle seine aus den bisherigen Erfahrungen gewonnenen Erwartungen durchkreuzt: Louise verläßt ihren Mann und lebt mit dem erzählenden Ich zusammen. Die Liebe scheint absolut und lebbar, bis eines Tages der Ehemann von Louise dem »Ich« mitteilt, Louise sei lebensgefährlich erkrankt, und nur er, ein Krebsspezialist, könne sie heilen – vorausgesetzt, Louise kehre zu ihm zurück. Das »Ich« verläßt Louise mit gebrochenem Herzen, ohne ihr den Grund dafür zu nennen, vergräbt sich in einer Hütte auf dem Lande und grübelt obsessiv über die verlorene Liebe und den – wie es meint: zerfallenden – Körper der einst so schönen Geliebten nach. Später auftauchende Zweifel, ob der Ehemann möglicherweise gelogen hat, um Louise zurückzugewinnen, werden nie zerstreut. Am Ende taucht Louise auf, aber man weiß nicht, ob sie es wirklich ist oder nur ein Phantasma des leidenden und liebenden Ich.

Mehrdeutig wie der Beginn ist der ganze Roman: Ein intrikates Spiel mit Erinnerungen auf den verschiedensten Vergangenheitsstufen, mit Geschlechterrollen, mit literarischen Stereotypen, mit den abendländischen Liebesdiskursen der vergangenen Jahrhunderte konstituiert einen komplexen Text, der dem alten Thema »romantische Liebe« neue Dimensionen erschließt. »Romantische Liebe« oder, wie man früher gesagt hätte, »amour passion«[2], ist eine Konzeption unbedingter leidenschaftlicher Liebe, die in der europäischen Literatur eine lange vor der (literar-)historischen Epoche der Romantik begründete Tradition hat. Schon Dantes in der ›Göttlichen Komödie‹ geschilderte Liebe zur (toten) Beatrice oder Petrarcas Liebe zur (ebenfalls verstorbenen) Laura tragen Züge dessen, was man heute mit diesem fast schon zum Klischee geronnenen Begriff bezeichnet. Von zentraler Bedeutung dafür ist die Unbedingtheit und Einzigartigkeit dieser Liebe – in der Regel eines Mannes zu einer Frau –, die durch den Verlust der Geliebten gesteigert und metaphysisch überhöht wird. In der Konzeption der älteren Dichter vermag die idealisierende Liebe zur Frau den Liebenden zu Gott zu führen. Dieser christliche Kontext entfällt im Laufe der Zeit; geblieben ist die Tendenz zur Transzendierung der Liebe, die vom Liebenden als metaphysisches Ereignis verstanden wird und oft (wenn Gott keine umfassende Bezugsgröße mehr darstellt) mit der Vergötterung der Geliebten einhergeht.

Im 18. Jahrhundert wird die absolute leidenschaftliche Liebe immer stärker erotisiert, und sie wird endgültig mit dem Verlust der Geliebten verbunden, der ja schon bei Dante und Petrarca eine entscheidende Rolle spielte. Der Verlust – etwa durch Tod – wird nun oft zum freiwilligen Verzicht (der wiederum seine Wurzeln in der Troubadourlyrik hat, in der der Sänger stets eine ferne, unerreichbare Frau besingt). So will etwa Madame de Lafayettes ›Prinzessin von Clèves‹ (1678) den ehelichen Treueschwur nicht brechen, aber selbst nach dem Tode ihres ungeliebten Gatten gibt sie sich dem Geliebten nicht hin, denn sie weiß, daß ihre absolute Liebe nur im Verzicht überleben kann. Nur als nicht-gelebte Liebe kann die Liebe ihren metaphysischen Charakter bewahren, und nur als nicht-gelebte Liebe eröffnet sie den Weg ins Schreiben, in die Dichtung. Denn romantische Liebe ist, wie sehr der Begriff auch in der Alltagssprache trivialisiert worden sein mag,[3] tatsächlich ein rein literarisches Konzept, das seinen Ursprung kaum in einer wie auch immer gearteten Alltagserfahrung hat. Vielmehr prägt es umgekehrt unsere Alltagserfahrungen, das heißt unsere Wahrnehmungen und unser Sprechen über Liebe, und gibt ihnen eine (Ausdrucks-)Form.

Wie könnte es anders sein, da doch die romantische Liebe untrennbar mit Verlust oder Verzicht verbunden ist, mit der »Abwesenheit«? Verlust ist ja nicht nur eine Kategorie des menschlichen Erlebens, sondern auch eine Kategorie des Schreibens, denn dem Schreiben ist sein Gegenstand immer abwesend: Sei es, daß eine Trennung zwischen zwei Menschen mit Hilfe der Sprache – etwa eines Briefes – überwunden werden soll; sei es, daß der Gegenstand des Schreibens in der imaginativen Bewegung des Schreibens überhaupt erst geschaffen wird. Reden/Schreiben kann grundsätzlich als der Versuch aufgefaßt werden, eine Abwesenheit auszufüllen – im Sinne von Jacques Lacans Sprachphilosophie, nach der Sprache als symbolisches System stets nur ein Ersatz sein kann für die Illusion eines (schon immer verlorenen) »Eigentlichen«, das ein nie zu befriedigendes Begehren auslöst (und damit zum Movens menschlichen Handelns wird). Der Prozeß der Akkulturation verläuft mithin über den Spracherwerb und impliziert immer den Verzicht auf jenes »Eigentliche«, den Verzicht auf jede Unmittelbarkeit.

»Ich möchte sagen, ich schreibe zu gut, um dir sagen zu können, wie mir im innersten Gemüt ist«, schreibt Julius, der Protagonist eines der berühmtesten Werke der europäischen Literatur über romantische Liebe, das tatsächlich aus der Epoche der Romantik stammt, nämlich Friedrich Schlegels ›Lucinde‹ (1799), an seine Geliebte.[4] Er fährt fort:

> Ich glaube wenn ich noch einige Monate fern von dir wäre, würde dein Stil sich völlig ausbilden. Indessen finde ich es doch ratsamer, daß wir den Stil und das Schreiben nun lassen und die schönsten und höchsten Studien nicht länger aussetzen (...)[5].

Wenn das konkrete Erleben nicht möglich ist, tritt das Schreiben an seine Stelle, oder umgekehrt: Das Schreiben über »die höchsten und schönsten Studien« setzt den Verzicht auf die reale Erfüllung voraus. Zwar ist das »innerste Gemüt« nicht in Sprache übersetzbar, aber zugleich drängt es den Liebenden danach, die Abwesenheit der Geliebten sprachlich zu überbrücken, sich schreibend wenigstens die Illusion von Nähe zu schaffen. Wodurch dann der »Stil« ausgebildet wird, der gerade dafür verantwortlich ist, daß das »innerste Gemüt« sich nicht in die vorgefertigten Formeln der Sprache fassen läßt (und seien diese noch so sehr subjektiv anverwandelt). Daher auch die »Redseligkeit«, von der Roland Barthes, einer der Apologeten romantischer Liebe in unserem Jahrhundert, in seinen ›Fragmenten einer Sprache der Liebe‹ spricht (und die übrigens auch Jeanette Wintersons Roman ganz ungemein prägt). Denn wie sollte ein Sprechen, das nie sagen kann, was es bewegt und antreibt, je an sein Ende kommen? In Analogie zum Fort-da-Spiel der psychoanalytischen Theorie schreibt Barthes:

> Die Abwesenheit dauert an, ich muß sie ertragen. Also *manipuliere* ich sie: ich verwandle die Verzerrung der Zeit in ein Hin und Her, bringe Rhythmus hervor, eröffne die Sprachszene (...). Die Abwesenheit wird zur aktiven Praxis, zur *Geschäftigkeit* (...); es kommt zur Ausarbeitung einer Fiktion mit vielfältigen Rollen (Zweifeln, Vorwürfen,

> Anwandlungen von Begierde und Melancholie). Diese sprachliche Inszenierung hält den Tod des Anderen fern: ein sehr kurzer Augenblick trennt (...) die Zeit, in der das Kind seine Mutter noch für abwesend hält, von der, in der es sie bereits tot glaubt. Die Abwesenheit manipulieren heißt diesen Augenblick verlängern, den Moment, da der Andere aus der Abwesenheit kurzerhand in den Tod stürzen könnte, so lange wie möglich hinauszuzögern.[6]

Das Dilemma zwischen dem Drang zu sagen, und dem Bewußtsein, eigentlich nicht sagen zu können, ist charakteristisch für die romantische und auch für die moderne Dichtung. Zugleich ist es analog dem Dilemma der romantischen Liebe, die stets etwas will, was sie per definitionem nicht haben kann, weil ihre Sehnsucht über sie hinausweist – notfalls muß sie absichtlich unerfüllbar gemacht werden, um die Sehnsucht erst zu produzieren. So ist es kein Zufall, daß romantische Liebe sich als literarischer Diskurs entfaltet und nicht als wie auch immer geartete Praxis, und daß sie von Anfang an mit einer Verlusterfahrung verknüpft ist, die mehr ist als das Wissen älterer Liebesdiskurse um die Vergänglichkeit der Liebe.

In dieser langen europäische Tradition nun steht Jeanette Wintersons Roman ›Auf den Körper geschrieben‹. Während aber die romantische Liebe bislang – sieht man von Roland Barthes einmal ab – ein klar heterosexuelles Liebeskonzept gewesen war, das auf der unüberbrückbaren Binarität der Geschlechter und der gesellschaftlichen Institutionalisierung heterosexueller Beziehungen, von Ehe und Ehebruch also, basierte, wird sie bei Jeanette Winterson in die Ambivalenz einer uneindeutigen Erotik überführt. Denn das erzählende Ich des Romans ist geschlechtlich nicht bestimmbar: Es hat keinen Namen, es weist keinerlei Eigenschaften oder Verhaltensweisen auf, die man eindeutig einem unserer beiden kulturellen Geschlechter zuordnen könnte, und auch seine Liebesbeziehungen geben keinen Schlüssel, denn »Ich« erzählt von Beziehungen zu Frauen wie zu Männern. Zwar wird gewöhnlich Friedrich Schlegels ›Lucinde‹ als Beleg für die tendenzielle Androgynie romantischer Liebe genannt. Tatsächlich aber entfaltet sich diese Androgynie im heterosexuellen Rahmen; sie erlaubt dem Mann, seine femininen Seiten zu entdecken, nicht aber der Frau, ihre männlichen Seiten zu entfalten. Schlegels »Androgynie« ist eher ein poetologisches Konzept von künstlerischer Bisexualität, das sich in der Romantik großer Beliebtheit erfreute und zu Beginn unseres Jahrhunderts in Virginia Woolfs Poetik erneut – und erstmals ins Weibliche gewendet – Ausdruck fand. Virginia Woolf schreibt in ›Ein Zimmer für sich allein‹, wenn ein Mann ausschließlich als Mann schreibe oder eine Frau ausschließlich als Frau, sei das Resultat leblos und uninteressant. Wahre Kunst entstehe, wenn der Künstler oder die Künstlerin in geistiger Androgynität, ihrer Geschlechtszugehörigkeit nicht achtend, schaffe.

Jeanette Winterson nimmt den Gedanken der künstlerischen Androgynie wörtlich und schafft ein »Ich«, dessen Geschlechtszugehörigkeit für die Leserinnen und Leser nie aufgeklärt wird: Es thematisiert sein Geschlecht nie, und es verwendet keine geschlechtsbezeichnenden grammatischen Formen. Auf diese Weise wird der Diskurs der romantischen Liebe, der fast durchgängig ein der dominanten Ordnung verpflichteter heterosexualler Diskurs war (und auch heute noch ist; man denke nur an das Hollywood-Kino), unmerklich aufgebrochen. Die Geschlechterordnung selbst wird erschüttert, um so mehr, als sie ebenso wie die Geschlechtszugehörigkeit von »Ich« nicht explizit thematisiert oder problematisiert wird. Zwar wird das Ich des Romans von den meisten Lesern und Kritikerinnen als ein weibliches gelesen, da die Autorin sich »geoutet« hat und mit ›Orangen sind nicht die einzige Frucht‹ einen bekannten und sogar für die BBC verfilmten Coming-out-Roman schrieb. ›Auf den Körper geschrieben‹ erhielt 1994 den Lambda Book Report Prize für den besten lesbischen Roman des Jahres.[7]

Das sind aber außertextliche Informationen, die der Roman selbst nicht preisgibt. Er verwirrt vielmehr mit widersprüchlichen Informationen und bleibt konsequent ambivalent. Damit bringt er unsere kulturell geschulten Leseerwartungen durcheinander. Denn wir lernen gleich zu Beginn unserer Lektüresozialisation die Erwartung, über das Geschlecht der Figuren in Romanen, zumal über das des Erzählers/der Erzählerin, unmißverständlich informiert zu werden. Das ist Teil eines unausgeprochenen Lektürevertrags, der den Leserinnen und Lesern garantiert, daß sie sich auf den Text einlassen und ihn beziehungsweise seinen Erzähler für glaubwürdig halten können. Die aus der Irritation dieser Erwartung resultierende Rezeptionshaltung ist aktiv und stets in Bewegung: Nicht nur müssen wir die verschiedenen Erinnerungsschichten und Zeitebenen des palimpsestartigen Textes zu entziffern suchen, wir suchen zudem ständig nach Indizien für das Geschlecht der Person, die zu uns spricht (oder wir treffen, je nach eigener Voreingenommenheit, eine Entscheidung, die jedoch nie endgültig im Text bestätigt wird). Unsere Sprache selbst gewöhnt uns an geschlechtliche Eindeutigkeit, ja fordert sie gebieterisch. Das Englische macht eine gewisse Unentschiedenheit in einer Ich-Erzählung zwar einfacher als etwa das Deutsche[8] (die – insgesamt sehr gelungene – deutsche Übersetzung muß zuweilen zu etwas unglücklichen Doppelkonstruktionen wie »Geliebte/r« greifen und macht damit auf die Frage der Geschlechtszugehörigkeit aufmerksam). Jedoch gibt es im Englischen wie in allen anderen europäischen Sprachen den Zwang zur Entscheidung für ein grammatisches Geschlecht. Roland Barthes thematisiert das in seiner Antrittsvorlesung am Collège de France:

> Die Rede ist Gesetzgebung, die Sprache ist deren Code. Wir sehen die in der Sprache liegende Macht deshalb nicht, weil wir vergessen, daß jede Sprache eine Klassifikation darstellt und daß jede Klassifikation oppressiv ist: *ordo* bedeutet zugleich Aufteilung und Strafandrohung. Jakobson hat gezeigt, daß ein Idiom weniger durch das definiert wird, was es zu sagen erlaubt, als durch das, was es zu sagen

> zwingt. In der französischen Sprache (es handelt sich dabei um grobe Beispiele) bin ich gezwungen, zunächst als Subjekt aufzutreten, bevor ich die Handlung ausspreche, die dann nichts mehr als nur noch mein Attribut ist: was ich tue, ist nur Folge und Nachfolge von dem, was ich bin; ebenso bin ich seit jeher gezwungen, zwischen Maskulinum und Femininum zu entscheiden, das Neutrum oder das Komplexe ist mir untersagt; ebenso bin ich gezwungen, meine Beziehungen zu einem Anderen dadurch zu kennzeichnen, daß ich entweder *tu* oder *vous* sage: affektive oder soziale Unentschiedenheit ist mir versagt. So impliziert die Sprache durch ihre Struktur selbst eine unausweichliche Entfremdung. Sprechen – und noch viel mehr einen Diskurs führen – heißt nicht kommunizieren, wie man allzu oft wiederholt, es heißt unterwerfen: die gesamte Sprache ist eine verallgemeinerte Rektion.[9]

›Auf den Körper geschrieben‹ meidet sehr geschickt genau jene »Rektion« zumindest in geschlechtlicher Hinsicht und unterläuft damit den Machtdiskurs, der die Sprache selbst ist (und auf dem jede Liebesgeschichte basiert, ganz gleich, ob sie hetero- oder homosexuell ist). So wird ein neuer Diskurs geschaffen, der Uneindeutigkeit und Vielschichtigkeit erzeugt. Das gilt nicht nur für die Rede vom geschlechtlich uneindeutigen Ich, sondern für die Struktur des gesamten Romans, die man als palimpsestartig beschreiben kann. Dem wiederum entspricht der Körper des Ich, in den sich viele Spuren eingeschrieben haben, die von Louises Fingern allein entziffert werden können. So wie Louise den Körper des Ich »liest«, verführt von vielen in ihm verborgenen und zu entdeckenden Spuren, so verführen die uneindeutigen Textspuren, verführt die Oszillation des Textes selbst die Leserinnen und Leser dazu, immer weiter zu lesen und zu entziffern. Der Text kommt nie zu einem endgültigen Halt. Selbst das Ende bleibt ungewiß: Findet das liebende Ich seine Geliebte wieder, oder phantasiert es das nur? So wird in ›Auf den Körper geschrieben‹ das praktiziert, was im ersten Kapitel dieser Studie als Maskerade beschrieben wurde. Der Roman selbst ist eine Maskerade, die nicht nur das Geschlecht der sprechenden Person verschweigt, sondern sozusagen sein eigenes Geschlecht vieldeutig macht.

Der Plot des Romans weist deutliche Analogien zu einem der berühmtesten Romane des späten 19. Jahrhunderts über eine romantische Liebe auf: zu Alexandre Dumas' ›Kameliendame‹. Im Vergleich zu diesem durch und durch bürgerlichen, der binären Geschlechterordnung sowie der Institution Ehe zutiefst verpflichteten Roman läßt sich die spezifische Variante der romantischen Liebe in Wintersons Roman allerdings besser erkennen. Zwar hat letzterer mit dem Motiv der edlen Kurtisane, das in der ›Kameliendame‹ entwickelt wird, nicht das geringste zu tun, und er ist auch keinesfalls als Unterhaltungsliteratur zu klassifizieren.[10] Die (problematische) »Dichotomisierung zwischen hoher und niederer Literatur«[11] will ich aber hier so wenig thematisieren wie in meinen bisherigen Ausführungen. Vergleichbar werden die Texte vielmehr durch auffallende typologische Ähnlichkeiten der Motiv- und Personenkonstellation.[12] In beiden wird eine leidenschaftliche Liebe geschildert, die sich außerhalb der bürgerlichen Ökonomie von Familie und Gefühl, außerhalb des bislang von den Protagonisten erlebten Alltags zu stellen scheint; eine Liebe, die als Absolutum erlebt wird, das nicht begründbar ist, sondern – darin ganz der Romantik verpflichtet – ihre Legitimation, ihren Daseinszweck in ihrer bloßen Existenz findet. In beiden Fällen ist das Maß der Liebe so groß, daß die/der Liebende zum Wohle der geliebten Person auf diese zu verzichten bereit ist, und zwar aus eigenem Entschluß, ohne das Wissen der geliebten Person – womit aber nicht auf die Liebe verzichtet wird, im Gegenteil. In beiden Fällen ist dieser Verzicht durch die Intervention einer dritten Person veranlaßt, die die Zweierkonstellation aufbricht. In beiden Fällen stehen Liebe und Verzicht in enger Verbindung zu Krankheit und Tod, und das Verhältnis des/der Liebenden zum toten oder als tot imaginierten Körper der Geliebten spielt eine zentrale Rolle in beiden Romanen. Damit eröffnet sich der Raum der Imagination: Erst Verzicht/Verlust und Tod erlauben es, die romantische Liebe in der Sprache zu (re-)konstruieren.

Die ›Kameliendame‹ ist die Geschichte von Marguerite Gautier und Armand Duval, erzählt aus der Perspektive des jungen Mannes nach der Trennung von Marguerite und ihrem Tod. Marguerite Gautier, kaum 20jährig, ist eine berühmte Kurtisane im Paris des Bürgerkönigs, verschwendungssüchtig und schwindsüchtig schön, lebenshungrig und desillusioniert; eine Frau, die ihren Beruf als ein nüchternes Geschäft sieht, in dem (scheinbare) Liebe und (reale) Körper verhandelt werden. (Wir haben gesehen, daß noch gut einhundert Jahre früher, bei Marivaux, die Ehe als ein Handelsgeschäft decouvriert werden konnte; in der Zwischenzeit hat sich das Konzept der Liebesehe durchgesetzt – zumindest als normatives Ideal, wenn schon nicht in der Praxis –, und die Verbindung von Sexualität und Geld ist ganz und gar in den Bereich der Prostitution ausgegrenzt worden.) In Marguerite verliebt sich unsterblich der junge Bürgersohn Armand, und es gelingt ihm sogar, sie, die als Prostituierte per definitionem Nicht-Liebende, durch seine menschliche (und scheinbar ganz ent-erotisierte) Besorgtheit um ihre Gesundheit zu Gegenliebe zu bewegen. So entwickelt sich eine Beziehung »wahrer Liebe« zwischen den beiden, die sich nicht mehr der Kategorie der Prostitution einfügt. *Das* macht diese Beziehung überhaupt erst skandalös, da sie nicht mehr in das Schema der gesellschaftlichen Doppelmoral paßt, die es Männern zwar erlaubt, ihre Affären außerhalb der Ehe zu haben, aber unter der Voraussetzung, daß sie die Grundpfeiler der Ehe nicht angreifen. Ehe, Selbstlosigkeit und Liebe gehören in dieser Moral zusammen, nicht jedoch Prostitution, Selbstlosigkeit und Liebe. Nun greift Armands Vater – Inbegriff des Patriarchen – ein. Ohne Wissen seines Sohnes sucht er Marguerite auf und bittet sie, auf diese Liaison zu verzichten, die allen Beteiligten nur Unglück bringen könne. Die »Väterlichkeit« dieses Mannes, seine charakteristische Mischung aus brutalen Drohungen und zärtlicher Besorgtheit, überzeugen Marguerite sofort. Sie, die zum ersten Mal in ihrem Leben Liebe empfindet und soeben im Begriff ist, ihren Lebenswandel und ihre materiellen Ansprüche aufzugeben, um ein ruhiges, quasi-bürgerliches Leben mit Armand führen zu können, opfert ihrem Geliebten und den bürgerlichen Maßstäben ihrer Gesellschaft das Glück ihres Lebens. Sie verläßt Armand unter dem Vorwand, sie wolle in ihr altes Leben zurückkehren. Eine neue Stufe absoluter Liebe ist damit erreicht: Schien es zuvor schon der höchste Liebesbeweis, daß Marguerite Armand zuliebe auf ihren Luxus zu verzichten bereit war, so zeigt sich jetzt, daß sie imstande ist, ihrer Liebe noch größere Opfer – das Opfer schlechthin: den Geliebten und die Beziehung selbst – zu bringen.

Erst nach ihrem langsamen und qualvollen Sterben erfährt Armand durch einen langen Brief die Wahrheit. Unter dem Eindruck des Unrechts, das er ihr angetan hat, idealisiert er die Tote über alle Maßen. Seine Seelenruhe findet er erst wieder, als er Marguerite exhumieren läßt und den einst so schönen, nun bereits in Auflösung begriffenen und stinkenden Körper noch einmal sieht. Nun kann er die Beziehung abschließen und sie in ein nostalgisches Phantasma überführen, und der endgültigen Versöhnung mit der durch seinen Vater symbolisierten Gesellschaft steht nichts mehr im Wege.

Marguerite, die verachtete, nicht gesellschaftsfähige Prostituierte, ist rehabilitiert. Zu ihren Lebzeiten wäre das nicht möglich gewesen, denn in dieser Gesellschaft wäre eine lebende ehemalige Prostituierte, ganz gleich wie tugendhaft, doch nie wirklich gesellschaftsfähig geworden. Ihre aufopferungsvolle Liebe, ihr qualvolles Sterben erhalten ihren Sinn mithin erst durch ihren Tod. Erst ihr Tod garantiert ihr Überleben im Herzen Armands, der sie fortan idealisieren kann, ohne daß ihn dies an der Wiederaufnahme seiner bürgerlichen Existenz hinderte. Ihr Tod macht Marguerite zum Idol, das seinen Zauber durch eine Berührung mit dem konkreten, entzaubernden Alltagsleben nie verlieren wird. Ihr Tod macht sie unsterblich – aber es ist die für das Individuum tödliche Unsterblichkeit des Kunstwerks, die ihr beschieden ist.[13] Erst retrospektiv kann sie deshalb in den Worten Armands und des Erzählers zu der werden, die sie sein soll: zur Kunstfigur, zur Inkarnation romantischer Liebe – und endgültig zum Besitz der anderen, das heißt: der Männer, für die der eine Mann Armand steht.[14]

Die romantische Liebe, in dieser bürgerlichen Gesellschaft als unbürgerlich, in jedem Fall als asozial empfunden (was ihre Abhängigkeit von den bürgerlichen Insitutionen, von denen sie sich absetzt, nur um so deutlicher zeigt), wird dem bürgerlichen Besitz- und Tauschdenken endgültig einverleibt und als schöner Schein vom bürgerlichen Nützlichkeitsdenken in Dienst genommen. Der Traum, den die beiden Liebenden hegen, ist von vornherein unrealistisch und unrealisierbar: nämlich auf die einsame Insel der Liebe außerhalb jeglicher gesellschaftlicher Konvention fliehen zu können, das heißt: die Gesetze des Marktes und der etablierten Geschlechterbeziehungen (die Ehen und Affären, aber nicht die »wahre Liebe« einer Prostituierten vorsehen) außer Kraft setzen zu können. Auf Dauer kann aber diese Gesellschaft keinen a-sozialen Raum zulassen. So kann nur der Tod der Geliebten die gesellschaftliche Ordnung retten – und zugleich den Schein ewiger romantischer Liebe; erst ihr Tod eröffnet den Raum der Imagination durch die Sprache. Nun, da die Geliebte unwiderruflich abwesend ist, kann die romantische Liebe vom männlichen Autor retrospektiv erzählt und zu Literatur gemacht werden. Damit ist auch die Geschlechterordnung – im Sinne institutionalisierter Geschlechterbeziehungen – rehabilitiert: Männer verfügen – als Ehemänner, Liebhaber und Autoren – über Frauen.

In ›Auf den Körper geschrieben‹ gibt es weder eine sichtbare Tote noch eine Exhumierung. Sie werden ersetzt durch die Angst vor dem Tod der Geliebten und durch einen der Exhumierung durchaus vergleichbaren Versuch, sich wenigstens imaginativ ihres (abwesenden, vielleicht toten) Körpers zu bemächtigen.[15]

Dem trotz aller Retardierungen ökonomisch-linearen Erzählstil der ›Kameliendame‹ tritt in ›Auf den Körper geschrieben‹ ein nicht-chronologisches, scheinbar willkürlich erinnerndes Erzählen gegenüber, das sich selbst ironisch in Szene setzt, Arabesken beschreibt und zu keinem klar definierbaren Ende kommt. Die Momente tiefster persönlicher Betroffenheit werden desentimentalisiert, indem sie reflektiert und relativiert werden im Rückgriff auf literarische Traditionen, indem scheinbar naiv auch die komische Seite an ihnen miterzählt wird oder indem ihnen Szenen folgen, die unmerklich ins Groteske oder Phantastische entgleiten.

Von der ersten Zeile an bestimmen Liebe und emotionaler Verlust den Roman, während in der ›Kameliendame‹ von der ersten Zeile an das Thema »Handel« dominiert. Während das erzählende Ich in ›Auf den Körper geschrieben‹ vom Entstehen seiner Liebe zu Louise berichtet, erinnert es sich zugleich ständig an seine früheren Geliebten und an das unvermeidliche Verlassenwerden. Indem es sich dieser Flut von Erinnerungen an Verlusterfahrungen aussetzt, wappnet es sich gegen die Angst, nun auch von Louise verlassen zu werden. Dabei thematisiert es beständig einen Topos romantischer Liebe: nämlich deren Einzigartigkeit, aber zugleich das Wissen um die Unoriginalität der Aussage »Ich liebe dich«. Schon über Schlegels Julius heißt es:

> Eine Liebe ohne Gegenstand brannte in ihm und zerrüttete sein Innres. (...) Es war ihm, als wolle er eine Welt umarmen und könne nichts greifen. Und so verwilderte er denn immer mehr und mehr aus unbefriedigter Sehnsucht.[16]

Als er das, was er sucht, schließlich in Lucinde gefunden hat, scheut er sich davor, es mit dem abgenutzten Wort »Liebe« zu benennen, denn das, was er jetzt erlebt, scheint ihm etwas ganz anderes zu sein als alles bisher Empfundene: »Aber weder im Taumel der Nächte noch in der Freude der Tage wollte er es Liebe nennen«, bis er einsieht: »Er hatte die Liebe und das Glück überall gesucht, wo sie nicht zu finden waren, und nun da er das Höchste besaß, hatte er nicht einmal gewußt oder gewagt, ihm den rechten Namen zu geben.«[17]

In der ›Kameliendame‹ wird darüber reflektiert, ein wieviel größerer »Sieg« (!) es doch sei, eine Kurtisane zur Liebe zu bewegen als ein junges, behütetes Mädchen, denn sie kenne aufgrund ihrer Erfahrung alle Verführungskünste, kenne alle Liebesworte, die man ihr sagen könne.[18] Und in Wintersons Roman ›Auf den Körper geschrieben‹ heißt es gleich auf der ersten Seite:

> Warum ist das Unoriginellste, was wir einander sagen können, immer noch das, was wir unbedingt hören wollen? »Ich liebe dich« ist stets ein Zitat. Du bist nicht der erste Mensch, der es gesagt hat, ich auch nicht, und dennoch: Wenn du es sagst und wenn ich es sage, sprechen wir wie Wilde, die drei Wörter entdeckt haben und sie anbeten.[19]

Hier wird nicht nur mit einem Topos der romantischen Liebe gespielt, sondern es klingt auch die berühmte Definition der Postmoderne durch Umberto Eco in der ›Nachschrift zum Namen der Rose‹ an:

> Die postmoderne Haltung erscheint mir wie die eines Mannes, der eine kluge und sehr belesene Frau liebt und daher weiß, daß er ihr nicht sagen kann: »Ich liebe dich inniglich«, weil er weiß, daß sie weiß (und daß sie weiß, daß er weiß), daß genau diese Worte schon, sagen wir, von Liala geschrieben worden sind. Es gibt jedoch eine Lösung. Er kann ihr sagen: »Wie jetzt Liala sagen würde: Ich liebe dich inniglich.« In diesem Moment, nachdem er die falsche Unschuld vermieden hat, nachdem er klar zum Ausdruck gebracht hat, daß man nicht mehr unschuldig reden kann, hat er gleichwohl der Frau gesagt, was er ihr sagen wollte, nämlich daß er sie liebe, aber daß er sie in einer Zeit verlorener Unschuld liebe.[20]

Jenseits der verlorenen Unschuld, von der Eco spricht, entsteht in ›Auf den Körper geschrieben‹ eine neue Unschuld (»wir sprechen wie Wilde«), eine Unschuld der Sprache und zugleich der Liebe. Liebe und Sprache fallen in eins; beide werden von den Zwängen gesellschaftlicher beziehungsweise grammatischer Konventionen freigesetzt und verabsolutiert. Die Sprache hat keine wirkliche außersprachliche Referenz mehr, und die Liebe hat ihren Endzweck in sich selbst, denn es gibt kein Göttliches außerhalb ihrer mehr, auf das sie verweisen könnte. Da damit die »Sehnsucht« nicht befriedigt werden kann, muß der Verzicht als höchster Liebesbeweis hinzukommen und ein Absolutes einführen, das im Innerweltlichen den Bereich des Göttlichen ersetzt. Der altruistische Verzicht wird im Zeitalter der Egoismen[21] zum Numinosen schlechthin, zum Unerklärlichen, zum säkularisierten Metaphysischen. Der Verzicht setzt die Phantasie frei. Er setzt damit genau das frei, was romantische Liebe von anderen Liebeskonzepten unterscheidet, und schafft Raum für die imaginative Neu-Erschaffung des Anderen. »Kristallisation« nennt Stendhal dieses Phänomen,[22] und Freuds »narzißtische Sexualüberschätzung« der Geliebten zu Lasten des Selbstbildes[23] bezeichnet etwas sehr Ähnliches.

Eine Weile haben das Ich und Louise in relativer Armut, doch sich selbst genügend und glücklich miteinander gelebt – gewissermaßen auf der ersehnten einsamen Insel aller Liebenden –, als die unausweichliche Peripetie eintritt. Denn der Code der romantischen Liebe ist, wie Luhmann ausführt, bislang nicht mit dem der lebenslangen Ehe (oder, so kann man ergänzen, mit eheähnlichen Beziehungen) vereinbar; dafür gibt es noch keinen Code und folglich keine Lösung:

> Die in all diesen sachlichen und sozialen Hinsichten grenzenlose Liebe wird gleichwohl in einer Hinsicht begrenzt, nämlich in der Zeit. Die Liebe endet unvermeidlich, und zwar schneller als die Schönheit, also schneller als die Natur. Ihr Ende ist nicht eingeordnet in den allgemeinen

> kosmologischen Verfall, sondern durch sie selbst bedingt. Liebe dauert nur kurze Zeit, und ihr Ende kompensiert das Fehlen jeder anderen Grenze. Das Wesen selbst der Liebe, der Exzeß, ist der Grund für ihr Ende; und umgekehrt: »En amour, il n'y a guère d'autres raisons de ne s'aimer plus que de s'être trop aimés.« Fast ist die Erfüllung schon das Ende, fast muß man sie fürchten und hinauszuzögern oder zu vermeiden suchen. Als Unbedingtheit verträgt sie keine Repetition. (...) Eben deshalb muß der Widerstand, der Umweg, die Verhinderung geschätzt werden, denn dadurch allein gewinnt die Liebe Dauer. Als Medium dieser Dauer dient das Wort. Worte trennen stärker als Körper, sie machen die Differenz zur Information und zum Anlaß der Fortsetzung der Kommunikation. So produziert der Kommunikationscode selber die zu seiner Genese notwendige Verbalisierung. Die Liebe aber existiert nur im »noch nicht«. Der Moment des Glücks und die Ewigkeit des Leids bedingen sich wechselseitig, sind identisch. Nichts wäre abwegiger, als bei Liebe an Ehe zu denken.[24]

Da nötigt Louises Mann – der Ehemann ersetzt hier den Vater aus der ›Kameliendame‹ – das Ich, Louise zu verlassen, damit er sie von ihrer Leukämie heilen könne. Um seine Geliebte zu retten, willigt es ein und zieht sich in die Einsamkeit zurück, ohne irgendwelche Spuren zu hinterlassen. Damit ist aber auch eine Verewigung der Liebe erreicht. Wintersons Erzählerfigur hatte zuvor ihr Liebeskonzept folgendermaßen beschrieben: »Ich bin süchtig nach den ersten sechs Monaten.«[25] Aber:

> Mit Louise möchte ich etwas anderes. Ich will die Ferien und die Heimkehr zugleich. Sie ist der Reiz der Erwartung und die Erregung für mich, aber ich muß es länger als sechs Monate glauben können.[26]

Indem es Louise nach genau fünf Monaten verläßt, konserviert es die Liebe in jenem Zustand vor Ablauf der sechs Monate und verleiht ihr damit zugleich ewige Dauer in der Erinnerung. Die romantische Liebe ist für immer gerettet, da sie sich nicht mehr der Welt und dem Wandel aussetzen muß, sondern zum Element der Erinnerung und der Imagination geworden ist. Die realen Veränderungen in der Welt sind folglich kein Maßstab mehr für das erzählende Ich; sein Maßstab ist fortan die Imagination. Seine Zeit ist nicht mehr von der mechanischen äußeren Zeitmessung abhängig, sondern die innere Zeit der Imagination und der Erinnerung. Ganz zu Beginn schildert es seine Angst:

> Du tust, als würden wir für immer zusammenbleiben. Du tust, als wäre die Freude unendlich und als hätten wir Zeit ohne Ende. Woher soll ich das kennen? Ich habe die Erfahrung gemacht, daß die Zeit immer endet. Theoretisch hast du recht, die Quantenphysiker haben recht, die Romantiker und die Religiösen haben recht. Zeit ohne Ende. In der Praxis tragen wir beide eine Uhr.[27]

Das Uhrenmotiv erinnert nicht von ungefähr an Shakespeares ›Wie es euch gefällt‹: Im Ardenner Wald gibt es keine Uhren. In Shakespeares Komödie geht es um Liebeskonzepte, auf die in Wintersons Roman ausdrücklich angespielt wird. Nicht nur ist ›Wie es euch gefällt‹ einer der wichtigsten Texte über das Spiel mit Geschlechterrollen in der Liebe, die Komödie spielt auch ironisch mit dem damals schon fast veralteten Konzept der Liebeskrankheit, die der junge Orlando bei sich diagnostiziert. Orlandos Geliebte Rosalind, als Jüngling verkleidet, macht sich anheischig, ihn zu heilen. Sie spottet über seine Vorstellung von der schicksalhaften, lebensbedrohlichen Gewalt der Liebe und zeigt damit, daß sie die Codehaftigkeit, das heißt die Artifizialität dieses Liebesdiskurses durchschaut hat: »(z)u allen Zeiten sterben Menschen, und Würmer fressen sie, aber nicht aus Liebe.«[28] Diesen Satz nimmt das Ich von Wintersons Roman zu einem frühen Zeitpunkt seiner Beziehung zu Louise auf, als es auf deren Entscheidung für oder gegen die Beziehung wartet:

> Als der Morgen graute, war ich daheim, zitternd und deprimiert. Ich begrüßte das Zittern, denn ich hoffte, es könnte Fieber bedeuten. Wenn ich ein paar Tage im Delirium lag, würde es vielleicht weniger wehtun, wenn sie mich verließ. Mit ein wenig Glück würde ich vielleicht sogar sterben. »Die Menschen sind von Zeit zu Zeit gestorben, und Würmer haben sie verzehrt, aber nicht aus Liebe.« Shakespeare hatte unrecht, ich war der lebende Beweis dafür. »Du solltest ein toter Beweis sein«, sagte ich mir. »Wenn du ein lebender bist, hat er recht gehabt.«[29]

Das Ich nimmt einen Topos auf, mit dem in Shakespeares Text schon ironisch umgegangen wird, und es ironisiert diesen Topos noch ein weiteres Mal. So wird eine erneute Spiraldrehung von Fiktionalisierung erreicht, die jedoch nicht den Anspruch auf »Authentizität« der höchst subjektiven persönlichen Erfahrung auslöschen kann. Dieser Anspruch weiß um seine Vermitteltheit, spielt damit und setzt sich trotzdem – unbegründet und unbegründbar – sprachlich als ein Absolutum. Genauso funktioniert »Geschlecht« in unserer Kultur: Es ist diskursiv konstruiert und wird doch subjektiv als wahr und authentisch erlebt.

In seiner Einsamkeit und in völliger Unwissenheit um Louises Schicksal beginnt das Ich, sich obsessiv mit dem Körper der abwesenden Geliebten zu beschäftigen:

> Ich begann mich wie besessen mit Anatomie zu beschäftigen. Wenn ich Louise nicht aus meinen Gedanken verbannen konnte, würde ich mich in ihr ertränken. In der klinischen Sprache, der sachlichen Betrachtung des saugenden, schwitzenden, gefräßigen und defäkierenden Ich, fand ich ein Liebesgedicht an Louise. Ich würde sie genauer kennenlernen, intimer noch als die Haut, das Haar und die

Stimme, nach denen ich vor Sehnsucht verging. Ich würde ihr Plasma haben, ihre Milz, ihre Synovialflüssigkeit. Ich würde sie erkennen, auch wenn ihr Körper längst schon dahingeschwunden wäre.[30]

Das »Liebesgedicht« ist wörtlich zu nehmen: Die Textpassage über Louises Körper beginnt mit scheinbar objektiv-wissenschaftlichen Aussagen beispielsweise über die Zellen des menschlichen Körpers, um dann sehr bald in einen ganz anderen Sprachgestus zu geraten, mit dem das Allgemeine immer stärker metaphorisiert wird und immer mehr auf die persönliche Ebene gerät. Schließlich mündet der jeweilige Text in ein subjektives Liebes-Prosa-Gedicht. Dieser Prozeß ist vieldeutig: Zum einen wird damit der Prozeß des Schreibens selbst vorgeführt, und die Befreiung der Imagination von »realen« Beschränkungen wird sinnfällig. Die Liebe entfaltet sich in der Abwesenheit der Geliebten als Liebesdiskurs, der die krude Realität eines kranken, möglicherweise schon zerfallenden Körpers ignoriert. Zugleich findet hier, ähnlich wie in der Exhumierung der ›Kameliendame‹, eine imaginäre Inbesitznahme des Körpers der Geliebten statt, und zwar von innen, indem imaginativ und fühlend gleichsam in den Körper hineingekrochen wird. Bedingung für die Möglichkeit dieser Inbesitznahme ist die Abwesenheit der Geliebten: ihr realer Tod, wie in der ›Kameliendame‹, oder zumindest ihre physische Abwesenheit – Unsichtbarkeit, Unberührbarkeit –, die für das erlebende (erinnernde, imaginierende) Subjekt durchaus auch ihren Tod bedeuten kann. Roland Barthes spricht von dem »Moment, da der Andere aus der Abwesenheit kurzerhand in den Tod stürzen könnte«. Schreiben wird zur einzigen Möglichkeit, diesen Moment zu verlängern, den Tod aufzuhalten, die Abwesenheit durch Wörter zu verdecken, eins zu werden mit der Geliebten. Der Versuch, mit der Geliebten eins zu werden, beruht paradoxerweise auf der Beschwörung existentieller und keineswegs nur sexueller Differenz. Die Geliebte erscheint als das grundsätzlich Andere, als Nicht-Ich, hier: als das Tote in Differenz zum Lebenden. Auch wenn die Differenz beschworen wird, damit sie aufgehoben werden könne, bleibt sie Bedingung der Möglichkeit von Liebe überhaupt.

Die in den Phantasien vom kranken, toten und zerfallenden Körper der Geliebten liegende Gewalttätigkeit wird nur dadurch verdeckt, daß es sich ja um eine Bewegung in der Vorstellungskraft und nicht ein reales Eindringen in ihren Körper handelt. Den umgekehrten Weg beschreibt wieder einmal Julius:

> Gewiß! es liegt tief in der Natur des Menschen, daß er alles essen will, was er liebt (...) Die gesunde Wißbegierde wünscht ihren Gegenstand ganz zu fassen, bis in sein Innerstes zu durchdringen und zu zerbeißen. Das Betasten dagegen bleibt bei der äußerlichen Oberfläche allein stehen, und alles Begreifen gewährt eine unvollkommene nur mittelbare Erkenntnis.[31]

Von hier bis zu Kleists Penthesilea, die Küsse und Bisse verwechselt, ist es nur noch ein kleiner, wenn auch entscheidender Schritt.

Während es in der früheren Literatur immer Männer waren, die die imaginative, ausgreifende wie auch die aneignende, destruktive Bewegung vollzogen und sich in jedem Falle als überlegen erwiesen, übernimmt in Wintersons Roman erstmals ein Geschöpf ungewissen Geschlechts – vielleicht eine Frau, die ihr Geschlecht sprachlich verkleidet – diese Gesten. Es leistet Verzicht wie Marguerite und eignet sich die Geliebte imaginativ an wie Armand; es ist in seinem Verhalten gewissermaßen Frau und Mann zugleich. Vom biologischen Geschlecht ist keine Rede, und das ist auch nicht mehr nötig. Der Roman führt vielmehr vor – auf seine spezifische Weise gewissermaßen ganz auf der Höhe der theoretischen Gender-Debatten –, daß zwar Differenz, aber nicht notwendigerweise Geschlechterdifferenz die Voraussetzung für eine große Liebe ist. Wenn Michel Foucault fragt: »Do we truly need a true sex?«, so ist die Antwort von ›Auf den Körper geschrieben‹: ja und nein. Es ist überhaupt nichts gegen die Geschlechterdifferenz einzuwenden, wenn sie nicht verabsolutiert wird. Aber sie ist nicht das Maß aller Dinge. Weder das Beharren auf einem einmal festgelegten Geschlecht oder auf der Existenz von nur zwei Geschlechtern noch der Geschlechtertausch sind mehr Voraussetzungen für die Erkenntnis von Differenz. Viel wichtiger ist die Vielzahl von Differenzen und Übergängen, die neue Möglichkeiten im Rahmen des längst selbstverständlich Scheinenden eröffnen. Damit wird das alte Konzept von romantischer Liebe, das immer auf die – idealtypisch ausgeprägte – Geschlechterdifferenz angewiesen war, subversiv verändert.

›Auf den Körper geschrieben‹ setzt die gesellschaftliche und literarische Omnipräsenz der Themen Maskerade und Geschlechtertausch voraus. Der Roman braucht sie deswegen nicht mehr explizit zu thematisieren, sondern kann gleich mit den Variationen zum Thema beginnen. Der Roman ist selbst die Maskerade. Die Frage nach der Imitation des Männlichen spielt keine Rolle mehr. Was einzig zählt, ist die Irritation, die durch die textuelle und sexuelle Ambivalenz bei den Leserinnen und Lesern ausgelöst wird: durch das Oszillieren zwischen Weiblichkeit und Männlichkeit, Homosexualität und Heterosexualität, Leben und Tod, Erinnerung und Gegenwart, Ahnung und Wissen, Zitat und Originalaussage, Roman, Gedicht und medizinischer Abhandlung – kurz: durch das umfassende Spiel der Intertextualität, zu der natürlich auch das Wissen um literarische Genres und um Geschlechterdifferenz gehört.

Anmerkungen

Einleitung

1 5 Mose 22,5
2 Turner 1995.
3 Ich orientiere mich hier an den Positionen des New Historicism, die vor allem in den Arbeiten von Stephen Greenblatt zum Ausdruck kommen.
4 Vgl. hierzu Assmann/Harth 1991.
5 Geertz 1987, 9.
6 Weitere literarische Beispiele in Lehnert 1994. Andere theoretische Ansätze verfolgen Garber 1993 und Benedek/Binder 1996.
7 Turner 1995.
8 Dekker/van de Pol 1989.
9 Vgl. hierzu meine exemplarische Rezension von Judith Butlers neuestem Buch ›Körper von Gewicht‹: Lehnert 1996e.

Geschlecht und Maskerade

1 Benjamin 1996, 25.
2 Laqueur 1992, 176.
3 Benjamin 1996, 21.
4 Benjamin 1996, 21.
5 Stefan Hirschauer 1993, 27.
6 Die Navajo kennen vier (kulturelle) Geschlechter. Vgl. Mika 1994, 4.
7 Hirschauer 1993.
8 Vgl. de Lauretis 1987, 1–30.
9 Hirschauer 1993, 50.
10 Hirschauer 1993, 52.
11 Zur Modegeschichte vgl. etwa Boehn 1982; Loschek 1984 und 1994; Steele 1985 und 1988.
12 Vgl. Kidwell/Steele 1989.
13 Clark 1985; Lucas 1988.
14 Flaubert 1981, 436 f.
15 Steele 1991; Charles-Roux 1982.

16 White 1995; Steele 1991.

17 Wolter 1988 und 1994.

18 Zitiert nach: Junker/Stille 1988, 80 f.

19 Der Mensch sei von Natur aus ein nacktes Tier, das sich »nur unter gewissen Umständen, geleitet von Plan und Absicht, mit Kleidern maskiert«, heißt es in Carlyles ›Sartor Resartus‹ von 1833/34.

20 Wolter 1988.

21 Vgl. Hoffmann 1959, 119.

22 Hollander 1994.

23 Steele 1985; Kidwell/Steele 1989.

24 In ihrem für die BBC hergestellten Fernsehfilm ›Painted Ladies‹.

25 Charles Baudelaire 1976.

26 Vgl. hierzu Jameson 1986, Case 1993, Butler 1990 u. a. – Deswegen scheint mir die in der Gender-Studies-Theorie zur Zeit geläufige Rede von »Weiblichkeit als Maskerade« auch problematisch, weil sie stets das Männliche als das Authentische voraussetzt. Auf diese Punkte wird im nächsten Teil noch eingegangen werden.

Literarische Imaginationen

1 Vgl. hierzu die materialreiche Studie von Dekker/van de Pol 1989; über Piratinnen Helsper 1991; über Soldatinnen Wheelright 1989. Darin auch weitere Literaturhinweise.

2 ›Hidden From History‹ 1990, 184 f.

3 Laffin 1967; Wheelright 1989.

4 Sie wird in dem halbdokumentarischen Film ›Katharina oder die Kunst, Arbeit zu finden‹ (1995) von Barbara Trottnow vorgestellt.

5 Garber 1992, 67.

6 Jeanne d'Arc 1956.

7 Gilbert 1932.

8 Gilbert 1932; Wheelright 1989.

9 In: Fitzmorris-Kelly 1908, 1–144.

10 de Quincey 1968.

11 Der einfachen Zugänglichkeit halber zitiere ich nach der zweisprachigen Reclam-Ausgabe: William Shakespeare: ›As You Like It/Wie es euch gefällt‹. Übers. und hg. v. Herbert Geisen und Dieter Wessels. Stuttgart 1981. (III, 2), Orig.: »Dost thou think, though I am caparisoned like a man, I have a doublet and hose in my disposition?«

12 Ausführlicher hierzu Lehnert 1994. Zu den Quellen vgl. Freeburg 1965; Enzyklopädie des Märchens, Stichwort »Cymbeline«.

13 Riha 1984 enthält entsprechende Szenarien.

14 Zu Goldoni und seiner Zeit vgl. die Überblicke bei Hinck 1974; Pokorny 1968; Theile 1977; weitere Literaturhinweise bei Lehnert 1994. Auch Molières Komödie ›Dépit amoureux‹ (1656) steht in der Commedia dell'arte-Tradition; vgl. hierzu Lehnert 1994, 165 ff.

15 Auch in diesem Falle wird die zweisprachige Reclam-Ausgabe verwendet: ›Il servitore di due padroni/Der Diener zweier Herren‹. Übersetzung und Nachwort von Heinz Riedt, Stuttgart 1979.

16 Foucault 1992.

17 Bachtin 1985.

18 Bovenschen 1979.

19 Freud 1989a.

20 Lehnert 1994, 346.

21 Zu Shakespeare und seiner Zeit: ›Shakespeare-Handbuch‹ 1978; Greenblatt 1993. Zu ›As You Like It‹ vgl. u. a. Halio 1968; Bono 1988. Zum Verkleidungsmotiv bei Shakespeare unter anderem: Fausler Brown 1975; Hayles 1979; Crawford 1984; Greenblatt 1993; Lehnert 1994. Zum Frauenbild im elisabethanischen Theater Ferris 1990.

22 »I could find in my heart to disgrace my man's apparel, and to cry like a woman, but I must comfort the weaker vessel, as doublet-and-hose ought to show itself courageous to petticoat: therefore courage, good Aliena!« (II, 4; 54 f.)

23 Vgl. Sennett 1995, Foucault 1992.

24 Greenblatt 1993, 101.

25 Eine Analyse des homoerotischen Aspekts in Case 1988. Siehe auch van Emde Boas 1965; Garber 1993. Zum Hermaphroditismus Greenblatt 1993.

26 Vgl. Saslow 1990.

27 Orig.: »If I were a woman I would kiss as many of you as had beards that pleas'd me, complexions that lik'd me, and breaths that I defied not; and I am sure, as many as have good beards, or good faces, or sweet breaths, will for my kind offer, when I make curtsy, bid me farewell.« (V, 4; 400)

28 Vgl. Case 1988, 22. Zur Debatte um die »boy actors« siehe Binns 1974; Levine 1976; Howard 1993.

29 Vgl. zum folgenden Laqueur 1992.

30 Laqueur 1992, 78 f.

31 Saslow 1990; Trumbach 1990.

32 Eine differenzierte historische und literarische Analyse bei Howard 1993; vgl. ferner Rackin 1987; Lucas 1988.

33 Vgl. hierzu Clark 1985.

34 Case 1988, 23 f.; Herrmann 1990, 296 f.; Hayles 1979; Binns 1974; Levine 1976; Clark 1985, 157–183.

35 Greenblatt nennt das einen »gemeinsamen Code, eine Reihe ineinander verschränkter Tropen und Ähnlichkeiten, die nicht nur als Gegenstände, sondern auch als Bedingungen der Darstellung fungieren.« (Greenblatt 1993, 114).

36 Greenblatt 1993, 11.

37 Publius Ovidius Naso 1965, 9. Buch, V. 666–797.

38 Lyly 1969.

39 Greenblatt 1993, 89.

40 Greenblatt 1993, 89.

41 Eriksson 1980/81, 27–40; Faderman 1981.

42 Greenblatt 1993, 107 und 108.

43 Greenblatt 1993, 101.

44 Greenblatt 1993, 103 ff.; Laqueur 1986 und 1992.

45 Greenblatt 1993, 104.

46 Marivaux 1985.

47 Marivaux 1985, 27.

48 Marivaux 1985, 19.

49 Marivaux 1985, 92.

50 Marivaux 1985, 86.

51 Marivaux 1985, 86.

52 Gautier 1966.

53 »Ainsi posée, elle ressemblait parfaitement à ces statues de marbre des déesses (...) Elle resta donc sans aucun voile, ses vêtements tombés lui faisait une espèce de socle, dans tout l'éclat diaphane de sa belle nudité, aux douces lueurs d'une lampe d'albâtre que d'Albert avait allumée.
D'Albert, ébloui, la contemplait avec ravissement.
– J'ai froid, dit-elle en croisant ses deux mains sur ses épaules.
– Oh! de grâce! une minute encore!
Rosalinde décroisa ses mains, appuya le bout de son doigt sur le dos d'un fauteuil et se tint immobile; elle hanchait légèrement de manière à faire ressortir toute la richesse de la ligne ondoyante (...) les lignes d'une statue grecque, du meilleur temps et le ton d'un Titien.« (Gautier 1966, 369 f.) [Deutsche Übersetzung G. L.]

54 »Sa robe était faite d'une étoffe de couleur changeante, azur dans la lumière, or dans l'ombre; un brodequin très juste et très serré chaussait un pied qui n'avait pas besoin de cela pour être trop petit, et des bas de soie écarlate se collaient amoureusement autour de la jambe la mieux tournée

et la plus agaçante; ses bras étaient nus jusqu'aux coudes, et ils sortaient d'une touffe de dentelles ronds, potelés et blancs, splendides comme de l'argent poli et d'une délicatesse de linéament inimaginable; ses mains, chargées de bagues et d'anneaux, balançaient mollement un grand éventail de plumes bigarrées de teintes singulières et qui semblait comme un petit arc-en-ciel de poche.« (Gautier 1966, 265) [Dt. Übersetzung G. L.].

55 Laqueur 1992, 172.

56 Laqueur 1992, 18.

57 »Instead of being the consequence of increased scientific knowledge, new ways of interpreting the body were rather, I suggest, new ways of representing and indeed of constituting social realities.« (Laqueur 1986, 4) [Deutsche Übersetzung G. L.]

58 »If sex differences could be found in the skeleton, then sexual identity would no longer be a matter of sex organs appended to a neutral human body, as Vesalius had thought, but would penetrate every muscle, vein, and organ attached to and molded by the skeleton.« (Schiebinger 1986, 53) [Deutsche Übersetzung G. L.]

59 Hausen 1976.

60 Laqueur 1992, 177.

61 Vgl. Lehnert 1994; Hausen 1976, 377; Blochmann 1966; Bovenschen 1979.

62 Ausführlicher dazu Lehnert 1994.

63 Vgl. zum Aspekt der Komplementarität Prokop 1991; ferner Bovenschen 1979, Hausen 1976.

64 Zu Friedrich Schillers widersprüchlichem und damals schon veraltetem Frauenbild vgl. Fuhrmann 1981.

65 Eine ähnliche Argumentation habe ich bereits in Lehnert 1994 und Lehnert 1996d entwickelt.

66 ›Novelle ohne Titel‹, in: Wieland: ›Sämmtliche Werke XII‹ (Bd. 38). Leipzig 1805, Reprint Hamburg 1984, 180 f.

67 Wieland 1984, 193.

68 Wieland 1984, 214.

69 Wieland 1984, 199.

70 Wieland 1984, 198.

71 Sophie von La Roche 1985.

72 C. F. Meyer 1974, 135.

73 Vgl. zur Adoleszenz Erdheim 1982 und 1988; zur weiblichen Adoleszenz Flaake-King 1992; Brown-Gilligan 1994; Lehnert 1996a.

74 Meyer 1974, 144.

75 Ebenso in dem 1929 fertiggestellten Libretto zu Richard Strauss' Oper ›Arabella‹.

76 Zu den literaturgeschichtlichen Filiationen sowie zu einem Vergleich mit der späteren Oper ›Arabella‹ vgl. Lehnert 1994.

77 Hofmannsthal 1975.

78 Bachofen 1948.

79 Sigmund Freud vertritt in ›Das Unbehagen in der Kultur‹ (1930) und in anderen Texten zur Geschlechterdifferenz ganz ähnliche Thesen: Frauen gelten ihm als nur bedingt zivilisationsfähig, weil ihnen der Druck der Kastrationsangst fehlt.

80 In der Oper ›Arabella‹ führt Hofmannsthal diesen Gedanken weiter, indem er das Lustspielgeschehen stärker in den Rahmen der Ehe einbindet.

81 Zum Roman ›Mrs. Doubtfire‹ von Anne Fine, der Vorlage für den Film, vgl. Lehnert 1996b.

82 Chermayeff/David/Richardson: ›Drag Diaries‹ 1995 (hintere Umschlagseite).

83 »Beruf Lady. RuPaul, Gentleman unter den Diven«, in: ›Vogue‹ 3/1997, 168.

84 So ist auch Divine in ›Hairspray‹ insofern die vollkommene Inkarnation der Vorort-Hausfrau in dieser Parodie auf die amerikanische TV-Gesellschaft, als er diese Frau von außen betrachtet und als Typus, nicht als Charakter, darstellen kann. Der Hauptdarsteller in ›Das geschriebene Gesicht‹, einem Film über einen japanischen Frauendarsteller im Kabuki-Theater, sagt sinngemäß, er fühle nie wie eine Frau, sondern betrachte Frauen von außen und verwende das Zeichenrepertoire, mit dem das Zeichen Frau konstruiert wird.

85 ›Drag Diaries‹, 34 [Dt. Übers. G. L.]

86 ›Drag Diaries‹, 41.

87 Elisabeth Badinter hat diese Auffassung – die mir übrigens problematisch erscheint – bereits 1986 vertreten (Badinter 1988); neuerdings wird sie popularisiert und in Zeitschriften wie ›Vogue‹ breitgetreten.

Bilder vom anderen Leben

1 Feinberg 1996, 338; engl: »Who was I now – woman or man? That question could never be answered as long as those were the only choices; it could never be answered if it had to be asked.« (Feinberg 1993, 222)

2 Feinberg 1996, 343; engl: »My body was blending gender characteristics, and I wasn't the only one who noticed. I remembered what it was like to walk a gauntlet of strangers who stare – their eyes angry, confused, in-

trigued. Woman or man: they are outraged that I confuse them. The punishment will follow. The only recognition I can find in their eyes is that I am ›other‹.« (Feinberg 1993, 224)

3 Vgl. hierzu auch Lehnert 1996c.

4 Engl. »he–she«.

5 Feinberg 1996, 343; engl.: »I am different. I will always be different. I will never be able to nestle my skin against the comfort of sameness.« (Feinberg 1993, 224)

6 Vgl. hierzu die kritischen Stimmen von Teresa de Lauretis 1993; Sue-Ellen Case 1991; ferner de Lauretis 1994.

7 Engl.: »Lesbians are not women«; Monique Wittig 1992; hier: 32.

8 »If we, as lesbians and gay men, continue to speak of ourselves and to conceive of ourselves as women and as men, we are instrumental in maintaining heterosexuality.« (Wittig 1980, 30) [Deutsche Übersetzung G. L.]

9 »A specific form of female sexuality but also [...] a sociosymbolic form; that is to say, a form of psychosocial subjectivity that entails a different production of reference and meaning.« (de Lauretis 1994, XVII) [Deutsche Übersetzung G. L.] – Eine fundierte und umfassende Kritik von Inhalt, Methodik und logischer Stringenz von de Lauretis' Buch leistet Elizabeth Grosz 1994.

10 Grosz 1994 fragt völlig zu Recht, wie es in diesem Kontext zu erklären sei, daß manche Frauen erst lesbisch sind und dann heterosexuell werden oder, der häufigere Fall, umgekehrt.

11 Der meines Erachtens zentrale Denkfehler von de Lauretis' Unternehmen besteht außer in der homogenisierenden Tendenz genau darin: Sie erkennt die Psychoanalyse als Erklärungsmodell schlechthin für Heterosexuelle an, erkennt ihr also einen universalen Wahrheitsanspruch zu, versucht sie jedoch im Hinblick auf »andere« Sexualitäten, die in der klassischen Psychoanalyse ausgespart oder »falsch« erklärt werden, umzudeuten. Nur auf diese Weise läßt sich, wie oben gesagt, der hypostasierte Unterschied zwischen lesbischen und anderen Menschen erklären. Dieser methodisch problematische Absatz führt zu Verkrampfungen und Ungereimtheiten, dazu, daß Begriffe wie Kastration und Fetisch nicht völlig neu definiert werden, sondern nur für ein begrenztes Teilgebiet innerhalb eines an sich unangetastet bleibenden Bereichs. Es ist nichts dagegen einzuwenden, daß man Theorien eklektisch verwendet; problematisch wird es dann, wenn man sich ganz auf ein System und seine methodischen und terminologischen Prämissen einläßt und es einerseits intakt lassen und andererseits verändern will – wenn man, bildlich gesprochen, den Kuchen zugleich behalten und aufessen möchte. So verschenkt de Lauretis das Potential

ihrer vielversprechenden Idee, Freuds Theorie der Sexualität als Theorie der Perversionen ernstzunehmen und zum Dreh- und Angelpunkt einer Theorie von Sexualität zu machen, die dann eben nicht mehr die sogenannte Normalität, die eben bei Freud eine Norm ist, die sich aus den Perversionen entwickelt, zum Maßstab machen würde.

12 Vgl. Joan Nestle 1987, 102: »The most frequently shouted taunt was, ›Which one of you is the man?‹« [Deutsche Übersetzung G. L.]

13 Vgl. Judith Butler 1993 und 1990.

14 Butler übernimmt das Grundprinzip dieser Idee von Baudrillard, der es nicht auf Geschlechtsidentität anwendet.

15 Case 1993.

16 »Womanliness as a Masquerade«, dt. 1994.

17 »I suggest that this kind of masquerade is consciously played out in butch-femme roles [...] the butch is the lesbian woman who proudly displays the possession of the penis, while the femme takes on the compensatory masquerade of womanliness.« (Case, 300) [Deutsche Übersetzung G. L.]

18 De Lauretis meint etwas ähnliches mit ihrem Fetisch, was jedoch den Sachverhalt eher unklarer macht.

19 Case 1991.

20 Case bezieht in ihre Argumentation auch andere marginalisierte Gruppen ein: die Juden gegenüber den selbsternannten Ariern beispielsweise. Diesen Argumentationsstrang lasse ich im folgenden außer acht.

21 Das queere Begehren wird, um Cases Theorie in meinen Worten zu paraphrasieren, gewissermaßen in einem freien Raum außerhalb der selbsternannten dominanten Norm freigesetzt und kann auf diese Weise eine Kreativität entfalten, die nicht durch festgelegte Positionen und Grenzen eingeschränkt wird, sondern den Weg ins Neue, Unbekannte zu gehen vermag.

22 Mit einer schönen Verkleidungsmetapher resümiert Case: »And desire is that which wounds – a desire that breaks through the sheath of being as it has been imagined within heterosexist society.« (Case 1991, 4) Damit wird genau jene Umkehrung vollzogen, die Butler und andere nur theoretisch fordern: die naturalisierte Norm der vermeintlich Normalen wird als Verkleidung demaskiert – mit dem negativen Effekt hingegen, daß (unfreiwillig) suggeriert wird, ein »Eigentliches« sei vom begehrenden Diskurs hinter der Maskierung zu entdecken.

23 »the taboo-breaker, the monstrous, the uncanny« (Case 1991, 3).

24 Vgl. zu anderen Aspekten des Films Peggy Phelan 1993.

25 »Because of the complexity and authenticity of the butch-femme-experience, I think we must take another look at the term role-playing, used pri-

marily to summarize this way of loving. I do not think the term serves a purpose either as a label for or as a description of the experience. As a femme, I did what was natural for me, what I felt right. I did not learn a part; I perfected a way of loving.« (Nestle 1987, 103) [Deutsche Übersetzung G. L.]

26 »Let me be butch for you, I have been femme for so long.« (Nestle 1987, 132) [Deutsche Übersetzung G. L.]

27 Früher hätte man von persönlicher Entwicklung gesprochen, ein Begriff, der heute aus vielen Gründen obsolet geworden ist und im Maskeradenkontext ohnehin kaum sinnvoll ist.

28 Vgl. hierzu Laqueur 1992.

29 Vgl. etwa Peter Gay 1986 oder Ariès, Béjin, Foucault u. a. 1986.

30 Faderman 1981; Jonathan Katz 1976; Dekker/van de Pol 1989.

31 Michel Foucault 1976.

32 Laqueur 1990, Hausen 1976.

33 Vgl. hierzu auch Bettina Rommel 1985.

34 Zum lesbisch-schwulen Film vgl. Russo 1981, Hadleigh 1993 und Weiss 1995.

35 Unter dem Pseudonym Numa Numantius hat Karl Heinrich Ulrichs den Begriff in die Diskussion eingeführt. Vgl. Hanna Hacker 1987, 34; Richard von Krafft-Ebing 1891, 120.

36 Vgl. hierzu die Ausführungen von Gilbert/Gubar zum Transvestismus modernen Schreibens.

37 Colette 1983, 73; frz.: »La séduction qui émane d'un être au sexe incertain ou dissimulé est puissante.« (Colette 1991, 911) [Einige Übersetzungsfehler habe ich stillschweigend verbessert, G. L.]

38 Colette 1983, 27; frz.: »La figure voilée d'une femme fine, désabusée, savante en tromperie, en délicatesse, convient au seuil de ce livre qui tristement parlera du plaisir.« (Colette 1991, 887)

39 Hier borge ich mir einen Ausdruck von Gert Mattenklott (1982).

40 Vgl. hierzu Ursula Link-Heer 1995.

41 Colette 1983, 28; frz.: »Auprès d'une femme, de qui la froideur ou le vice le rassurent, un homme déborde d'aveux.« (Colette 1991, 887)

42 Vgl. hierzu Link-Heer 1995.

43 Link-Heer 1995, 327.

44 Link-Heer 1995, 332.

45 Colette 1983, 58; frz.: »Je ne fais pas allusion à un ancien aspect de moi-même, aspect public, dont j'ordonnais, avec ostentation, la légende, les détails extérieurs, le costume. Je vise le véridique hermaphroditisme mental, qui charge certains êtres fortement organisés.« (Colette 1991, 903)

[46] Colette 1983, 59; frz.: »Seules les femmes ne sont ni offensées ni abusées par notre virilité spirituelle« (Colette 1991, 903).

[47] Colette 1983, 61; frz.: »Le sommeil remporte un nombre incalculable de femmes vers la forme qu'elles auraient sans doute choisie, si l'état de veille ne les entrenait dans l'ignorance d'elles-mêmes.« (Colette 1991, 905)

[48] Colette 1983, 97 f.; frz.: »Tu comprends, une femme qui reste une femme, c'est un être complet. Il ne lui manque rien, même auprès de son ›amie‹. Mais si elle se met en tête de vouloir être un homme, elle est grotesque. Qu'est-ce qu'il y a de plus ridicule, et de plus triste, qu'un homme ... simulé?« (Colette 1991, 923)

[49] Dem zugrunde liegt natürlich die Vorstellung, daß es ein wahres sexuelles und geistiges Wesen diesseits aller Maskerade gebe, und daß die Geschlechter sehr genau zu unterscheiden seien.

[50] Barnes 1987, 162.

[51] Barnes 1987, 69.

[52] Barnes 1987, 158.

[53] Colette 1983, 105 f.; frz.: »L'étroite rassemblence rassure même la volupté. L'amie se complaît dans la certitude de caresser un corps dont elle connaît les secrets, et dont son propre corps lui indique les préférences.« (Colette 1991, 927)

[54] Colette 1983,79; frz.: »Elle donnait tout, et sans cesse: les bracelets sur ses bras s'ouvraient, le collier glissait de son cou de victime ... Elle semblait s'effeuiller. Son corps ployant refusait tout relief de chair.« (Colette 1991, 913).

[55] Colette 1983, 90; frz.: »Le poète qui chante la pâleur des amantes, les sanglots et les aubes désolées« (Colette 1991, 919)

[56] Vgl. Claudia Kalscheuers Vorwort zu ihrer Übersetzung von Renée Viviens Roman (in Vivien 1995).

[57] Vgl. hierzu Kalscheuer, in: Vivien 1995; ferner Karla Jay 1988; Shari Benstock 1986.

[58] Vivien 1995, 69.

[59] Mette ist zwar unbürgerlich; sie raucht – was damals stets als Zeichen für Frauenemanzipation und möglicherweise tendenzielle Vermännlichung eingesetzt wurde –, sie lebt autonom und für sich, ist hochgebildet, und sie erschießt sich, was auch heute noch als unweibliche Selbstmordmethode gilt. Dennoch legt der Text an keiner Stelle nahe, Mette sei männlich oder imitiere Männlichkeit, sondern er faßt dies alles als neue Lebensräume für emanzipierte Frauen.

[60] Stimpson 1985, 36.

[61] Vgl. auch Kalscheuer 1995, 30 f.

62 »One could offer a body, but not an overtly erotic one. One could show some monstrosity, but not too much.« (Stimpson 1985, 31) [Deutsche Übersetzung G. L.]

63 »For her body – the size of it, the eyes, nose, sweat, hair, laugh, cheekbones – was at once strange, an unusual presence, and special, an invigorating one. Increasingly indifferent to ›feminine‹ norms of dress, style, and action, Stein herself appeared to behave as if that strangeness – like her writing itself – was more special than strange, at once original and right.« (Stimpson 1985, 30) [Deutsche Übersetzung G. L.]

64 Secrest 1974; Secrest/Ferrari 1986; Breeskin 1980.

65 Adelynd Breeskin, die Brooks' Œuvre in den 80er Jahren überhaupt der Öffentlichkeit zugänglich machte, hat es als »portrait of a survivor« bezeichnet.

66 Nicht unproblematisch ist natürlich meine eigene Wortwahl zur Beschreibung des Bildes, die selbst schon geschlechtsspezifisch kodiert ist und von einem Vorverständnis ausgeht. So setze ich offensichtlich weich mit weiblich gleich. Jedoch sind dies kulturelle Kodierungen, keine privaten: mit genau diesen Vorstellungen arbeitet ja auch das Gemälde selbst, das Ambivalenz zentral thematisiert. Diese ist aber nur zu verstehen, wenn man die Bedeutung der Zeichen beziehungsweise der Formen kennt.

67 Vgl. Baker 1985; Benstock 1987; vgl. auch Una Troubridges Biographie von Radclyffe Hall, 1961.

68 Es gibt Fotos, auf denen Una Troubridge diesem gemalten Porträt frappierend ähnelt, sie sind nur nicht so aussagekräftig, was ihre Selbstinszenierung und die Widersprüchlichkeit ihrer Ausstrahlung betreffen. – Von Radclyffe Hall selbst sind fast nur solche Fotos überliefert, die sie in Männerkleidung oder doch strenger, männlich inspirierter Kleidung zeigen; sie trug die Haare schon früh in einem kurzen Männerschnitt (was damals noch sehr genau von einem Frauenhaarschnitt zu unterscheiden war) und nannte sich John. Vgl. etwa Baker 1985.

69 Daß eine solche Zeichensprache der Heterogenität und des Übergangs sich gerade in den ersten Jahrzehnten unserer Jahrhunderts entwickelt hat, hat verschiedene Ursachen. Es ist eine Zeit umfassender politischer, sozialer und wirtschaftlicher Umwälzungen: Imperialismus und Kapitalismus blühen und erleben dann einen ersten Niedergang; der erste Weltkrieg ändert grundlegend das bislang vorherrschende Bild vom zivilisierten Menschen und seiner potentiellen Erziehbarkeit; die Kluft zwischen Ost und West, Sozialismus und Kapitalismus entsteht, um nur einige Aspekte zu benennen.

70 Colette 1983, 95; frz.: »Une photographie (…) nous la montre en complet

veston, et correcte avec des traces de mauvais goût, c'est-à-dire de goût féminin. La corne du mouchoir, hors de la poche de poitrine, a deux doigts de trop. Les pointes, l'évasement des revers sont discutables, ainsi que le soulier. On sent qu'une imagination féminine, captive sous le front découvert du faux homme, regrette de n'avoir pu se dépenser en jabots, en rubans, en étoffe soyeuse …« (Colette 1991, 922)

71 Zudem erinnert diese Passage frappierend an Anne Hollanders These, die männliche Kleidung sei in unserer Kultur seit dem 18. Jahrhundert die eigentlich moderne und geschmackvolle, da sie auf die innere Struktur und nicht auf äußeren Firlefanz setze. Die Frauenmode habe immer nur einzelne Aspekte davon nachgeahmt; sie werde erst modern (und geschmackvoll), seit sie das Grundprinzip der männlichen Kleidung übernehme (Hollander 1994).

72 »The word passing is used here to represent a Lesbian who looked like a man to the straight world« (Nestle 1987, 40) [Deutsche Übersetzung G. L.].

73 Vielleicht sollte gerade das Jünglinghafte die Betrachterin stutzig machen, denn der Jüngling ist ja die beliebteste Gestalt des Androgynen – man denke nur an die Pagen in der Oper, an Cherubino etwa. – Secrest/Ferrari 1986 haben das Vorbild für diesen Jüngling ausgemacht: es handele sich um die englische Malerin Helen Gluckstein (1895–1978).

74 ›Lila Nächte‹, 83.

75 Es wäre eine Untersuchung wert, wieweit solche Auffassungen, die ja immer auch apologetisch gemeint sind, im Zusammenhang stehen mit jenen um die Jahrhundertwende so beliebten Theorien über den Zusammenhang von »Genie und Wahnsinn«.

76 ›Lila Nächte‹, 17.

77 ›Lila Nächte‹, 16.

78 ›The Well of Loneliness‹, 1991. Dt.: ›Quell der Einsamkeit‹, übers. v. Rudolf Harms, Göttingen 1991; einige Übersetzungsfehler habe ich stillschweigend verbessert.

79 Ein Vergleich zwischen diesem Text und einem über ein Jahrhundert früher entstandenen, nämlich Wielands ›Novelle ohne Titel‹, unter dem Aspekt der Männlichkeit einer Frau, bei Lehnert 1996d.

80 Engl. Orig.: »But Anna, looking gravely at her daughter, noting the plentiful auburn hair, the brave hazel eyes that were so like her father's, as indeed were the childs whole expression and bearing, would be filled with a sudden antagonism that came very near to anger. (…) It would seem to Anna that she must be going mad, for this likeness to her husband would strike her as an outrage – as though the poor, innocent seven-year-old Stephen were in some way a caricature of Sir Philip; a blemished, unworthy,

maimed reproduction – yet she knew that the child was handsome. But now there were times when the child's soft flesh would be almost distasteful to her; when she hated the way Stephen moved or stood still, hated a certain largeness about her, a certain crude lack of grace in her movements, a certain unconscious defiance.« (Radclyffe Hall 1991, 15 f.)

81 »But what was she?« (Radclyffe Hall, 100).

82 Vgl. hierzu das einschlägige Kapitel in meiner Studie ›Maskeraden und Metamorphosen‹ (Lehnert 1994).

83 Als »typisch weiblich« gelten neben angenehmen äußeren Zügen und Grazie der Bewegung körperliche Schwäche, emotionale Abhängigkeit, der Wunsch, beschützt zu werden, mangelndes Interesse an geistigen Dingen und Vorliebe für das »Bemuttern«, das Aufgehen im Schaffen einer netten häuslichen Umgebung für einen geliebten Menschen und die Beschäftigung mit schönen, aber nutzlosen Dingen wie Kleidung. Diese implizite Zuschreibung erinnert nicht von ungefähr an die Geschlechtertheorien der Zeit von Otto Weininger (›Geschlecht und Charakter‹) oder Moebius (›Über den physiologischen Schwachsinn der Weiber‹). Männlichkeit und Weiblichkeit werden im Roman völlig unreflektiert entsprechend der gesellschaftlichen Praxis und vor allem entsprechend dem Rollenverhalten in Paarbeziehungen als unveränderliche Konstanten definiert und zugleich als allgemeingültige, überzeitliche, d. h. naturgegebene Eigenschaften ausgegeben.

84 Radclyffe Hall, 242.

85 Teresa de Lauretis deutet diese Szene in einem ganz anderen Sinne, nämlich als Inszenierung des Fetischismus. Für sie ist diese Szene Indikator für das Begehren Stephens nach einem weiblichen Körper, und da sie diesen in sich selbst nicht finden kann, sucht sie ihn in weiblichen Geliebten.

86 S. 242. Original: »That night she stared at herself in the glass; and even as she did so she hated her body with its muscular shoulders, its small compact breasts, and its slender flanks of an athlete. All her life she must drag this body of hers like a monstrous fetter imposed on her spirit. This strangely ardent yet sterile body that must worship yet never be worshipped in return by the creature of its adoration. She longed to maim it, for it made her feel cruel; it was so white, so strong and so self-sufficient; yet withal so poor and unhappy a thing that her eyes filled with tears and her hate turned to pity. She began to grieve over it, touching her breasts with pityful fingers, stroking her shoulders, letting her hands slip along her straight thighs – Oh, poor and most desolate body!« (S. 186 f.)

87 Im Hinblick auf Stephen hat bereits Esther Newton ähnlich argumentiert.

88 »For me, the erotic essence of the butch-femme relationship was the external difference of women's textures and the bond of knowledgeable caring. I loved my lover for how she stood as well as for what she did. Dress was a part of it: the erotic signal of her hair at the nape of her neck, touching the shirt collar; how she held a cigarette; the symbolic pinky ring flashing as she waved her hand.« (Nestle 1987, 104) [Deutsche Übersetzung G. L.]

89 Feinberg 1996, 210; engl.: »I'm not with a fake man, I'm with a real butch.« (Feinberg 1993, 139)

90 Es mag auch mit der Artifizialität der Figuren Viviens zu tun haben, daß sie sich weniger als bildprägend eignen.

91 »In some sense, Lesbians have always opposed the patriarchy; in the past, perhaps most when we looked most like men.« (Nestle 1987, 106) [Deutsche Übersetzung G. L.]

Der verkleidete Text

1 Winterson 1992a, 9, 1992b, 7.

2 Luhmann 1990.

3 Vgl. hierzu Niklas Luhmann 1990, 201: der semantische Gehalt von »romantisch/Romantik« sei »unter der Hand längst ausgetauscht worden« und zur Trivialfloskel verkommen – heute stelle sich die Frage nach der Literaturfähigkeit des Themas Liebe.

4 Schlegel 1993, 85.

5 Schlegel 1993, 90.

6 Barthes 1984, 30. Frz.: »L'absence [de l'autre] dure, il me faut la supporter. Je vais donc la manipuler: transformer la distorsion du temps en va-et-vient, produire du rythme, ouvrir la scène du langage (…). L'absence devient une pratique active, un affairement (…); il y a création d'une fiction aux rôles multiples (doutes, reproches, désirs, melancolies). Cette mise-en-scène langagière éloigne la mort de l'autre: un moment très bref, dit-on, sépare le temps où l'enfant croit encore sa mère absente et celui où il la croit déjà morte. Manipuler l'absence, c'est allonger ce moment, retarder aussi longtemps que possible l'instant où l'autre pourrait basculer sèchement de l'absence dans la mort.« (Barthes 1977, 22)

7 Allen 1996, 48 und 119.

8 Nicht zufällig gibt es mehrere englischsprachige Beispiele für ein geschlechterverwirrendes Spiel mit Sprache in Romanen: Gene Kemps Kinderroman ›Mensch Theo‹ erzählt die Geschichte eines Knaben namens

Theo, von dem die Leserinnen und Leser erst ganz zum Schluß erfahren, daß es sich in Wahrheit um eine Thea handelt. Sarah Cauldwells Kriminalromane haben eine/n Protagonist/in mit dem geschlechtsneutralen Namen Hilary.

9 Roland Barthes 1980.

10 Vgl. hierzu Neuschäfer 1976.

11 So der Titel eines von Christa Bürger, Peter Bürger und Jochen Schulte-Sasse herausgegebenen Bandes (Frankfurt 1982).

12 Und die sie – zumindest Wintersons Roman – wiederum in einen gewissen Zusammenhang mit Schlegels ›Lucinde‹ bringen.

13 Über den Zusammenhang von Weiblichkeit und Tod in Kunst und Literatur vgl. Bronfen 1994.

14 Das wird schon zu Beginn deutlich: Der Roman beginnt, wie erinnerlich, mit der Versteigerung von Marguerites Einrichtung und ihren persönlichsten Gegenständen. Fremde Menschen schlendern durch ihre Wohnung und nehmen gleichsam die ihnen wehrlos ausgelieferte Privatsphäre jener toten Frau in Besitz. Marguerites Verkäuflichkeit wird nicht mehr von ihr selbst gesteuert, sondern hat sich verselbständigt: Sie gehört von nun an jedem, der sie will. Damit sind die Weichen des Romans gestellt, und es wird klar, wie sehr dieser Text sich nur innerhalb einer kapitalistischen Ökonomie entfalten kann.

15 Nota bene: Ich proklamiere nicht, daß Wintersons Roman direkt von der ›Kameliendame‹ (oder eher noch von Verdis Oper ›La Traviata‹, die den Roman ja auf die Bühne bringt und heute viel berühmter ist als die Romanvorlage) beeinflußt sei, wenngleich mir solche Anleihen sehr möglich scheinen. Um sie nachzuweisen, bedürfte es jedoch einer anderen Fragestellung. Mir geht es vielmehr um typologische Ähnlichkeiten.

16 Schlegel 1993, 46 und 47.

17 Schlegel 1993, 73 und 74.

18 Nach Luhmann ist das schon in älteren Codes ein Topos: wieviel schwerer es wiege, eine Kokette verführen zu können.

19 »Why is it that the most unoriginal thing we can say to one another is still the thing we long to hear? ›I love you‹ is always a quotation. You did not say it first and neither did I, yet when you say it and when I say it we speak like savages who have found three words and worship them.« Winterson 1992, 9.

20 Eco 1987, 78/79; ital.: »Penso all'atteggiamento post-moderno come a quello di chi ama una donna, molto colta, e che sappia che non può dirle ›ti amo disperatamente‹, perché lui sa che lei sa (e che lei sa che lui sa) che queste frasi le a già scritte Liala. Tuttavia c'è una soluzione. Potrà dire:

›Come direbbe Liala, ti amo disperatamente.‹ A questo punto, avendo evitata la falsa innocenza, avendo detto chiaramente che non si può più parlare in modo innocente, costui avrà però detto alla donna ciò che voleva dirle: che la ama, ma che la ama in un'epoca di innocenza perduta.« Eco 1984, 39. – Der ganze Roman Wintersons könnte als Inszenierung dieses Beispiels verstanden werden.

21 Vgl. Luhmann 1990; Beck-Gernsheim 1990.

22 Stendhal 1975, z. B. 45.

23 Sigmund Freud: »Zur Einführung des Narzißmus« [1914], in: Freud 1989b.

24 Luhmann 1990, 89.

25 Winterson 92b, 93; engl.: »I am addicted to the first six months«, Winterson 1992a, 76.

26 Winterson 1992b, 97; engl: »With Louise I want to do something different. I want the holiday and the homecoming together. She is the edge and the excitement for me but I have to believe it beyond six months.« (Winterson 1992a, 79.)

27 Winterson 1992b, 18; engl.: »You act as though there is infinite pleasure and time without end. How can I know that? My experience has been that time always ends. In theory you are right, the quantum physicists are right, the romantics and the religious are right. Time without end. In practice we both wear a watch.« (Winterson 1992a, 18.)

28 In der zitierten zweisprachigen Ausgabe ist »men« allzu einseitig mit »Männer« übersetzt; ich habe es in das korrektere »Menschen« verändert. »(...) men have died from time to time and worms have eaten them, but not for love.« Shakespeare 1981 IV, 1), 134/135.

29 Winterson 1992b, engl.: »By morning I was home shivering and wretched. I welcomed the shivering since I hoped it might portend a fever. If I were delirious for a few days her leaving me might hurt less. With luck I might even die. ›Men have died from time to time and worms have eaten them, but not for love.‹ Shakespeare was wrong, I was living proof of that. ›You ought to be dead proof‹, I said to myself. ›If you're living proof he was right.‹« (Winterson 1992a, 95/96.)

30 Winterson 1992b, 138f.; engl.: »I became obsessed with anatomy. If I could not put Louise out of my mind I would drown myself in her. Within the clinical language, through the dispassionate view of the sucking, sweating, greedy, defecating self, I found a love-poem to Louise. I would go on knowing her, more intimately than the skin, hair and voice that I craved. I would have her plasma, her spleen, her synovial fluid. I would recognize her even when her body had long since fallen away.« (Winterson 1992a, 111)

31 Schlegel 1993, 17.

Literaturverzeichnis

Allen, Carolyn: Following Djuna. Women Lovers and the Erotics of Loss. Bloomington-Indianapolis 1996

Ariès, Philippe/Béjin, André/Foucault, Michel u. a.: Die Masken des Begehrens und die Metamorphosen der Sinnlichkeit. Zur Geschichte der Sexualität im Abendland (1982). Übers. v. Michael Bischoff. Frankfurt 1986

Assmann, Aleida/Dietrich Harth (Hg.): Kultur als Lebenswelt und Monument. Frankfurt 1991

Bachofen, Johann Jakob: »Das Mutterrecht«, in: Gesammelte Werke, Bd. 2 und 3, hg. v. Karl Meuli. Basel 1948

Bachtin, Michail: Literatur und Karneval. Zur Romantheorie und Lachkultur. Übers. v. Alexander Kämpfe. Frankfurt–Berlin–Wien 1985

Badinter, Elisabeth: Ich bin Du. Die neue Beziehung zwischen Mann und Frau oder Die androgyne Revolution. Übers. v. Friedrich Griese. München–Zürich 1988

Baker, Michael: Our Three Selves. The Life of Radclyffe Hall. London 1985

Barnes, Djuna: Ladies Almanach (Ladies Almanack, dt.). Übers. v. Karin Kersten. Berlin 1985

Barnes, Djuna: Nachtgewächs (Nightwood, dt.). Übers. v. Wolfgang Hildesheimer. Frankfurt 1987

Barthes, Roland: Fragments d'un discours amoureux, Paris 1977

Barthes, Roland: Fragmente einer Sprache der Liebe. Übers. v. Hans-Horst Henschen. Frankfurt 1984

Barthes, Roland: Leçon/Lektion. Französisch und Deutsch. Antrittsvorlesung am Collège de France. Gehalten am 7. Januar 1977. Übersetzt von Helmut Scheffel. Frankfurt 1980

Baßler, Moritz (Hg.): New Historicism. Literaturgeschichte als Poetik der Kultur. Frankfurt 1995

Baudelaire, Charles: »Le peintre de la vie moderne« (1867), in: Œuvres complètes II, hg. v. Claude Pichois. Paris 1976, 683–724

Beck, Ulrich/Beck-Gernsheim, Elisabeth: Das ganz normale Chaos der Liebe. Frankfurt 1990

Benedek, Susanne/Adolphe Binder: Von tanzenden Kleidern und sprechenden Leibern. Crossdressing als Auflösung der Geschlechterpolarität? Dortmund 1996

Benjamin, Jessica: Phantasie und Geschlecht. Psychoanalytische Studien über Idealisierung, Anerkennung und Differenz (1993). Übers. v. Helgard Kramer, Josefine Carls und Max Looser. Frankfurt/M. 1996

Benstock; Shari: Women of the Left Bank. Paris, 1900–1940. Austin 1986

Bettinger, Elfi/Funk, Julika (Hg.): Maskeraden. Geschlechterdifferenz in der literarischen Inszenierung. Berlin 1995

Binns, J. W.: »Women or Transvestites on the Elizabethan Stage?: An Oxford Controversy«. In: Sixteenth Century Journal 2 (1974), 95–120

Blochmann, Elisabeth: Das »Frauenzimmer« und die »Gelehrsamkeit«. Eine Studie über die Anfänge des Mädchenschulwesens in Deutschland. Heidelberg 1966

Boccaccio, Giovanni: Decamerone. Hg. v. Vittore Branca. Mailand 1985

Boehn, Max von: Die Mode. Bearbeitet von Ingrid Loschek. Bd. 1: Eine Kulturgeschichte vom Mittelalter bis zum Barock; Bd. 2: Eine Kulturgeschichte vom Barock bis zum Jugendstil. München (2. Auflage) 1982

Bohrer, Karl Heinz: Der romantische Brief. Die Entstehung ästhetischer Subjektivität (1987). Frankfurt 1989

Bono, Barbara J.: »Mixed Gender, Mixed Genre in Shakespeares ›As You Like It‹«, in: William Shakespeare's As You Like It. Ed. and with an introduction by Harold Bloom. New York–New Haven–Philadelphia 1988, 131–148

Bovenschen, Silvia: Die imaginierte Weiblichkeit. Exemplarische Untersuchungen zu kulturgeschichtlichen und literarischen Präsentationsformen des Weiblichen. Frankfurt 1979

Breeskin, Adelynd D.: »The Rare, Subtle Talent of Romaine Brooks«, in: Art News 79 (1980), Nr. 8, 156–159

Bronfen, Elisabeth: Nur über ihre Leiche. Tod, Weiblichkeit und Ästhetik (1992). Deutsch von Thomas Lindquist. München 1994

Brown, Gillian Fausler: The Disguised Heroines in Shakespeares Comedies. Ph. D. Tulane Univ. 1975

Brown, Lyn M./Gilligan, Carol: Die verlorene Stimme. Wendepunkte in der Entwicklung von Mädchen und Frauen. Übers. v. Dorothea Thieleke und Wolfgang Fuchs. Frankfurt–New York 1994

Bürger, Christa / Bürger, Peter/Schulte-Sasse, Jochen (Hg.): Zur Dichotomisierung zwischen hoher und niederer Literatur. Frankfurt 1982

Butler, Judith: Gender Trouble. Feminism and the Subversion of Identity. New York–London 1990/dt.: Das Unbehagen der Geschlechter, Frankfurt 1991

Butler, Judith: »Imitation and Gender Subordination«, in: The Lesbian and Gay Studies Reader, hg. Henry Abelove/Michèle Aina Barale/David A. Halperin. New York–London 1993, 307–320

Carlyle, Thomas: Sartor Resartus. Leben und Meinungen des Herrn Teufelsdröckh. Übers. v. Peter Staengle. Zürich 1991

Case, Sue-Ellen: Feminism and Theatre, New York 1988

Case, Sue-Ellen: »Tracking the Vampire«, in: Differences, Vol. 3, Nr. 2, Summer 1991: Queer Theory: Lesbian and Gay Sexualities, 1–20

Case, Sue-Ellen: »Toward a Butch-Femme Aesthetic«, in: The Lesbian and Gay Studies Reader, hg. v. Henry Abelove / Michèle Aina Barale / David M. Halperin. New York–London 1993, S. 294–306

Cervantes Saavedra, Miguel de: Der sinnreiche Junker Don Quijote von der Mancha. In der Übertragung von Ludwig Braunfels durchgesehen von Adolf Spemann. München 1979

Cervantes Saavedra, Miguel de: Die beiden Nebenbuhlerinnen (Las dos doncellas, dt.), in: Exemplarische Novellen, übers. v. D. W. Soltau. Frankfurt 1961, 353–392

Charles-Roux, Edmonde: Chanel and Her World. London 1982

Chermayeff, Catherine / David, Jonathan / Richardson, Nan: Drag Diaries. New York 1995

Clark, Sandra: »Hic Mulier, Haec Vir, and the Controversy over Masculine Women«, in: Studies in Philology 82 (1985), 157–183

Colette: Le Pur et l'Impur (1941) [vorher in etwas anderer Form unter dem Titel: Ces plaisirs ..., 1932], in: Colette: Romans – récits – souvenirs 1920–1940. Paris 1991, 871–955 / dt.: Diese Freuden. Übers. v. Maria Dessauer. Frankfurt 1983

Crawford, Kathleen Vivienne: The Transvestite Heroine in Seventeenth-Century Popular Literature, Ph. D. Harvard 1984; Ann Arbor (UMI) 1984

De Lauretis, Teresa: Technologies of Gender. Essays on Theory, Film, and Fiction. Bloomington–Indianapolis 1987

De Lauretis, Teresa: »Sexual Indifference and Lesbian Representation«, in: The Lesbian and Gay Studies Reader, hg. v. Henry Abelove/Michèle Aina Barale/David M. Halperin. New York–London 1993, 141–155

De Lauretis, Teresa: The Practice of Love. Lesbian Sexuality and Perverse Desire. Bloomington–Indianapolis 1994 / dt.: Die andere Szene. Psychoanalyse und lesbische Sexualität. Übers. v. Karin Wördemann. Berlin 1996

De Quincey, Thomas: »The Spanish Military Nun«, in: The Collected Writings of Thomas de Quincy, hg. v. David Masson. Bd. XIII: Tales and Prose Phantasies. Edinburgh 1890, reprint New York 1968, 159–244

Dekker, Rudolf M./van de Pol, Lotte C.: The Tradition of Female Transvestism in Early Modern Europe. New York 1989

Duc, Aimée: Sind es Frauen? Roman über das dritte Geschlecht (1901). Berlin 1976

Dumas, Alexandre: La dame aux camélias. Paris 1972 / dt.: Die Kameliendame. München 1993

Eldorado. Homosexuelle Männer und Frauen in Berlin 1850–1950. Alltag und Kultur. Berlin 1984

Ellis, Havelock: Studies in the Psychology of Sex. Vol. VII: Eonism and other supplementary studies. Philadelphia 1928

Emde Boas, Conrad van: »The Boy Actor and the ›Double Disguise‹ in Shakespeare's Work«, in: Greek Love. The Love and Sex Relationship Between Adult Men and Adolescent Boys. Vol. I, Nr. 1, Jan. 1965, 18–23

Eco, Umberto: Postille a Il nome della rosa. Milano 1984/dt.: Nachschrift zum ›Namen der Rose‹. Übers. v. Burkhart Kroeber. München (8. Aufl.) 1987

Enzyklopädie des Märchens. Handwörterbuch zur historischen und vergleichenden Erzählforschung. Begründet von Kurt Ranke. Hg. v. Rolf Wilhelm Brednich zusammen mit Hermann Bausinger, Wolfgang Brückner, Lutz Röhrich, Rolf Schenda. Bd. 5, Berlin–New York 1987

Erdheim, Mario: Die gesellschaftliche Produktion von Unbewußtheit. Eine Einführung in den ethnopsychoanalytischen Prozeß. Frankfurt 1982

Erdheim, Mario: Psychoanalyse und Unbewußtheit in der Kultur. Aufsätze 1980–1987. Frankfurt 1988

Eriksson, Brigitte (Übers.): »A Lesbian Execution in Germany 1721: The Trial Records«, in: Journal of Homosexuality 6, Nr. 1/2 (1980/81), 27–40

Faderman, Lillian/Eriksson, Brigitte: Lesbians in Germany: 1890's–1920's. Tallahassee 1990 (1. Auflage 1980)

Faderman, Lillian: Surpassing the Love of Men. Romantic Friendship and Love Between Women from the Renaissance to the Present. New York 1981

Faderman, Lillian: Odd Girls and Twilight Lovers. A History of Lesbian Life in Twentieth-Century America. New York 1991

Feinberg, Leslie: Stone Butch Blues. Ithaca, New York 1993 / dt.: Träume in den erwachenden Morgen. Übers. v. Claudia Brusseylins. Berlin 1996

Ferris, Lesley: Acting Women. Images of Women in Theatre. Houndmills–London 1990

Ferris, Lesley (Hg.): Crossing the Stage. Controversies on Cross-Dressing. London–New York 1993

Fitzmorris-Kelly, James: The Nun Ensign. Translated from the Spanish with an Introduction and Notes by J. Fitzmorris-Kelly. Also La Monja Alférez, A Play in the Original Spanish by Juan Pérez de Montalbán. London 1908

Flaake, Karin/King, Vera (Hg.): Weibliche Adoleszenz. Zur Sozialisation junger Frauen. Frankfurt–New York 1992

Flaubert, Gustave: Œuvres, hg. v. Albert Thibaudet und René Dumesnil. Bd. 1, Paris 1981

Foucault, Michel: Der Wille zum Wissen (La volonté de savoir, 1976; dt.). Übers. v. Ulrich Raulff und Walter Seitter. Frankfurt (6. Auflage) 1992

Französische ›Schicksalsnovellen‹ des 13. Jahrhunderts. La chastelaine de Vergi – La fille du comte de Pontieu – Le roi Flore et la belle Jehanne. Übers., eingeleitet, mit einer Bibliographie und Anmerkungen versehen von Friedrich Wolfzettel. München 1986

Freeburg, Victor Oscar: Disguise Plots in Elizabethan Drama. A Study in Stage Tradition (1915). New York 1965

Freud, Sigmund: Sexualleben (Studienausgabe Bd. V). Frankfurt 1989 (= 1989a)

Freud, Sigmund: »Zur Einführung des Narzißmus« (1914), in: Psychologie des Unbewußten (= Studienausgabe Bd. III). Frankfurt 1989 (= 1989b)

Freud, Sigmund: »Das Unbehagen in der Kultur« (1930), in: Fragen der Gesellschaft. Ursprünge der Religion (Studienausgabe Bd. IX). Frankfurt 1989 (= 1989c)

Fuhrmann, Helmuth: »Revision des Parisurteils. ›Bild‹ und ›Gestalt‹ der Frau im Werk Friedrich Schillers«, in: Jb. der Deutschen Schillergesellschaft XXV (1981), 316–366

Garber, Marjorie: Verhüllte Interessen. Transvestismus und kulturelle Angst (Vested Interest, dt.). Übers. v. H. Jochen Bußmann. Frankfurt 1993

Gautier, Théophile: Mademoiselle de Maupin. Paris 1966

Gay, Peter: Erziehung der Sinne. Sexualität im bürgerlichen Zeitalter. Übers. v. Holger Fliessbach. München 1986

Geertz, Clifford: Dichte Beschreibung. Beiträge zum Verstehen kultureller Systeme. Übers. v. Brigitte Luchesi u. Rolf Bindemann. Frankfurt 1987

Gilbert, O. P.: Women in Men's Guise. London 1932

Gilbert, Sandra M./Gubar, Susan: No Man's Land. The Place of the Woman Writer in the Twentieth Century. Vol. 2: Sexchanges. New Haven–London 1989

Goldoni, Carlo: Il servitore di due padroni / Der Diener zweier Herren. Übersetzung und Nachwort von Heinz Riedt. Stuttgart 1979

Greenblatt, Stephen: Verhandlungen mit Shakespeare. Innenansichten der englischen Renaissance (1988). Übers. v. Robin Cackett. Frankfurt 1993

Grosz, Elizabeth: »The Labors of Love. Analyzing Perverse Desire: An Interrogation of Teresa de Lauretis' The Practice of Love«, in: Differences, Vol. 6, Nr. 2+3, Summer-Fall 1994: More Gender Trouble: Feminism Meets Queer Theory, 274–295

Hacker, Hanna: Frauen und Freundinnen. Studien zur »weiblichen Homosexualität« am Beispiel Österreich 1870–1938. Weinheim–Basel 1987

Hadleigh, Boze: The Lavender Screen. The Gay and Lesbian Films: Their Stars, Makers, Characters, and Critics. New York 1993

Halio, Jay L. (Hg.): Twentieth Century Interpretations of As You Like It. A Collection of Critical Essays. Englewood Cliffs 1968

Hausen, Karin: »Die Polarisierung der ›Geschlechtscharaktere‹ – Eine Spiegelung der Dissoziation von Erwerbs- und Familienleben«, in: Sozialgeschichte der Familie in der Neuzeit Europas. Neue Forschungen, hg. v. Werner Conze. Stuttgart 1976, 363-393

Hayles, Nancy K.: »Sexual Disguise in ›As You Like It‹ and ›Twelfth Night‹«, in: Shakespeare Survey 32 (1979), 63–72

Helsper, Helga: Abenteuer auf See. Über Piratinnen und andere Seefrauen. Dortmund 1991

Herrmann, Anne: »Travesty and Transgression. Transvestism in Shakespeare, Brecht, and Churchill«, in: Performing Feminisms. Feminist Critical Theory and Theatre, hg. v. Sue-Ellen Case. Baltimore–London 1990, 294–315

Hidden From History. Reclaiming the Gay and Lesbian Past. Ed. by Martin Duberman, Martha Vicinus and George Chauncey, Jr. New York–London etc. 1990

Hinck, Walter: »Die europäische Komödie der Aufklärung«, in: Europäische Aufklärung I, hg. v. Walter Hinck. Frankfurt 1974, 119–135 (= Neues Handbuch der Literaturwissenschaft, hg. v. Klaus von See, 11)

Hirschauer, Stefan: Die soziale Konstruktion der Transsexualität. Über die Medizin und den Geschlechtswechsel. Frankfurt 1993

Hoffmann, Julius: Die »Hausväterliteratur« und die »Predigten über den christlichen Hausstand«. Lehre vom Hause und Bildung für das häusliche Leben im 16., 17. und 18. Jhdt. Weinheim a. d. B.–Berlin 1959

Hofmannsthal, Hugo von: Lucidor, in: Sämtliche Werke XXVIII (Erzählungen 1), hg. v. Ellen Ritter. Frankfurt 1975, 71–84

Hofmannsthal, Hugo von: Arabella, in: Sämtliche Werke XXVI (Operndichtungen 4), hg. v. Hans-Albrecht Koch. Frankfurt 1976, 7–70

Hollander, Anne: Sex and Suits. New York 1994 / Anzug und Eros. Eine Geschichte der modernen Kleidung. Übers. v. Nele Löw-Beer. Berlin 1995

Howard, Jean: »Cross-Dressing, the Theatre, and Gender Struggle in Early Modern England«, in: Lesley Ferris (Hg.): Crossing the Stage. Controversies on Cross-Dressing. London–New York 1993, 20–46

Jameson, Frederic: »Postmoderne – Zur Logik der Kultur im Spätkapitalismus«, in: Andreas Huyssen/Klaus R. Scherpe (Hg.): Postmoderne. Zeichen eines kulturellen Wandels. Reinbek 1986, 45–102

Jay, Karla: The Amazon and the Page. Natalie Clifford Barney and Renée Vivien. Bloomington-Indianapolis 1988

Jeanne d'Arc. Dokumente ihrer Verurteilung und Rechtfertigung 1431–1456. Übers. u. eingeleitet von Ruth Schirmer-Imhoff. Köln 1956

Junker, Almut/Stille, Eva: Die Geschichte der Unterwäsche 1700–1960. Eine Ausstellung des Historischen Museums Frankfurt, 28. April bis 28. August 1988. Frankfurt 1988

Kalscheuer, Claudia: Vorwort, in: Vivien, Renée: Mir erschien eine Frau. Übers. v. Claudia Kalscheuer. Göttingen 1995

Kates, Gary: Monsieur d'Eon ist eine Frau. Die Geschichte einer politischen Intrige. Übers. v. Anni Pottus. Hamburg 1997

Katz, Jonathan: Gay American History. Lesbians and Gay Men in the USA. A Documentary. New York 1976

Kemp, Gene: Mensch Theo (The Turbulent Term of Tyke Tyler, dt.). Übers. v. Heike Wipperfürth. Ravensburg 1987

Kidwell, Claudia Brush/Steele, Valerie (Hg.): Men and Women. Dressing the Part. Washington 1989

Kleist, Heinrich von: »Penthesilea. Ein Trauerspiel«, in: Heinrich von Kleist: Dramen 1808–1811. Unter Mitwirkung von Hans Rudolf Barth hg. v. Ilse-Marie Barth und Hinrich C. Seeba. Frankfurt 1987, 143–256 (= Heinrich von Kleist: Sämtliche Werke und Briefe in vier Bänden. Hg. v. Ilse-Marie Barth, Klaus Müller-Salget, Walter Müller-Seidel und Hinrich C. Seeba. Bd. 2)

Krafft-Ebing, Richard von: Psychopathia Sexualis mit besonderer Berücksichtigung der konträren Sexualempfindung. Eine klinisch-forensische Studie. Stuttgart (2. Auflage) 1891

Kuhnen, Stephanie (Hg.): Butch/Femme. Eine erotische Kultur. Berlin 1997

Lafayette, Madame de: Die Prinzessin von Clèves. Übers. v. Eva und Gerhard Hess. Stuttgart 1983

Laffin, John: Women in Battle. London–New York–Toronto 1967

La Roche, Sophie von: Geschichte des Fräuleins von Sternheim (1771), München 1985

Laqueur, Thomas: Auf den Leib geschrieben. Die Inszenierung der Geschlechter von der Antike bis Freud (1990). Übers. v. H. Jochen Bußmann. Frankfurt–New York 1992

Laqueur, Thomas: »Orgasm, Generation, and the Politics of Reproductive Biology«, in: Representations 14, (1986), 1–35

Lehnert, Gertrud: Maskeraden und Metamorphosen. Als Männer verkleidete Frauen in der Literatur. Würzburg 1994

Lehnert, Gertrud (Hg.): Inszenierungen von Weiblichkeit. Weibliche Kindheit und Adoleszenz in der Literatur des 20. Jahrhunderts. Opladen 1996 (= 1996a)

Lehnert, Gertrud: »Transvestismus im Text – Transvestismus des Textes. Verkleidung als Motiv und textkonstitutives Verfahren«, in: Lehnert 1996a, 47–62 (= 1996b)

Lehnert, Gertrud: »Identitäts(er)findung. Literarische Entwürfe lesbischer Adoleszenz«, in: Lehnert 1996a, 101–118 (= 1996c)

Lehnert, Gertrud: »Weiblichkeit als Maskerade. Zur Inszenierung der Geschlechterrollen bei Christoph Martin Wieland und Radclyffe Hall«, in: Forum Homosexualität und Literatur 25 (1996), 7–28 (= 1996d)

Lehnert, Gertrud: »Judith Butler: Bodies That Matter. On the discursive limits of ›sex‹«, in: Archiv für das Studium der Neueren Sprachen und Literaturen 1996 (= 1996e)

Levine, Laura: »Men in Women's Clothing: Antitheatricality and Effeminization from 1579–1642«, in: Criticism 28 (1976), 121–143

Lila Nächte. Die Damenklubs im Berlin der Zwanziger Jahre, hg. v. Adele Meyer. Mit einem Nachwort von Ilse Kokula. Berlin 1994

Link-Heer, Ursula: »Männerliebe – gesehen von Colette«, in: Grenzüberschreitungen. Friedenspädagogik, Geschlechter-Diskurs, Literatur – Sprache – Didaktik. FS für Wolfgang Popp zum 60. Geburtstag, hg. v. Gerhard Härle. Essen 1995, 327–338

Loschek, Ingrid: Mode im 20. Jahrhundert. Eine Kulturgeschichte unserer Zeit. München (2. Auflage) 1984

Loschek, Ingrid: Reclams Mode- und Kostümführer. Stuttgart (3. Auflage) 1994

Lucas, Valerie: »Hic Mulier: The Female Transvestite in Early Modern England«. In: Renaissance and Reformation/Renaissance et Reforme, Vol. 12, Nr. 1 (Winter 1988), 65–84

Lütgens, Amelie: »Nur ein paar Augen sein ...« Jeanne Mammen – eine Künstlerin in ihrer Zeit. Berlin 1991

Luhmann, Niklas: Liebe als Passion. Zur Codierung von Intimität. Frankfurt (5. Auflage) 1990

Lyly, John: Gallathea, in: Gallathea and Midas. Hg. v. Anne Begor Lancashire. Lincoln 1969, 1-74

Maitland, Sara: Vesta Tilley. London 1986

Mammen, Jeanne: Köpfe und Szenen. Berlin 1920–1933 (Katalog zur Ausstellung in der Kunsthalle Emden/Stiftung Henri Nannen, in Zusammenarbeit mit der Jeanne-Mammen-Gesellschaft Berlin, 1991)

Marivaux, Pierre Carlet de: La fausse suivante ou le fourbe puni, in: Théâtre complet, Bd. 1, hg. v. Fréderic Deloffre. Paris 1968, 409–471 / dt.: Die falsche

Zofe (1724), in: Das Spiel von Liebe und Zufall und andere Komödien. Übers. v. Gerda Scheffel. Frankfurt 1985, 9–93

Mattenklott, Gert: »Das gefräßige Auge«, in: Die Wiederkehr des Körpers, hg. v. D. Kamper und Ch. Wulf. Frankfurt 1982, 224–240

Metken, Sigrid: Der Kampf um die Hose. Geschlechterstreit und die Macht im Haus. Frankfurt–New York 1996

Meyer, Conrad Ferdinand: Sämtliche Werke in zwei Bänden, Bd. 1, Darmstadt 1974

Mika, Bascha: »Weibmänner und Mannweiber«, in: TAZ, 8. 3. 1994, 4

Morgan, Fidelis with Charke, Charlotte: The Well-Known Troublemaker. A Life of Charlotte Charke. London–Boston 1988

Nestle, Joan: A Restricted Country. Ithaca, NY 1987

Neuschäfer, Hans-Jörg: Populärromane im 19. Jahrhundert von Dumas bis Zola. München 1976

Ovid: Metamorphosen. In deutsche Hexameter übertragen und mit dem Text hg. v. Erich Rösch. München 1965

Phelan, Peggy: »Crisscrossing Cultures«, in: Crossing the Stage. Controversies on crossdressing, hg. v. Lesley Ferris. London–New York 1993, 155–170

Pokorny, Jaroslav: Goldoni und das venezianische Theater. Berlin (Ost) 1968

Postmoderne und Dekonstruktion. Texte französischer Philosophen der Gegenwart. Mit einer Einführung hg. v. Peter Engelmann. Stuttgart 1990

Pougy, Liane de: Idylle saphique [1901]. Paris 1987

Prokop, Ulrike: Die Illusion vom großen Paar. Bd. 1: Weibliche Lebensentwürfe im deutschen Bildungsbürgertum 1750–1770; Bd. 2: Das Tagebuch der Cornelia Goethe. Frankfurt 1991

Rackin, Phyllis: »Androgyny, Mimesis, and the Marriage of the Boy Heroine on the English Renaissance Stage«, in: PMLA, Vol. 102, Nr. 1, Jan. 1987, 29–41

Radclyffe Hall: The Well of Loneliness, New York–London–Toronto–Sydney–Auckland 1990 / Quell der Einsamkeit. Übers. v. Rudolf Harms, Göttingen 1991

Rigby, Elinor: »Eine Amerikanerin in Paris«, in: dies.: Eine Amerikanerin in Paris. Übers. v. Maja Pflug. München 1994, 7–124

Riha, Karl: Commedia dell'arte. Frankfurt (4. Auflage) 1984

Riviere, Joan: »Womanliness as a Masquerade« (1929), dt.: »Weiblichkeit als Maskerade«. Übers. v. Ursula Rieth, in: Weiblichkeit als Maskerade, hg. v. Liliane Weissberg. Frankfurt 1994, 34–47

Rommel, Bettina: »Amazonenwünsche: Fin de siècle – fin de sexe?«, in: kultuRRevolution 9 (1985), 57–60

[RuPaul]: »Beruf Lady. RuPaul, Gentleman unter den Diven«, in: Vogue 3 (1997), 168
Russo, Vito: The Celluloid Closet: Homosexuality in the Movies. New York 1981
Sabin, Stefania: Gertrude Stein. Reinbek 1996
Saslow, James M.: »Homosexuality in the Renaissance: Behavior, Identity, and Artistic Expression«, in: Hidden From History 1990, 90–105
Schiebinger, Londa: »Skeletons in the Closet: The first Illustrations of the Female Skeleton in Eighteenth-Century Anatomy«, in: Representations 14, 1986, 42–82
Schiller, Friedrich: Die Jungfrau von Orleans. Eine romantische Tragödie, in: Schillers Werke, Bd. 9, hg. v. Benno von Wiese und Lieselotte Blumenthal. Weimar 1948, 165–315
Schlegel, Friedrich: Lucinde. Ein Roman [1799]. Stuttgart 1993
Secrest, Meryle: Between Me and Life: A Biography of Romaine Brooks. New York 1974
Secrest, Meryle/Ferrari, Corinne: »Cinerina«, in: FMR 41 (1986), 113–136
Sennett, Richard: Verfall und Ende des öffentlichen Lebens. Die Tyrannei der Intimität [1974]. Übers. v. Reinhard Kaiser. Frankfurt 1995
Shakespeare, William: The Riverside Shakespeare. Ed. by G. Blakemore Evans. Boston u. a. 1974
Shakespeare, William: As You Like It/Wie es euch gefällt. Übers. und hg. v. Herbert Geisen und Dieter Wessels. Stuttgart 1981
Shakespeare-Handbuch. Die Zeit – der Mensch – das Werk – die Nachwelt. Hg. v. Ina Schabert. Stuttgart (2. Auflage) 1978
Steele, Valerie: Fashion and Eroticism. Ideals of Feminine Beauty from the Victorian Era to the Jazz Age. New York–Oxford 1985
Steele, Valerie: Paris Fashion. A Cultural History. New York–Oxford 1988
Steele, Valerie: Women of Fashion. Twentieth-Century Designers. New York 1991
Stein, Gertrude: Fernhurst, Q.E.D. and Other Early Writings. London 1995
Stendhal: Über die Liebe. Übers. v. Walter Hoyer. Frankfurt 1975
Stimpson, Catharine: »The Somagrams of Gertrude Stein«, in: Susan Rubin Suleiman (Hg.): The Female Body in Western Culture. Contemporary Perspectives. Cambridge, Mass.–London, Engl. 1985/1986, 30–43
Theile, Wolfgang: Goldoni. Darmstadt 1977
Trumbach, Randolph: »The Birth of the Queen: Sodomy and the Emergence of Gender Equality in Modern Culture, 1660–1750«, in: Hidden From History 1990, 129–140

Turner, Victor: Vom Ritual zum Theater. Der Ernst des menschlichen Spiels [1982]. Übers. v. Sylvia M. Schomburg-Scherff. Frankfurt/M. 1995
Vivien, Renée: Mir erschien eine Frau. Übers. v. Claudia Kalscheuer. Göttingen 1995
Weirauch, Anna Elisabeth [1919]: Der Skorpion. Frankfurt/M.–Berlin 1993
Weiss, Andrea: Vampires & Violets. Frauenliebe und Kino. Übers. v. Elfi Hartenstein. Dortmund 1995
Weiss, Andrea: Paris war eine Frau. Die Frauen von der Left Bank. Übers. v. Susanne Goerdt. Dortmund 1996
Wheelright, Julie: Amazons and Military Maids. Women who dressed as men in the pursuit of life, liberty and happiness. London–Boston–Sidney–Wellington 1989
White, Palmer: Elsa Schiaparelli. Empress of Paris Fashion. London (2. Auflage) 1995
Wieland, Christoph Martin: Sämmtliche Werke. Band 1–3: Geschichte des Agathon. Leipzig 1794, Reprint Hamburg 1984
Wieland, Christoph Martin: »Novelle ohne Titel«, in: Sämmtliche Werke XII (Bd. 38). Leipzig 1805, Reprint Hamburg 1984, 180–181
Winterson, Jeanette: Written on the Body. London 1992 (= 1992a) / dt.: Auf den Körper geschrieben. Übers. v. Stephanie Schaffer-de-Vries. Frankfurt 1992 (= 1992b)
Wittig, Monique: »The Straight Mind« (1980), in: Monique Wittig: The Straight Mind and other Essays. Boston 1992, 21–32
Woolf, Virginia: A Room of One's Ocon [1929]. San Diego–New York 1989 / dt.: Ein Zimmer für sich allein. Übers. v. Renate Gernhardt. Frankfurt 1981
Wolter, Gundula: Die Verpackung des männlichen Geschlechts. Eine illustrierte Kulturgeschichte der Hose. Marburg 1988
Wolter, Gundula: Hosen, weiblich. Kulturgeschichte der Frauenhose. Marburg 1994

Filmverzeichnis

The Adventures of Priscilla, Queen of the Desert. Australien 1994, Regie: Stephen Elliott
Die Büchse der Pandora. Deutschland 1929, Regie: G. W. Pabst
Hairspray. USA 1988, Regie: John Waters
Katharina oder die Kunst, Arbeit zu finden. Deutschland 1995, Regie: Barbara Trottnow
Lebewohl, meine Konkubine. Hongkong 1992, Regie: Chen Kaige
Manche mögen's heiß (Some Like It Hot). USA 1959, Regie: Billy Wilder
Marokko. USA 1930, Regie: Joseph von Sternberg
Mrs. Doubtfire – Das stachlige Kindermädchen. USA 1993, Regie: Chris Columbus
Paris is Burning. USA 1990, Regie: Jennie Livingston
Solo für zwei (All of Me). USA 1984, Regie: Carl Reiner
Switch – Die Frau im Manne. USA 1991, Regie: Blake Edwards
Tootsie. USA 1982, Regie: Sydney Pollack
Victor/Victoria. USA 1982, Regie: Blake Edwards
Viktor und Viktoria. Deutschland 1933, Regie: Reinhard Schünzel
Yentl. USA 1983. Regie: Barbra Streisand

Bildnachweis

Seite 17: Marlene Dietrich, 1930 (© The Movie Store Collection, London 1997)
Seite 29: ›L'Amazone‹ (ca. 1882) von Edouard Manet
Seite 35: Miss Olympia, Bodybuilding-Wettbewerb in Chicago 1996 (© Bastienne Schmidt)
Seite 40: Anne Bonney (Illustration aus Captain Charles Johnson [Pseud. für Daniel Defoe]: Historie der engelsche zee-rovers, beginnende met de geschiedenisse van capiteyn Avery, en zyne makkers, Amsterdam 1725. Original: A History of Pyrates, 1725)
Seite 44: Catalina de Erauso (um 1600, Illustration aus Catalina de Erauso: Historia de la Monja Alferez, Paris 1829)
Seite 101: Szenenfoto aus ›The Adventures of Priscilla, Queen of the Desert‹, 1994 (© The Movie Store Collection, London 1997)
Seite 104: Szenenfoto aus ›Victor/Victoria‹, 1982 (© The Movie Store Collection, London 1997)
Seite 146: ›Porträt Gertrude Stein‹ (1926) von Man Ray (© Man Ray Trust, Paris / VG Bild-Kunst, Bonn 1996)
Seite 149: ›Selbstporträt‹ (1923) von Romaine Brooks (© National Museum of American Art, Smithsonian Institution, Geschenk der Künstlerin)
Seite 151: ›Una, Lady Troubridge‹ (1924) von Romaine Brooks (© National Museum of American Art, Smithsonian Institution, Geschenk der Künstlerin)
Seite 155: ›Peter, a Young English Girl‹ (1923–24) von Romaine Brooks (© National Museum of American Art, Smithsonian Institution, Geschenk der Künstlerin)
Seite 157: ›Im Damenclub I‹ von Jeanne Mammen (© Jeanne Mammen Gesellschaft, Berlin 1997/VG Bild-Kunst)
Seite 161: ›Sie repräsentiert‹ von Jeanne Mammen (© Jeanne Mammen Gesellschaft, Berlin 1997/VG Bild-Kunst)
Seite 164 ›Una and John at Crufts‹ (1923, © Hulton Getty)